Astro truc

Yo Florian,
Voici un truc brillant
à dévorer, j'espère
qu'il sera digeste !
Des bisous
Mahua

Maheva Stephan-Bugni

Astro truc

Illustré par Noëlla Bugni-Dubois

MARABOUT

Sommaire

Préface 9

Astro-*Manifesto* 13

Introduction – Vers l'infini et au-delà ! 22

Le système solaire, c'est le vôtre, les petit·e·s potes 24

Les planètes à travers les superhéros·oïne·s 37

C'est fait avec quoi, une carte du ciel ? 42

La représentation des planètes 44

Chapitre I – Flamboyez, vous existez 46

Le Soleil : l'éternel retour 48

Comment regarder le Soleil dans votre thème (sans être ébloui·e) ? 52

Les signes, ces adorables relous 60

Pratique : chaque signe a son histoire... 61

Soleil en signes à travers les personnages de série 78

Chapitre II – Apprenez une nouvelle langue 80

Mercure : rétrograde et on s'en fout 82

Comment regarder Mercure dans votre thème (sans zapper) ? 85

Pratique : le jargon astro, cet écran de fumée 94

Mercure en signes à travers les auteur·autrice·s 100

Chapitre III – Sublimez votre monde 102

Vénus : non, personne n'en vient (il y fait vraiment trop chaud) 104

Comment regarder Vénus dans votre thème (sans tomber amoureux·se) ? 108

Le thème, ce joyeux foutoir 115

Les aspects, ces rayons laser incompréhensibles 116

Pratique : lire un thème n'est pas difficile 117

Vous allez vous aimer les un·e·s les autres, b*rdel ? 127

Vénus en signe à travers les chansons d'amour 138

Chapitre IV – Dessinez votre marelle existentielle 140
La Lune : retirez vos chaussures, vous y êtes chez vous 142
Comment regarder la Lune dans votre thème (sans vous rouler en boule) ? 146
Les maisons, ces décors en carton-pâte 152
Pratique : être sa·son propre agent·e immobilier·ère avec les maisons 153
La Lune en signes à travers les chansons douces 162

Chapitre V – Jouez à la vie 164
Mars : l'inconscience peut être très pratique 166
Comment regarder Mars dans votre thème (sans tout dégommer) ? 169
L'ascendant, cet inconnu familier 176
Pratique : comment regarder l'ascendant dans votre thème ? 182
Mars en signes à travers les chemins de la vie 188

Chapitre VI – Pimpez votre cerveau 190
Jupiter : la pensée ne pense jamais trop 192
Comment regarder Jupiter dans votre thème (sans excès de confiance) ? 196
Pratique : les axes ne sont que des philosophes en goguette 204
Jupiter en signes à travers les philosophes du zodiaque 212

Chapitre VII – Faites face aux obstacles 214
Saturne : aka « I'll be Back » 216
Comment regarder Saturne dans votre thème (sans vous mettre la pression) ? 220
La rétrogradation, cette force cachée 229
Pratique : la vie, c'est des problèmes 234
Saturne est-elle la dépression ? 235
Saturne en signes à travers les chansons tristes 236

Chapitre VIII – Coloriez en dehors des cases 238
Uranus : la pichenette déroutante 240
Comment regarder Uranus dans votre thème
(sans tout remettre en question) ? 244
Les trucs à déconstruire en astro-philo 254
La suite, vous l'écrivez 255
Uranus en signes à travers les femmes de génie 256

Chapitre IX – Laissez-vous rêver 258
Neptune : son Amour universel, mon œil 260
Comment regarder Neptune dans votre thème
(sans lâcher l'affaire) ? 264
Les nœuds lunaires, des guides pour l'imaginaire 275
Neptune en signes à travers le surréalisme 282

Chapitre X – Fabriquez votre potion magique 284
Pluton : elle n'est pas là pour négocier 286
Comment regarder Pluton dans votre thème (sans flipper) ? 290
La Lune noire, cette prêtresse gothique 301
Pluton en signes à travers les figures puissantes 308

Chapitre XI – Écrivez votre jeu de rôle 310
Les signes à travers leur planète maîtresse 338

Postface 341
Sources 343
Remerciements 351

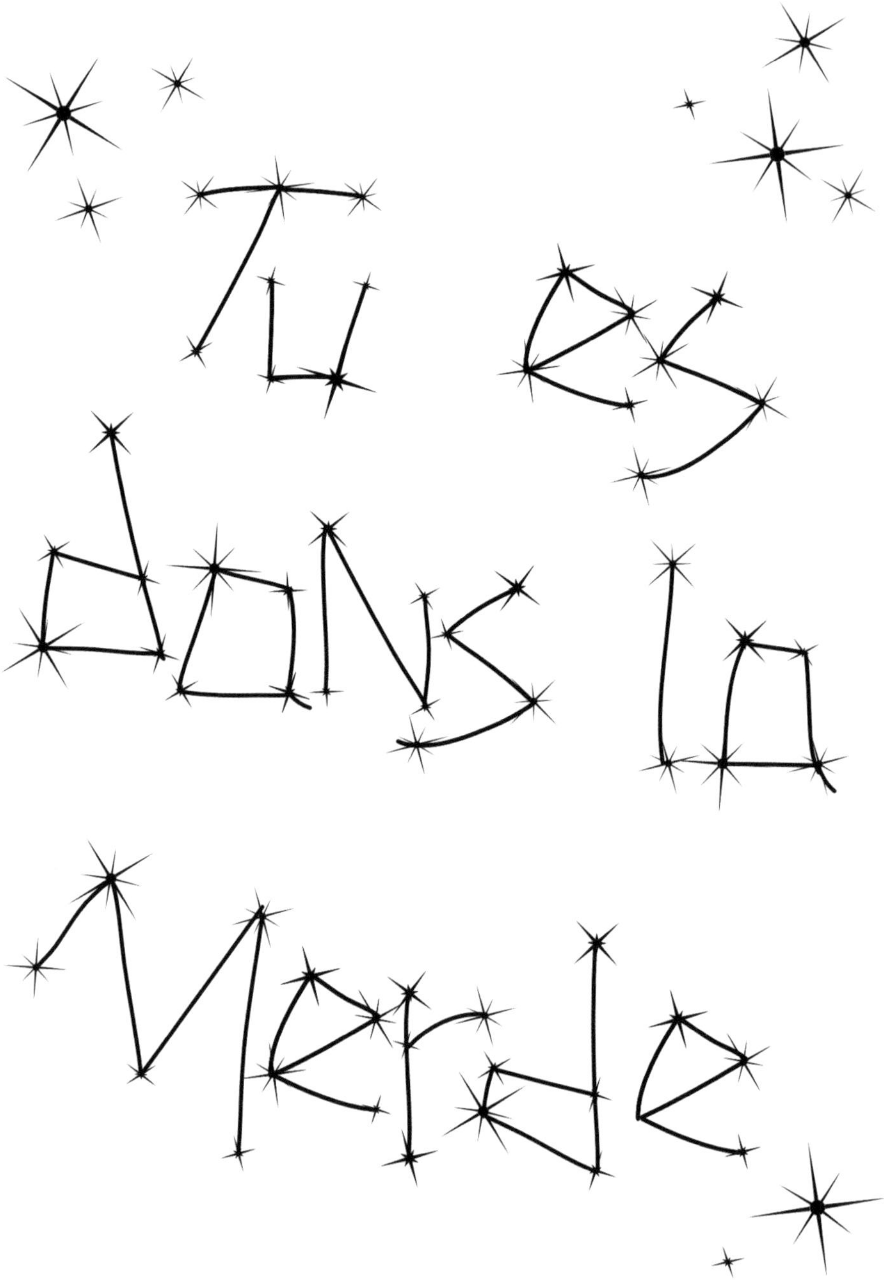
Tu es
dans la
Merde

Préface

« On naît toujours sous un signe erroné, et être dignement au monde veut dire corriger jour après jour son horoscope »

Umberto Eco, *Le Pendule de Foucault*

Ne croyez pas aux étoiles

« Je ne crois pas à l'astrologie. Je suis Sagittaire, et les Sagittaires sont sceptiques. »

Cette phrase géniale d'Arthur C. Clarke, auteur de science-fiction et coscénariste de *2001 : l'Odyssée de l'espace*, contient, à elle seule, tout le paradoxe de mon rapport à cette discipline.

Je ne crois pas à l'astrologie. Je n'y crois pas, comme je ne crois pas aux contes ni à la peinture, ni à ce que racontent les chansons pop que j'adore. Je n'y crois pas, pas plus qu'à la *substance* dont le philosophe Spinoza parle dans son *Éthique*, et pourtant, je trouve ce concept fabuleux à observer, magnifique dans sa logique propre : c'est une pure joie intellectuelle. Non, je ne crois pas à l'astrologie, car il n'y a rien à croire, surtout pas que des planètes lointaines puissent conditionner nos existences terrestres, que vous avez le droit (comme moi) de considérer comme totalement accidentelles ou, au contraire, animées par les principes qui vous conviendront. Elles ne peuvent pas non plus nous indiquer le sens caché de la vie, ou de ce que l'on appelle le destin, parce que :

- Petit un : la vie a-t-elle vraiment une finalité ? (Vous avez trois heures et vous devez écrire au stylo bleu.)
- Petit deux : la notion de destin me donne envie de regarder des séries dans mon lit jusqu'à la fin de mes jours. Pourquoi, en effet, s'astreindre à prendre le bus et à faire la queue à la poste si tout est déjà déterminé ?
- Petit trois : croire, c'est bien trop sérieux. S'amuser, c'est bon pour la santé. Amusez-vous, plutôt.

L'astro-philo, ma préférence à moi

Au terme *astro-logie* (science des étoiles), qui nous pousse inéluctablement sur la pente savonneuse de la pseudo-science, je préfère celui d'*astro-philo* (amour des étoiles) : ce n'est pas une pirouette, mais un moyen de dissiper les nuages de contresens qui polluent l'horizon de cette matière passionnante. L'astro-logie que vous connaissez pour la plupart, l'astrologie tropicale, se fonde sur les saisons et fait une lecture purement symbolique du positionnement des astres par rapport à la Terre. La rupture entre l'astrologie et l'astronomie est consommée depuis longtemps, et le décalage qui oppose la fixité des douze signes astrologiques, liés aux solstices et aux équinoxes terrestres, aux dizaines de constellations existant dans le ciel est clair : on ne parle pas de la même chose. Imaginez qu'astronomie et astrologie aient conclu un mariage enrichissant qui a fonctionné durant un bon moment et que, lors de leur divorce, l'astro-logie ait gardé ce suffixe comme un nom de famille encombrant, dont elle a eu la flemme de se débarrasser. Trop compliqué de se rebâtir une identité sans ce *-logie* qui ne lui ressemble plus et ne raconte guère ce qu'elle est vraiment ! Si l'astrologie sidérale, très utilisée en Inde, propose une analyse plus littérale des constellations, elle ne prend pas davantage en considération la réalité astronomique globale : s'atteler à cette tâche ferait émerger presque une centaine de signes.

Alors, pourquoi évoquer les astres si l'on ne tient pas compte de la topographie du ciel, bon sang ? Tout simplement car étoiles et planètes restent des objets de fascination ; quand je parle d'« astro-philo », j'entends par là l'amour pour cette pensée construite autour de notre système solaire et de son symbolisme.

Pourquoi *Astrotruc* ?

Lorsque j'ai créé le compte Instagram éponyme (si vous ne le connaissez pas, courez-y virtuellement, on s'y marre quand même pas mal), son nom s'est imposé à moi en un quart de seconde : il dit tout ce que je veux exprimer. Je ne suis pas astrologue, j'aime juste l'idée de cette récréation que constitue l'astro-philo : elle permet à la fois de prendre de la distance envers nous-mêmes et envers le monde. J'ai choisi de qualifier mon travail de « truc », par référence à ce qu'il est : un objet hybride. C'est un peu de la provocation aussi (on ne se refait pas), car je déteste me prendre au sérieux : je n'ai jamais cherché et je ne chercherai pas à imposer quoi que ce soit dans cet ouvrage. Il ne s'agit pas de vous éveiller – d'ailleurs, même si je me concentre très fort, je n'arrive toujours pas à saisir pleinement le concept de spiritualité – ni de vous ouvrir au mysticisme – je suis aussi connectée à la croyance d'un Grand Tout qu'un téléphone filaire à la 5G. Je suis une cynique qui se soigne, qui ne sait ni méditer ni se tenir à une quelconque routine, qui fume des clopes au lieu de faire du sport (je suis au courant, c'est mal) et a tendance à tourner les choses en dérision, car le rire est la « politesse du désespoir ». Ce que je veux, comme je m'y emploie avec les mèmes, c'est lancer des discussions profondes avec légèreté. N'oubliez pas que rien de ce que nous prenons pour des certitudes n'a vraiment d'importance. Comme le dit ce célèbre adage déniché sur Google : « Nous ne sommes que des êtres composés à 90 % d'eau, soit, littéralement, des concombres souffrant d'anxiété. »

AVERTISSEMENT

Les noms des planètes du système solaire viennent de la mythologie romaine : nous savons que les frontières de la culture sont poreuses et que les civilisations se sont imprégnées les unes les autres. Les divinités romaines synthétisent les figures de la mythologie grecque. Lorsque je parlerai des dieux et des déesses, ce sera souvent en les nommant par leur petit nom grec. Voici les correspondances :

1. Mercure – Hermès
2. Vénus – Aphrodite
3. Mars – Arès
4. Jupiter – Zeus
5. Saturne – Cronos
6. Uranus – Ouranos
7. Neptune – Poséidon
8. Pluton – Hadès

Nous ne sommes pas en astronomie, mais dans le champ poétique : le Soleil, qui est une étoile, et la Lune, notre satellite, sont appelés ici « luminaires ». Comme les planètes, ils représentent des fonctions archétypales. En astronomie, conquérir ses galons de « planète » nécessite un certain nombre de caractéristiques. Les mots n'étant pas les choses, ils peuvent avoir plusieurs significations : le langage astro s'est emparé de ces termes pour leur donner un sens précis, celui de sa symbolique propre.

Astro-*Manifesto*

L'astro-philo est une métaphore de l'existence

Si l'on s'en tient à l'étymologie du mot *métaphore*, on parle purement et simplement de « transport » : en ouvrant le chapitre de l'astro-philo, vous voyagez précisément d'un lieu à un autre, d'une réalité à sa version imaginaire. Le système solaire est une merveille, même s'il ne représente qu'une infime partie de l'Univers, je le sais bien. Il est malgré tout assez grand pour nous, et nous n'avons pas fini d'explorer cet espace « circonscrit » qui part du Soleil pour finir vers Neptune, et qui est enfin (presque) à notre portée. Le fait que sa symbolique ne cesse de résonner dans les esprits n'est pas un accident : c'est qu'il a toujours des choses à nous dire. Pourquoi avez-vous envie de mettre le nez dans l'astro-philo ? Eh bien, par curiosité, tout bonnement. Il existe des centaines de façons de se raconter et de raconter le monde : celle-ci est juste un moyen de vous échapper et de vous figurer l'existence à travers un bestiaire marrant et des archétypes assez cool. L'astro-philo ne précède pas votre chemin, elle ne l'invente pas : elle vous offre l'occasion de le percevoir autrement. C'est l'unique et profonde vertu de cette discipline : non pas de prédire que vous aurez des emmerdes dans un mois (vous en aurez à un moment ou à un autre, je n'ai pas besoin de me référer à des éphémérides pour vous l'affirmer, ne me remerciez pas de l'info) ou que votre destinée n'est pas d'être comptable mais d'entrer dans un cirque, encore moins de vous apprendre, *a priori*, que vous aimerez Machin plutôt que Machine ou qu'au fond de vous sommeille un dieu ou une déesse. Sa beauté réside dans la mise en jeu du symbole dans la vie.

L'astro-philo est un langage

L'astro-philo vous parle de choses banales et moins banales avec des mots différents : c'est tout. Vous pouvez l'envisager comme l'apprentissage d'une langue étrangère qui enrichira votre conception du monde et avec laquelle vous inventerez de nouvelles phrases. À l'instar des centaines de termes inuits employés pour décrire la neige ou des locutions intraduisibles, dont l'abstraction est inexprimable à part dans leur idiome d'origine, l'astro-philo a une façon unique et originale de générer du sens.

Il n'y a pas de message caché, de science du cosmos ou de révélation à déchiffrer dans ce qu'elle vous dit, son approche sémantique diffère pour aborder des concepts universels tels que la solitude, l'amour, la création, l'espoir ou le désir de comprendre pourquoi votre *crush* ne vous rappelle pas : elle se contente de raconter des choses simples avec ses termes à elle.

Apprendre cette nouvelle langue n'est pas compliqué, et vous ne devez pas vous laisser rebuter par sa pseudo-opacité. Son métalangage est presque systématiquement auréolé de difficultés, et l'on peut facilement le brandir au-dessus de la tête des non-initié·e·s pour bien leur faire sentir leur infériorité. J'ai toujours pensé que la connaissance devait être accessible au plus grand nombre : je n'aime pas l'idée que l'on soit exclu du langage. C'est exactement pareil pour l'astro-philo : son vocabulaire symbolique et analogique est à la disposition de tou·te·s.

L'astro-philo est un Art

C'est enfoncer une porte ouverte que de dire que le symbolisme entre en résonance avec des choses profondes en vous, comme les contes parlent aux enfants et aux adultes, ces mêmes enfants qui ont simplement grandi : les mythes et les histoires captent les émotions, les interrogations et les aspirations humaines pour les transformer en un Art universel. Aussi bien qu'il n'est pas impossible d'avoir des certitudes rationnelles et d'envisager le monde à travers la littérature, la musique ou le cinéma ; vous pouvez observer les choses, de temps en temps, par le télescope de l'astro-philo sans vous métamorphoser en Merlin l'Enchanteur.

Si je devais établir un parallèle, je dirais que les poèmes de Jim Morrison ou les romans de Zadie Smith ne relèvent pas de la science exacte ni de la sociologie et que, pourtant, ils parlent de l'existence d'une façon qui ne peut se trouver qu'en eux. Ils éclairent la réalité d'une lumière oblique qui donne à réfléchir. Le fait d'avoir une conscience aiguë de vos déterminismes, de la manière dont ils vous façonnent et vous poussent à vous orienter vers la confection de macramé à Ibiza, à consommer ceci plutôt que cela, à regarder Arte ou à entreprendre des études de commerce est-il nécessaire ? Oui. Mais est-ce suffisant ? Non. Il est formidable de penser que la science peut presque tout expliquer, et que la méthode scientifique, applicable à n'importe quel aspect du réel, peut détricoter l'intangible pour démontrer par A plus B que vos intuitions, vos songes et vos émotions sont le fruit de tel ou tel processus. Est-ce cependant le seul biais par lequel vous appréhendez la réalité ? Non. Certes, l'amour n'est que le produit d'un cocktail de stress, de sérotonine, d'endorphine et de cortisol : cela n'empêche pas la quasi-totalité de l'humanité de le considérer comme une énigme et de parfois passer par des histoires pour le comprendre.

L'astro-philo est une expérience intime

Le terme lui-même est un paradoxe : *expérience* dénote littéralement la faculté de « faire un essai hors de », tandis que le mot *intime* vient de *dans*. Comment peut-on *sortir à l'intérieur de soi-même* ? C'est le tour de force de l'astro-philo : vous êtes au cœur du système. Et qui êtes-vous, à part un·e bipède qui pleure devant des pubs pourries lorsque cela va mal ? Non, je plaisante : par *vous*, j'entends votre enveloppe corporelle et les paysages secrets qu'elle trimbale, qui peuvent à la fois être peints par votre petite nièce de deux ans et les plus grand·e·s artistes de la Renaissance, en passant par les stars contemporaines les plus barrées. La palette de vos couleurs est infinie. Comment transcrire sa particularité ? La vie ne vous laisse pas tellement le temps de dire « Stop, pouce ! » pour admirer les œuvres qui vous peuplent ; comme les touristes au Louvre, elle vous pousse vers la sortie sans que vous ayez vraiment pu vous attarder à en embrasser tous les détails. Lorsque vous entamez votre aventure astro, vous avez le droit de vous promener tranquillement dans votre musée, afin de comprendre à quelle époque, à quel style et à quel courant appartiennent les toiles qui y sont accrochées et l'on ne vous demande pas de fournir des fiches récapitulatives sur chacune à la fin. Il est impossible de résumer l'intangible de l'aventure intérieure : l'astro-philo vous permet simplement de trouver une entrée. Cette balade n'est pas une thérapie ni du coaching, d'abord parce que vous flânez devant vos peintures avec la ferme intention de ne pas vous laisser bousculer, ensuite, car l'astro-philo n'a certainement pas la prétention de vous guérir ou de vous montrer une quelconque voie à suivre. Cela nécessite l'intervention de professionnel·le·s averti·e·s, et j'aurais tendance à vous dire de ne surtout pas vous fier aux autrices qui font des références à *Star Wars* (moi). Ce sont les plus perdues de toutes.

L'astro-philo est une quête

On ne va pas continuer par un « ça sert à quoi, l'astro-philo ? ». Je vous préviens. Ou alors, si : disons qu'elle existe pour que vous vous amusiez à écrire vous-même votre vie, et que c'est bien suffisant. La lecture symbolique du système solaire n'est pas une science, on ne fonde pas de décisions là-dessus. L'astro-philo ne doit rien prédire ni deviner, à la fois parce que les astres ne vous conditionnent pas et parce que – j'y reviendrai – la prédiction est déjà partout dans notre société libérale : les grandes entreprises s'ingénient à savoir ce que vous allez aimer, manger, porter, écouter, regarder, dans l'espoir de mieux vous vendre des trucs probablement inutiles. Votre téléphone vous envoie des pubs vantant des produits dont vous ne vous rappelez pas avoir prononcé le nom : avez-vous vraiment besoin que l'on vous prédise quoi que ce soit de *plus* ? Il serait dommage de transformer cet outil de l'imagination en Big Brother astral, prêt à anticiper la vie pour vous. L'astro-philo ne doit rien affirmer, car aucune poésie n'a vocation à vous donner des réponses définitives. N'essayez pas de jouer au bingo, de trouver l'âme sœur ou de comprendre pourquoi vous faites parfois n'importe quoi grâce à l'astro-philo. Le bingo est un jeu de hasard, l'âme sœur n'existe pas et si vous faites parfois n'importe quoi, eh bien, arrêtez avant de devenir vraiment insupportable. Qu'elle ne vous apporte aucune certitude sur vous-même, c'est franchement trop barbant : qui aspire à rester toujours la·le même ? La singularité de la vie, c'est le mouvement : avez-vous envie de répondre à un archétype, un monolithe qui n'évolue jamais ? L'astro-philo est votre propre narration.

L'astro-philo est une pensée

L'astro-philo n'a pas besoin de cacher quoi que ce soit : il n'y a pas d'agenda occulte, de révélation ni de prophétie délirante à l'intérieur de son discours. Elle n'est pas un mystère : elle peut se débarrasser de l'étiquette collante de l'ésotérisme (du grec *esôteros*), qui s'accroche aux basques de l'astro-logie et implique, en gros, l'existence d'un savoir destiné à une poignée d'initié·e·s ou d'un sens dissimulé à la vision du plus grand nombre, car trop subtil ou trop important. J'aime qu'elle reste à distance du concept d'un cosmos dont nous n'avons pas encore percé les secrets, car celui-ci sous-entend un schéma universel nébuleux ; je préfère m'en tenir à l'idée qu'elle est une simple pensée poétique, ce qui est déjà énorme. Si elle semble hermétique, c'est au même titre que n'importe quelle discipline que vous n'avez encore jamais abordée, à ceci près que (presque) tout le monde a accès, depuis les cours sur la mythologie à l'école primaire en passant par les références en sciences humaines, en art ou dans le patrimoine populaire, au symbolisme hérité de la période grecque, qui ne confine pas, du moins pas que je sache, à la superstition, mais s'apparente plutôt à la culture. Pas besoin de croire que le sens profond de l'astro-philo serait un prétendu message de l'Univers, cela est l'apanage de pratiques qui n'ont rien à voir avec elle. Il n'y a pas de code secret à craquer ni de logiciel illégal à installer : il suffit, comme pour n'importe quelle matière intellectuelle, de s'intéresser à la chose pour la comprendre. Et ce n'est pas si difficile, vous allez le découvrir.

L'astro-philo est politique

C'est un fait, car ce ne sont ni les licornes ni les dieux de l'Olympe qui ont inventé, façonné, fait vivre les archétypes et les mythes, mais bel et bien des humain·e·s, avec leurs préjugés, leurs biais cognitifs, leurs limites et parfois leur ignorance. Par conséquent, si l'astro-philo est une formidable réserve imaginaire pour vous, elle est comme tout ce que produit l'humanité : perfectible. Toute pensée est politique, elle subit de multiples déterminismes et s'inscrit dans son époque, dépend de la personne qui parle ou qui écrit et de son rapport au monde. Rien n'est jamais neutre, et l'astro-philo n'échappe pas à cette règle. Elle doit se confronter à ses défauts, les regarder en face en vue de s'améliorer, de se transformer, d'évoluer : comme n'importe quelle pensée, si elle stagne, elle peut se scléroser, se vider de son sens et se muer en un musée poussiéreux pour nostalgiques. À vous de la nourrir avec vos mots, vos références, vos échappées mentales, afin qu'elle ne subisse pas ce sort. Elle ne peut continuer d'être intéressante que si elle s'adapte au monde tel qu'il est et qu'elle se débarrasse de vieux réflexes pourris, ainsi que de certaines visions rétrogrades (telle cette fâcheuse obsession qui consiste à coller du masculin et du féminin à toutes les sauces, en un gloubi-boulga indigeste). Elle n'est pas le seul système symbolique élaboré par nos sociétés, et elle ne résonne pas dans tous les cœurs de la même manière : la planète est vaste, les représentations de la civilisation aussi. Le champ de l'astro-philo, comme beaucoup de choses qui ont cours au sein de ce que l'on appelle le « monde occidental », est circonscrit, même si ce monde-là a souvent la prétention agaçante de se croire universel.

L'astro-philo est une liberté

C'est dans le questionnement que se niche la liberté, pas dans les réponses. L'astro-philo constitue une grille de lecture atypique, unique, non essentielle, non exhaustive et ne détrônant certainement pas les autres. Elle a ce petit plus, cette façon de parler de l'existence et du monde qui ne se rencontre nulle part ailleurs : elle vous permet de vous raconter avec vos mots. Le monde du sens est infini et complexe, et l'astro-philo, comme la philosophie classique, le cherche dans les étymologies, les liens culturels, la résonance des images... Elle ne vous pousse pas à trouver une confirmation de ce que vous êtes censé·e être au fond de vous : d'abord, car l'idée même d'une personnalité réductible à quelques traits de caractère est une absurdité ; ensuite, car circonscrire une pseudo-essence de soi-même s'apparente à s'enfermer dans une prison bien inutile. Il est impossible et dangereux de vivre dans un monde fait de pensées magiques, mais l'on ne survit pas non plus dans un environnement qui met les questionnements métaphysiques au placard. Le soupçon qui pèse sur tout discours se décrochant de la réalité objective est très rationnel ; cependant, la manipulation, la prise de pouvoir des « sachant·e·s » peut avoir lieu dans toutes sortes de domaines. C'est pour cela que j'aime l'idée d'un espace personnel qu'il est fondamental d'investir vous-même, en vous référant à vos propres métaphores : en vérité, pour que l'astro-philo vous soit douce, il faut que vous disposiez d'outils vous aidant à inventer la vôtre. C'est une brèche, un interstice au milieu du réel, que vous devez exploiter avec votre sensibilité, vos références, vos inspirations.

L'astro-philo est un songe

Pardonnez-moi d'en remettre une couche avec mes références étymologiques, mais le mot *rêver* fait référence à la notion d'errements, qui signifie « vagabondage, action d'aller sans but », et c'est là tout le luxe qui vous est offert : s'abandonner aux images mentales qui vous viennent pendant votre sommeil ou lorsque votre esprit s'échappe au cours de la journée est indispensable à votre équilibre. Il n'y a pas de terminus pour les rêves, pas de point A qui mène à un point B, simplement la pure joie de poser les fiches de paie, les rendez-vous chez le dentiste et les argumentations pour définir qui va sortir les poubelles, pour vous laisser emporter par vos analogies, vos absurdités, voire vos peurs. Il est impossible d'interdire les rêves ; aucune société humaine, même la plus coercitive, n'a réussi ce tour de force et, bon sang, beaucoup ont essayé (je sais, c'est déprimant). Si certaines ont pu les réduire comme peau de chagrin ou presque les annihiler, il y a une constante : lorsque les individus survivent à ce que l'humanité peut produire de plus moche, leurs rêves se déploient, parfois malgré eux. Si vous avez la chance de pouvoir lire des livres et que vous avez le temps de rêver en plein jour, ce qui n'est pas le cas de tou·te·s malheureusement, il faut en profiter. Il ne s'agit pas de nier le réel ou de se vautrer dans l'illusion : il n'y a pas de rêve sans la réalité. Non, je parle bien d'un retour à l'« inutile », à la pause, au rien qui se remplit avec des choses qu'on laisse en vrac. La tendance à l'utilitarisme constant – *optimiser ses vacances, optimiser son bien-être, optimiser ses routines matinales* – met parfaitement en exergue les écueils d'un monde qui ne pense qu'au rendement. Vous n'êtes pas manager de votre vie et celle-ci n'est pas un plan quinquennal. Il faut permettre à votre esprit de dérouler ses pelotes de sens, et ne pas attendre que cela vous mène quelque part : uniquement apprécier le voyage.

L'astro-philo est une alchimie

Le métal à transformer en or, c'est vous : pas pour devenir un winneur ou une winneuse, pour briller en société ou atteindre l'immortalité, je parle des processus de transformation naturels, intellectuels et émotionnels que la vie vous impose. Que ce soit à travers une puberté pas marrante, des prises de conscience politiques ou des revirements de parcours, vous changez. Le but n'est ni de devenir meilleur·e ni d'exploiter à fond vos « capacités » afin de mieux accomplir une performance dans ce monde qui vous y pousse avec beaucoup trop d'insistance pour être honnête ; non, c'est de percer le seul secret valable, qui ne vient pas du ciel : ce que vous avez envie de garder de vous-même, après plusieurs tours dans le jeu de votre vie. L'astro-philo met en lien tous les aspects de l'existence, de manière symbolique ; elle permet parfois de faire des synthèses et ces éléments mélangés créent une potion corrosive qui fait apparaître, sous les strates de vos expériences, vos essentiels. C'est votre trésor personnel, le pécule que vous préservez sous vos différents masques, et qui devient de plus en plus précieux à mesure que vous grandissez, que vous mûrissez, que vous vieillissez. Apprendre à trouver ce qui est fondamental dans votre existence, ce qui ne se négocie pas, est un travail de longue haleine. L'astro-philo est un moyen de vous défaire du superflu pour pointer ce qui brille en vous et vous donne envie d'exister.

« C'est pas ma faute,
c'est parce que je suis Scorpion ! »
« Non, Karen, c'est pas
parce que t'es Scorpion, c'est parce que
tu es insupportable.»

INTRODUCTION

VERS L'INFINI ET AU-DELÀ !

« Le changement est un processus essentiel à toute existence. »

Mr. Spock, *Star Trek*

Il n'y a pas de date précise pour circonscrire le début de la longue et fantastique exploration intellectuelle de l'humanité, qui s'est sûrement posé ses premières questions métaphysiques en regardant le ciel. Ses conclusions, d'abord poétiques, ont pris, l'esprit étant une chose merveilleuse et le temps faisant son œuvre, un tour scientifique, menant à toutes les découvertes passionnantes que des personnes brillantes ont eu la bonté de bien vouloir partager avec le genre humain, parfois – souvent – au péril de leur vie. La médecine, la philosophie, la technologie, l'astronomie, la pizza et les films des Monty Python, pour n'en citer que quelques-unes, nous aident à survivre dans ce monde de brutes, nous qui ne sommes que de petits amas de cellules pétries d'anxiété. Cette quête ne s'est jamais vraiment terminée : nous naviguons entre certitudes, révélations, catastrophes et espérances. Pourquoi l'Univers nous fascine-t-il toujours autant ? Eh bien, parce qu'il demeure quand même un sacré mystère. Comme nous sommes des êtres égocentriques au possible, nous avons calqué une lecture symbolique sur le système solaire, afin de causer de vos vies – rien que ça. Pourquoi c'est chouette ? Car au fil du temps la réserve d'images, d'analogies autour de cette représentation a évolué pour nous offrir un bel échantillon de sens.

Le système solaire, c'est le vôtre, les petit·e·s potes

Ce qu'il faut comprendre avant tout, c'est que, sans le Soleil, point de salut : notre monde, c'est son royaume. Il a une place centrale sur le plan scientifique, et chaque planète nous renseigne, à sa manière, sur la façon dont son système s'est formé. Sur le plan métaphorique, les astres jouent le même rôle : le Soleil représente le cœur de ce que vous êtes et les planètes, vos fonctions, à la fois sociales, psychologiques et métaphysiques. Les planètes ne sont pas des étoiles, c'est une évidence : elles ne produisent donc pas de lumière par elles-mêmes. Ce qu'elles font, c'est renvoyer l'éclat de l'étoile reine... plus ou moins puissamment selon la distance qui les sépare d'elle. Cette réalité scientifique établit une métaphore très forte : les astres disent seulement quelque chose de votre Soleil. Chacun vous éclaire, avec ses couleurs et à sa manière, sur votre étoile. Plus ils s'en éloignent, plus cette lumière sera longue à leur parvenir : de Mercure à la Terre ou à la Lune, ils parlent de ce qui est au plus près de vous ; de Mars à Saturne, de ce qui vous est extérieur ; d'Uranus à Pluton, de ce qui vous dépasse.

Préparez votre voyage

Envisagez votre pérégrination comme une mission dans l'espace, avec beaucoup moins de budget. Contrairement aux agences spatiales du monde entier, qui investissent des milliards pour envoyer des sondes le plus loin possible, vous n'avez pas à débourser un centime afin d'entamer l'exploration de votre système : vous pouvez le visiter autant que vous le voulez. Partez du principe, comme les scientifiques qui passent leur vie à observer les particularités des planètes et à en tirer des conclusions parfois incertaines, que vous n'aurez pas de réponses définitives. Peu importe le nombre de fois où vous vous aventurez dans ces contrées symboliques, vos astres auront toujours une face cachée, et l'inconnu restera en vous, car vous n'êtes pas une notice Ikea. Pour partir en vadrouille à la découverte de vos planètes, vous aurez besoin d'un vaisseau : il peut prendre la forme qui vous chante et vous avez le droit de le décorer à votre goût, c'est mieux si vous souhaitez vous y sentir à l'aise. Alors, faites le plein de poussière d'étoiles ou de bon vieux carburant qui pollue, c'est comme vous voulez, et tenez-vous prêt·e pour l'aventure.

Le Soleil – le gros frimeur

Ce qui n'était qu'un nuage de gaz et de poussières a fini par exploser pour revêtir sa forme actuelle, il y a 4,5 milliards d'années : la nébuleuse solaire est devenue notre étoile. Perpétuellement en mouvement, elle vibre d'une activité intense qui ne lui permet pas de prendre de RTT. Pour vous faire une petite représentation mentale de son boulot, imaginez que son champ magnétique et son activité gravitationnelle empêchent les corps de son système de se barrer dans tous les sens, tandis que son héliosphère, sorte de bulle qui protège les planètes et les aimante à la fois, prévient les dangers extérieurs. Avec tout ça, elle doit aussi gérer des réactions internes d'une puissance à peine concevable : sa réputation d'astrocélébrité n'est pas usurpée. C'est un peu l'étoile où tout commence et tout finit, même si, à l'échelle de l'Univers, elle n'est qu'un accident qui voudrait bien jouer dans la cour des grandes.

Le Soleil, c'est votre cœur

Vous naissez et restez niché·e dans le cœur brûlant de votre Soleil, centre de votre système, et à son image, vous êtes à la fois grand·e et tout·e petit·e. Votre mission, si vous l'acceptez, est d'essayer de vous rapprocher de sa puissance. Pour cela, vous bossez à maintenir vos planètes dans le bon ordre et sur le bon axe, tout en gardant votre halo rassurant afin de les protéger. C'est un échange de bons procédés : vous les faites vivre et elles vous aident à avoir du sens. S'il y a une certitude, c'est que, comme cet astre va finir par devenir une étoile naine après avoir explosé (d'accord, ce n'est pas pour demain, mais qu'importe), l'existence terrestre a une date de péremption. Cette évidence ne vous empêche pas de vous prendre la tête avec vos ami·e·s pour savoir qui a gagné aux Loups-Garous, de vous lancer dans les travaux de votre salle de bains alors que vous détestez ça ou peut-être de vous ennuyer dans un job que vous n'aimez pas (bon, et de faire des trucs sympas, aussi) : vivre, c'est être en pilotage automatique tout en moulinant des trucs dans sa tête.

Les planètes qui vous collent aux basques

D'abord, il y a les astres qui sont à l'intérieur de l'orbite de la Terre, donc près d'elle et du Soleil.
Et qu'est-ce que la Terre sur le plan symbolique, à part ce moi réel, matériel, fait de chair et de sang ? **Mercure** et **Vénus**, ainsi que **la Lune** (qui est un luminaire), racontent **l'intime**.

Mercure – la fatigante

Ce qu'il faut comprendre avec Mercure, c'est qu'elle est en roue libre. Déjà, elle se déplace plus rapidement que la plupart de ses consœurs. Ensuite, elle est vraiment trop rapprochée du Soleil, qui annule chez elle la possibilité de posséder une quelconque atmosphère. Enfin, sa course folle et sa proximité avec notre étoile la rendent quasi inobservable (sauf si l'on ne craint pas de se cramer la rétine).
Elle n'a donc ni bouclier ni technique de défense face à la puissance du Soleil – elle s'adapte. Sa rotation très lente expose longtemps l'une de ses faces au rayonnement solaire, tandis que l'autre reste dans la nuit : la planète réunit ainsi toujours deux extrêmes, l'un brûlant, l'autre glacé.

Mercure, c'est votre intelligence

Lorsque vous effectuez votre première étape sur Mercure, vous pouvez enfin regarder votre Soleil d'un point de vue extérieur. Votre compréhension s'affine au moment où vous n'êtes plus au cœur de votre étoile, dans la toute-puissance délirante de votre *ego*. Vous vous apercevez vite que l'absence d'atmosphère de Mercure vous expose encore à la chaleur et à la lumière solaires : l'influence de l'astre du jour est totale ! Cette perméabilité de la petite planète aux rayons impitoyables, c'est celle qui existe entre votre cœur et votre esprit : vous ne faites que développer l'intelligence de votre Soleil. Galvanisé par le côté montagnes russes de cette étape, votre esprit court comme un lapin de garenne pris dans les phares : vous réfléchissez, vous expérimentez, vous vous amusez à observer autour de vous. C'est ce qui vous décide à explorer les lieux pour y découvrir la force des contraires, une face glacée et une face brûlante : votre intelligence s'aiguise, apprenant à tisser des liens entre des choses qui n'ont rien à voir les unes avec les autres, pour mieux créer du sens.

Vénus – la diva

Brillante, oui, et pourtant... hostile ! Nuages acides, vents violents, température au sol si élevée que les pluies s'évaporent, pression écrasante, effet de serre insupportable : ce n'est pas parce qu'elle est proche de la Terre qu'elle est accueillante. Mais pourquoi est-elle si méchante ? Eh bien, car elle est remplie de volcans qui fichent légèrement le bazar à sa surface et lui confèrent le statut de planète la plus chaude du système solaire.
Alors, oui, elle ressemble presque en tout point à la Terre : masse, gravité, taille, composition. La comparaison s'arrête là ! Elle a décidé de ne pas être sympa, car elle n'en a pas besoin : elle réfléchit la lumière comme aucun autre des astres du ciel, et son orbite dessine, à peu de chose près, un cercle parfait, au contraire de la plupart des planètes. Et pour faire son intéressante, elle tourne dans un sens rétrograde. Sous l'esthétique, donc, le chaos.

Vénus, c'est votre créativité

L'arrêt sur Vénus, c'est celui qui vous ouvre les yeux sur la Beauté. La planète n'est pas aussi simple qu'elle en a l'air, elle ne bénéficie pas de sa réputation d'étoile du Berger, la plus visible, la plus brillante, pour des prunes... Mais ce n'est pas sans travail qu'elle achève cet exploit ! Elle fait fonctionner tous ses volcans à plein régime afin d'y parvenir. Eux, ce sont les émotions qui maturent en vous et qui, combinées, vous poussent à vous engager dans ce que le genre humain pratique le mieux : produire des choses, tangibles ou intangibles, réelles ou imaginaires. Vous engendrez des idées, des sentiments, des objets qui n'existaient pas encore : c'est le cas de l'Amour, qui n'est que la mise en forme, à travers des actes, d'émotions invisibles, et de l'Art, qui donne corps à des abstractions. Sur le sol brûlant de Vénus, l'urgence est de trouver la structure la plus commode possible pour pouvoir prolonger votre séjour et profiter de ses enseignements : l'adéquation, qui est l'adaptation de la forme au fond, est la symbolique première de la planète.

La Terre – la multiplicatrice

Ah, la Terre... ce monde d'eau et de matières plurielles, vivantes et non vivantes, parfois belles, parfois vraiment dégoûtantes : sa diversité et sa richesse ne cessent d'émerveiller. C'est la seule planète connue à abriter la vie. Elle est comme vous lorsque vous êtes bien placé·e au cinéma : ni trop loin ni trop près de l'écran, ici en l'occurrence, du Soleil. Maligne, elle n'est donc ni dévastée par la chaleur ni ankylosée par le froid : cette distance parfaite lui permet d'accueillir, en surface, l'eau sous toutes ses formes. Et on le sait bien, l'eau, c'est la vie. (Si vous l'ignoriez, l'eau engendre l'éclosion de micro-organismes et, *in fine*, la biodiversité. Le cours s'arrête là.) Cette eau est vieille, aussi vieille que la roche qui enveloppe la planète, donc vraiment respectable : elle protège le monde en créant l'atmosphère (balèze). Oui, d'accord, la Terre est minuscule, un détail du grand Univers, mais ce qui a de la gueule, c'est qu'elle est une particule issue de la formation du Soleil ! Sa principale qualité reste quand même de supporter la présence de l'humanité, ce qui est un job à plein temps.

La Terre, c'est votre corps

Lorsque vous arrivez sur la Terre, vous comprenez vite que vous pourriez y établir vos quartiers : vous vous sentez en affinité avec cet objet céleste qui, comme vous, est principalement composé d'eau. Votre matérialité est aussi riche que cette planète foutraque et organisée à la fois : la nature vous paraît chaotique, mais chaque découverte scientifique vous montre à quel point la finesse de son fonctionnement vous échappe. Comme elle, vous abritez une complexité sans fin, des systèmes entrecroisés, des capacités encore inexplorées (ne comptant pas parmi elles le fait de savoir dire l'alphabet en rotant ou de produire des tsunamis). Comme elle, vous n'êtes qu'un détail de la galaxie, un petit point courageux dont la survie dépend de chacun des éléments qui constituent le système. Votre corps terrestre est aussi unique que la planète bleue : jusqu'à preuve du contraire, votre ADN est différent de tous les autres. Ce n'est pas une merveille, ça ?

La Lune – la postière

La théorie qui fait le plus consensus concernant l'apparition de la Lune est celle de la collision : un objet semblable à Mars aurait heurté la Terre en formation, et la matière projetée en milliards de particules diverses et variées, comme seul l'espace sait en fournir, l'aurait engendrée. Ce qui a dû être un sacré choc n'a pas uniquement produit ce caillou si familier, non, cela a modifié la vitesse de rotation de la planète bleue, ce qui n'est pas une mince affaire. Notre unique satellite a un effet monstre sur nos vies : avant elle, la Terre tournait un peu n'importe comment, on ne va pas se mentir. L'attraction gravitationnelle de la Lune attire l'eau, donc régule les marées, et sa force permet de maintenir l'inclinaison de l'axe de rotation de notre planète. Quelle importance, me direz-vous ? Sans elle, pas de saisons et un gros dérèglement du climat en perspective, d'où pas de vie, voilà... (Elle a tellement bien fait son boulot que nous avons décidé de prendre les devants et de dérégler le climat nous-mêmes.) Pas très décidée, notre amie va et vient entre l'intérieur et l'extérieur de l'orbite terrestre : elle est changeante, que voulez-vous.

La Lune, c'est votre équilibre intérieur

Vous faites un crochet par la Lune, car elle vous intrigue vraiment trop. Avec elle, vous slalomez entre votre espace intime (l'intérieur de l'orbite de la Terre) et le champ social (l'extérieur). En vous fixant sur le rythme de cet astre fluctuant, vous essayez de stabiliser votre vaisseau et de créer un mouvement régulier. Cela n'est possible que si votre appareil n'est pas en pilotage automatique : il vous faut veiller vous-même à toutes les petites variations qui pourraient vous envoyer dans le décor. La Lune, comme le Soleil qui maintient vos planètes en place, a beaucoup de boulot et, si vous ne faites pas attention à sa course, vous pourriez la perturber. Sans elle, votre corps (la Terre) ne fonctionnerait pas : je vous l'ai dit, les saisons, la survie des espèces, c'est grâce à elle (il faut suivre, un peu). Cet équilibre ne tient qu'à un fil : un astéroïde pourrait la percuter, forçant la Terre à tourner n'importe comment. Il en va de même pour vous : prendre soin de votre Lune, c'est protéger un équilibre fragile, mais indispensable.

Les planètes qui vous font le coup de l'indépendance

Les planètes qui sont à l'extérieur de l'orbite de la Terre s'éloignent d'elle (le corps) et surtout du Soleil (le cœur) : il y a une prise de distance, sur le plan symbolique, avec les **affects** et l'***ego*** : **Mars**, **Jupiter** et **Saturne** racontent **la socialisation**.

Mars – l'hyperactive

Mars est à la mode : on ne compte plus les missions spatiales qui tentent de percer ses mystères. C'est que cette petite planète proche de la Terre est l'objet de tous les espoirs. Sa particularité ? Elle se trouve à une distance du Soleil qui permet potentiellement à l'eau d'être sous la forme liquide, ce qui affole la communauté scientifique, car, soyons lucides, nous allons bientôt épuiser les ressources de notre chère Terre mère. Mars pourrait-elle être le lieu de la « réimplantation » de l'humanité ? Il faudra alors lui créer une atmosphère, la sienne se révélant trop fine et ne retenant pas la chaleur (ce qui n'est pas pratique pour survivre) : c'est d'ailleurs ce qui laisse voir sa topographie et constater les traces de lits de rivières et de lacs, qui attestent de la présence d'eau dans le passé. Y aurait-il eu de la vie sur Mars ? Peut-il y en avoir ? En tout cas, sa surface est recouverte d'oxyde de fer, raison pour laquelle elle est rougeâtre, une couleur qui lui confère une sacrée aura et nous fascine depuis des millénaires.

Mars, c'est votre besoin d'agir

Cinquième étape de votre aventure dans le système, sur la première planète à ne pas subir l'influence de la Terre : ça y est, vous pointez votre museau hors de votre zone de confort. Les deux pieds dans la poussière rouille, vous attendez le combat en criant : « Y a quelqu'un·e ? » Vous êtes prête·e à défendre votre intégrité morale et physique contre les forces qui vous sont extérieures. Vous savez que des cellules se sont développées ou peuvent se multiplier sur la planète rouge : c'est la narration d'une anticipation, de la suite de votre histoire. Là où il y a de la vie, il y a de l'action ; là où il y a de l'action, il y a de la confrontation. Alors, d'accord, vous êtes peu susceptible de vous faire attaquer par une armée de créatures martiennes équipée d'un arsenal futuriste : mais dès que vous mettez un orteil en dehors de vous-même, vous êtes confronté·e à la difficulté intrinsèque de la société et du rapport avec les autres, et les décisions se prennent parfois d'elles-mêmes.

Ici commence le règne des « géantes gazeuses », qui n'ont pas de surface solide et dont on ne sait pas si toutes possèdent un noyau dense : symboliquement, on se détache de la matérialité pour aller vers l'intangible.

Jupiter – la gardienne des clés

Véritable colosse, elle est devenue la plus prospère et la plus impressionnante des planètes grâce à une force gravitationnelle insensée. C'est aussi la plus ancienne : cette géante a presque la même composition que le Soleil… qu'elle aurait bel et bien pu concurrencer en produisant une sorte de système solaire « bis », attirant à elle un tas d'objets célestes. Mais son drame, c'est sa légèreté : sa masse n'est pas suffisante pour jouer les étoiles ! Là où elle est vraiment impressionnante, c'est que sa force agit comme une sorte de bouclier retenant comètes et astéroïdes à sa surface, les empêchant de s'écraser sur les planètes intérieures (Mercure, Vénus, Terre). Sous son atmosphère très épaisse, striée de rayures opaques dans les tons ocre, il y a donc une protectrice qui encaisse les coups pour vous.

Jupiter, c'est votre pensée

Quand vous vous posez sur l'immensité de Jupiter, vous vous sentez assez en sécurité pour vous consacrer exclusivement à la réflexion, car la grosse planète préserve vos astres intérieurs, votre intimité. Dans cet environnement rassurant, vous vous trouvez presque comme sur votre Soleil, à ceci près que vous n'êtes déjà plus la·le même : l'expérience des cinq premiers astres vous a changé·e.

Lorsque vous reposiez au cœur de votre étoile de naissance, vous n'aviez pas conscience de votre situation au sein de l'Univers : sur Jupiter, vous appréciez les justes distances et, en regardant vos planètes intérieures de loin, la place de votre personnalité dans votre système. Vous prenez le temps de vous interroger : « Qui suis-je ? Dans quel état j'erre ? »

Saturne – la pas marrante

Son truc, c'est la limite : ses anneaux sont composés de grains de glace et les corps célestes qui gravitent autour d'elle ne peuvent s'en approcher, sous peine d'être pulvérisés et de venir s'y agréger. À part ça, chez elle, ce n'est pas de tout repos : vents très violents alimentés par sa chaleur interne, vitesse de rotation intense, courants électriques… Une folie que son atmosphère, qui garde un aspect calme, ne montre pas. Surtout, tous les vingt-neuf ans se déclare une terrible tempête dans son hémisphère nord, dont on ne sait pas bien si la source est le Soleil ou la planète elle-même. À son pôle, on peut observer un œil d'ouragan tranquille, délimité par six côtés droits : un hexagone parfait (non, ce n'est pas l'œil de Sauron), figure géométrique dont le symbolisme évoque la stabilité, l'harmonie et la complexité.

Saturne, c'est votre résilience

Lorsque l'exploration des planètes extérieures prend fin, votre vaisseau est à la croisée des chemins : vous pouvez revenir sur vos pas et retourner vers votre Soleil ou vous diriger vers vos planètes cachées. Le déchaînement atmosphérique qui se manifeste périodiquement sur Saturne vous effraie un peu : c'est une épreuve difficile à passer et il n'y a pas à rougir de faire demi-tour, car le courage, petits scarabées, c'est aussi de savoir quand on doit encore s'entraîner. Si vous remontez jusqu'à votre Soleil, vous êtes fort·e du voyage de l'aller, plus expérimenté·e. Si vous décidez de franchir la porte de Saturne, c'est que vous avez déjà effectué plusieurs allers-retours et que vous êtes prêt·e. Tout le jeu est d'évaluer votre capacité à traverser ses anneaux, qui sont protégés par une limite invisible : serez-vous pulvérisé·e ou aurez-vous la force de plonger vers l'œil de l'hexagone, pour aller chercher ce qui vous structure, ce qui vous ancre dans votre vie, ce qui est essentiel ?

Les planètes qui vous échappent

Ces planètes, découvertes plus tard que les précédentes, on ne peut pas les voir à l'œil nu : elles sont très éloignées de l'influence du Soleil, même si elles font partie de son système. On les appelle les « astres invisibles » ou les « géantes glacées ». Elles symbolisent ce qui vous bouscule, ce qui est plus grand que vous, et mûrit en vous inconsciemment : **Uranus**, **Neptune** et **Pluton** racontent votre **transformation**.

Uranus – la bizarre

Elle, c'est un peu la rebelle du groupe : elle ne cherche pas à faire son intéressante, non, elle est juste différente. D'abord, car son axe de rotation est unique dans le système solaire : elle tourne selon la ligne de son équateur, un peu comme une grande roue au parc de loisirs, entraînant ses anneaux et ses satellites. Ce sont donc ses pôles Nord et Sud qu'elle expose face au Soleil ! Son atmosphère, la plus froide du système, sa lente révolution et son silence lui donnent une apparence de calme olympien. Mais il ne faut pas se méprendre : déjà parce que l'Olympe n'est pas vraiment un havre de paix, la mythologie en témoigne, ensuite, car l'atmosphère d'Uranus n'est pas homogène, ce qui signifie qu'il s'y passe plein de choses.

Uranus, c'est votre décentration

Vous avez dépassé les limites de Saturne, la porte vers les planètes invisibles, celles qui jouent à cache-cache en vous. Les planètes et les luminaires personnels vous ont aidé à grandir, les planètes sociales, à agir dans le monde : vous avez une (vague) idée de qui vous êtes et, surtout, vous avez compris que rien n'est simple. Une fois sur Uranus, vous constatez que tout fonctionne à l'envers : vous voyez votre Soleil et les planètes du point de vue original et essayez de vous habituer à la cadence de cette nouvelle étape. En cassant votre rythme, Uranus vous apprend que le calme apparent de votre existence est relatif : elle vous secoue un peu et vous fait prendre conscience de l'accumulation de règles qui vous ont fortifié·e autant qu'elles vous freinent.

Neptune – la je-m'en-foutiste

La planète a été découverte avant d'être vue « pour de vrai » : elle perturbait l'orbite d'Uranus et cela a mis la puce à l'oreille de quelques astronomes, qui ont d'abord conceptualisé son existence. Cet astre bleu et froid est comme un océan suspendu dans l'espace, fort loin de l'influence des rayons du Soleil. Et pour cause : c'est le plus éloigné, car sa trajectoire orbitale le maintient à une grande distance de l'étoile reine du système. Composée d'eau, de méthane et d'ammoniac, Neptune est le dernier rempart avant l'infini de l'espace, et la (presque) fin du système solaire. Son atmosphère est très agitée avec des vents dont la force est la plus spectaculaire du système, malgré son apparence calme. Sa particularité, c'est qu'au cœur de la planète le méthane serait tellement comprimé qu'il se transformerait en diamant. C'est pas joli, ça ?

Neptune, c'est votre imagination

Vous l'avez longtemps cherché, ce paradis bleu ! C'est que Neptune est une planète fuyante, qui ne se laisse pas facilement observer : une seule sonde scientifique a réussi à l'atteindre, alors, vous pensez bien que vous y poser ne sera pas si facile. Après le rodéo sur Uranus, vous avez hâte de visiter cet endroit à première vue paisible. Mais c'est un havre de paix complètement artificiel, sujet à des tempêtes de tous les diables. Ici, vous accédez au monde des illusions, à la fois bienfaitrices et dangereuses, qui vous emmène dans celui, caché, des images. Il vous a fallu traverser un sacré paquet de dangers et de révélations avant de l'aborder. Vous vivez la solitude d'une aventure pratiquement terminée, avec une sensation de quiétude. En jetant un regard vers l'arrière, vous mesurez le chemin que vous avez parcouru avec la compassion et l'indulgence de la fatigue : vous commencez à être (presque) sage.

Pluton (et les planètes naines) – les rejetées

D'abord considérée comme la neuvième planète du système solaire, Pluton a fini par être déclassée en 2006 par l'UIA (Union astronomique internationale) lors d'un vote, car d'autres objets, ni astéroïdes ni satellites (que l'on a donc baptisés « planètes naines », ne sachant pas trop bien comment les définir), ont été identifiés tout près d'elle. Pluton, qui n'a pas nettoyé son orbite, ne peut ainsi être assimilée à une planète avec un P majuscule parce que, apparemment, pour en être, il ne faut pas zapper le ménage. Elle est située dans une zone annulaire, la ceinture de Kuiper, cachée aux confins du système solaire, dont les éléments constitutifs peuvent donner beaucoup d'informations sur la naissance de notre Soleil. Pluton elle-même paraît être un embryon planétaire qui s'est arrêté de grandir et s'est formé non loin de lui. Ce qui est intéressant chez ce corps céleste, c'est cette fameuse exclusion : en menant à la ceinture de Kuiper, Pluton joue doublement son rôle de porte vers l'infini !

Pluton, c'est votre renaissance

Ultime étape de votre incursion dans votre système, la planète naine, désavouée, marque l'ouverture sur ce qui est plus grand que les choses cachées : l'inconnu. Vous ne pouvez pas encore dépasser ce cap, car votre vaisseau n'est pas équipé pour cela : quel genre d'engin serait capable de vous envoyer au-delà de la ceinture de Kuiper ? Et qu'y trouveriez-vous ? Est-ce vraiment pertinent ? Pour l'instant, vous êtes fort·e de ce que vous a appris ce dernier astre : peu importe jusqu'où vous allez, vous pourrez toujours retrouver votre Soleil. Sur Pluton, vous comprenez les origines de votre étoile, que vous voyez sous un jour inhabituel : vous changez de peau. Cette mue s'opère parce que les expériences vécues durant l'exploration de vos planètes vous pèsent et vous transforment simultanément. Vous ne les évacuez pas : vous les intégrez pour renaître, semblable mais différent·e, à la fois allégé·e et plein·e de nouvelles capacités.

Pour votre plus grand plaisir : les planètes et les luminaires ont-ils un genre ?

Historiquement, les astres ont été nommés par des humain·e·s : leur imaginaire, pétri par les mythes et les légendes de l'époque antique, les a associés à des dieux et à des déesses dans une vision toute polythéiste. Lorsque nos contemporains ont découvert les planètes que leurs prédécesseurs ne pouvaient voir à l'œil nu, ils ont décidé de continuer sur cette lancée, et de leur donner des noms de divinités gréco-romaines. Alors, oui, ces figures mythologiques sont liées à une vision très précise de la binarité « homme-femme ». On sait aussi que, de tout temps, on a allié certaines vertus, certaines capacités, certains défauts, aux genres.

Les planètes sont personnifiées : difficile de s'arracher des analogies que des siècles nous ont enfoncées dans le crâne. Pour sortir de cette impasse, il vous faut avoir en tête que les astres sont surtout des archétypes, que ces archétypes ont une fonction et que ni la violence, la créativité, l'irrévérence ou encore l'affirmation de soi ne sont la chasse gardée d'un genre en particulier. Peu importe où vous vous situez sur le spectre du genre, il y a de la place pour l'imaginaire de tou·te·s : les mythes et les légendes ne sont pas innés mais culturels, ce qui a été appris peut être transformé ou désappris. J'aime rester loin de l'idée que le Soleil serait « masculin » ou que Saturne représenterait le « père » et la Lune, la « mère », car elle est nourricière : les pères donnent aussi à manger, au sens propre comme au sens figuré, à leurs enfants. Si vous vous pensez symboliquement à travers une Lune sensible, allez-y à fond ; si vous vous retrouvez dans la puissance lucide du Soleil, embrassez votre élan. C'est libérateur d'envisager la force des symboles sans les catégoriser. Mais déconstruire notre rapport aux images mentales ne veut pas dire nous punir d'avoir des réflexes conditionnés : vous devez aller où votre imagination vous porte.

Les planètes à travers les superhéros·oïnes

Le Soleil – Diana Prince (Wonder Woman)

Diana de Themyscira est issue de la célèbre tribu guerrière des Amazones : née il y a cinq mille ans et fille de Zeus, rien que ça, elle est élevée sur une île paradisiaque, à l'abri de la laideur du monde des hommes. Au début du XXe siècle, elle le rejoint néanmoins pour apporter son aide lors de la Première Guerre : elle se fera désormais appeler Diana Prince. La demi-déesse est une figure lumineuse : son immortalité, sa force exceptionnelle et sa personnalité généreuse ne sont qu'une facette de ses immenses pouvoirs. Elle symbolise l'énergie solaire dans toute sa puissance, à travers sa foi inépuisable en l'Amour, au sens absolu du terme, qui n'empêche pas son extraordinaire combativité ni sa colère. Son ancrage, le courage d'incarner ce pour quoi elle est faite et son appétit pour la vie simple comme pour les exploits racontent la pureté et la beauté de l'étoile solaire.

Mercure – Barbara Gordon, Oracle (Batgirl)

Barbara Gordon est la fille adoptive du célèbre flic de Gotham City et allié de Batman, James Gordon. Précoce, la jeune femme mène une vie sage d'assistante bibliothécaire. Mais elle voudrait plus d'action dans sa vie : un soir, elle se grime en Batgirl et réussit à impressionner Bruce Wayne. Elle œuvre pendant des années sous son masque avant que le Joker ne lui brise la colonne vertébrale, la rendant paraplégique. D'une intelligence exceptionnelle, elle se passionne pour Internet, devient une hacker hors pair et se fait appeler Oracle. Elle incarne l'énergie de Mercure à la perfection : l'intellect qui utilise tous les biais possibles pour se déployer. Curieuse et débrouillarde, la jeune femme explore les méandres de la réalité, afin de se mettre au service des autres. Sa volonté de découvrir ce qui se cache dans le monde virtuel et d'être cette experte quasi omnisciente raconte la soif d'expériences incessante de la planète cabotine.

Vénus – Maya Lopez (Echo)

Maya Lopez est une jeune femme native américaine traumatisée par la mort de son père, assassiné par un supervilain, le Caïd. C'est ce même personnage qui va la prendre sous son aile et l'envoyer dans une école spécialisée, prenant sa surdité pour un trouble de l'apprentissage. Or, Maya se révèle douée pour à peu près n'importe quelle discipline, mais surtout dans le domaine de l'art, à travers le piano et la danse. Dotée d'une mémoire photographique géniale, elle peut reproduire les mouvements à la perfection. La jeune femme incarne l'énergie de Vénus dans toute sa dimension créative : elle accueille littéralement en elle des idées qui ne sont pas exprimées par des mots. Sa surdité lui confère une capacité de révélation unique : offrir au monde des harmonies et des gestes d'une beauté parfaite.

La Lune – Lunella Lafayette (Moon Girl)

Lunella est une petite surdouée de neuf ans qui ne s'intègre pas très bien dans la vie sociale, tant elle est rêveuse et différente : elle préfère inventer toutes sortes de gadgets plutôt que de traîner avec les gamin·e·s de son âge. Passionnée par les extraterrestres, elle découvre qu'elle-même n'est pas totalement humaine et, après quelques péripéties, se retrouve flanquée d'un énorme dinosaure avec qui elle peut effectuer des transferts de conscience. La fillette incarne la symbolique lunaire, car elle navigue entre son besoin de savoir comment grandir intérieurement et comment trouver sa place dans le monde : lorsque ses émotions deviennent trop fortes, c'est le dinosaure qui prend le relais. Elle craint la transformation qui l'attend à l'âge adulte, ce qui représente les changements incessants que traverse chaque individu lors de l'existence : en cela, elle raconte cette Lune qui entre en empathie avec ce qui l'entoure.

Mars – Anung Un Rama (Hellboy)

Né de l'union d'un démon et d'une sorcière, le petit garçon grandit en enfer. Invoqué par des superméchants, il atterrit par hasard dans une église et finit par être récupéré par l'armée américaine. Devenu agent spécial contre les menaces paranormales, il se bat avec ses acolytes contre les gros vilains. Colérique et pince-sans-rire, cet humanoïde à la peau rouge et aux cornes impressionnantes possède une force considérable. Il incarne l'énergie de Mars dans toute sa splendeur : une fureur au service des valeurs, qui utilise l'action pour dire les choses importantes. Paradoxal, il dissimule sa bonté sous une épaisse couche de mauvaise humeur et de baffes. Ce qu'il désire plus que tout, c'est être au cœur des événements et ne plus se cacher aux yeux du monde. Sa motivation intrinsèque – exprimer sa puissance, sa détermination et son esprit combatif – entre en écho avec la symbolique de la planète rouge, qui représente le besoin de transformer une énergie chaotique pour la canaliser, lui donner une direction et un sens.

Jupiter – Tony Stark (Iron Man, *Avengers*)

Héritier richissime des industries Stark, Tony est un adolescent surdoué qui excelle dans à peu près tout. Cabotin et arrogant, il devient un adulte sûr de lui, qui ne se laisse pas impressionner par les autres et possède une confiance en lui que seuls ses privilèges et son intelligence hors du commun peuvent engendrer. Non content d'être un séducteur qui aime la fête et les belles voitures, il mène de front la gestion de son entreprise et la vie de superhéros inventeur d'une armure ultra-sophistiquée. Il incarne l'énergie de Jupiter dans tous ses paradoxes : à la fois brillant et très bien ancré dans la société, dont il accepte les codes et les travers, il se prête de bonne grâce au jeu du fils prodigue qui se doit de dissiper l'ombre envahissante de son père, tout en faisant perdurer ses valeurs. Mais il y a en lui une part qui ne s'adapte pas vraiment aux règles. Pour s'émanciper de ce poids, il cherche sans cesse à repousser ses limites et celles des autres, par le biais que ce soit du sarcasme ou de ses exploits. En cela, il raconte la dimension d'expansion et d'intégration de la planète géante.

Saturne – Erik « Killmonger » Stevens (N'Jadaka, *Black Panther*)

Ancien mercenaire zélé au service des États-Unis, Erik est le fils du prince du Wakanda, un royaume isolationniste du continent africain, détenteur de technologies inédites. Il est au cœur d'une tragédie familiale : son père, considéré comme un traître, est assassiné par son propre frère, le roi du Wakanda. Erik cherche à le venger en reprenant le pouvoir à son cousin, qui a hérité du titre de Black Panther. Hostile à l'idée de partager les savoirs et les ressources de son pays avec la civilisation occidentale, il veut recouvrer son rang légitime et pousser son peuple à s'imposer comme une force guerrière et conquérante, afin de stopper l'oppression des descendants du continent africain à travers le monde et de laver leur affront. N'Jadaka incarne l'énergie de Saturne dans sa dimension de discipline, de dévouement total à ses aspirations : déterminé, acharné et travailleur, il possède un esprit stratégique et est capable de mettre tous ses sentiments de côté pour arriver à ses fins. Cela le consume et le contraint à se fixer des limites. En cela, il raconte l'incroyable symbolique de dépassement de la planète aux anneaux.

Uranus – Jonathan Osterman (Dr Manhattan, *Watchmen*)

Fils d'un simple horloger, Jonathan devient un physicien de renom, puis est accidentellement désintégré lors d'une expérience qui tourne mal. Revenu sous l'apparence d'un humanoïde bleu capable de prendre n'importe quelle forme, il est désormais un être supérieur, omniscient, aux pouvoirs illimités, mais surtout en mesure de visualiser toutes les temporalités en même temps. Utilisé comme arme secrète par l'armée, il se désintéresse du sort de la Terre et, après s'être interrogé sur la nécessité de sauver l'humanité, il finit par fuir la galaxie. Le Dr Manhattan incarne l'énergie indépendante et originale d'Uranus : il n'y a aucune borne à ce qu'il sait, à ce qu'il comprend ou à ce qu'il peut accomplir. Ses capacités l'empêchent de s'impliquer émotionnellement dans le cours des événements. Pour lui, tout se vaut, et rien n'a vraiment d'importance ; ce qui compte, c'est la liberté totale de son esprit. Il représente l'éveil d'une conscience nouvelle, utopique et créative, qui se défait de tous les écueils terrestres. En cela, il raconte la rupture qu'opère la planète, de celles qui mènent à des modes de fonctionnement inédits.

Neptune – Aspen Matthews (*Fathom*)

Aspen est une biologiste marine à la fois douée dans son domaine et dans la vie : nageuse olympique, elle est bien dans sa peau et adore son métier. Mais il y a une ombre à ce tableau idyllique : orpheline, elle a été recueillie dans l'enfance par le capitaine Matthews, un vieux briscard des mers, qui a décidé de l'élever. Elle ne se souvient pas d'où elle vient ; pourtant, elle possède des pouvoirs incroyables, comme celui de contrôler les fluides, dont le sang, de faire bouger les objets au moyen de son énergie ou de se fondre complètement dans l'eau en devenant liquide. Elle est en réalité la fille de deux créatures puissantes venant de tribus cachées de l'océan, qui ont été assassinées quand elle était petite. En cherchant à percer le mystère de ses origines, la jeune femme va être confrontée à un tas de vilains qu'elle combattra sans relâche. Elle fait face à un monde secret dont elle ignore tout et qui la fascine. Ce sont ses émotions qui la taraudent et l'affaiblissent parfois : en cela, elle raconte l'ambivalence de la planète, entre toute-puissance naturelle et profondeur de l'inconnu.

Pluton – Jean Grey (Dark Phoenix, *X-Men*)

Jean Grey est une mutante qui, comme tant d'autres, a été recueillie par le Pr Xavier dans son école pour les jeunes un peu « spéciaux », dotés de pouvoirs inédits. Télépathe redoutable, elle devient elle-même enseignante au sein de l'institut. Sérieuse, raisonnable et en totale maîtrise de ses dons, Jean est la seule qui semble en mesure d'égaler le patriarche. Lors d'un voyage dans l'espace, elle est atteinte par les radiations d'une éruption solaire. Elle revient sous l'identité du Phénix, changeant de costume, d'aptitudes et de personnalité. Possédée par une entité cosmique et surpuissante, Jean est consumée par son énergie : elle ne peut contrôler sa force et se fait du mal, ainsi qu'aux autres. Plus rien ne compte que ce qui la brûle de l'intérieur, un feu qui veut s'exprimer coûte que coûte et qui va la mener à se retrouver. En cela, elle raconte les processus de mutation et de métamorphose symbolisés par la planète naine, qui nécessitent l'acceptation d'une mort symbolique en vue de la renaissance.

C'est fait avec quoi, une carte du ciel ?

Pour que vous compreniez un peu comment ça marche, et avant de plonger dans votre thème, voici la carte du ciel de Stephen King, auteur de romans d'horreur.

1. Les pictogrammes que vous voyez à l'extérieur du cercle sont les planètes.
2. Les chiffres et les nombres que vous apercevez sur le bord extérieur du cercle sont les maisons : elles commencent et finissent là où vous pouvez repérer les petites flèches.
3. Les maisons sont dans le signe où se place la flèche qui symbolise leur commencement.
4. Les pictogrammes dans le bord intérieur du cercle sont les signes astrologiques.

5. Les segments qui partent en tous sens à l'intérieur du cercle sont les aspects : ils ont des couleurs différentes selon leurs caractéristiques (ils ne sont pas tous représentés ici, pour plus de clarté).

Voici quelques exemples que vous pouvez observer dans le thème de Stephen King :

- Son Soleil est en maison III, en Vierge.
- Son Ascendant est en Cancer, ce qui place son Descendant en Capricorne.
- Son milieu du ciel est en Bélier, ce qui place son fond du ciel en Balance.
- Son Mars est en maison XII, en Cancer.
- Sa Lune est en maison V, en Sagittaire.
- Sa maison IX commence en Poissons.
- Sa maison XI commence en Taureau.
- Pluton et Saturne sont conjointes en maison I, en Lion.

Pour établir votre thème, vous pouvez aller sur le site astrotheme.fr, rubrique « Ascendant et thème astral » : il vous faut votre date, votre heure et votre lieu de naissance.

LA REPRÉSENTATION DES PLANÈTES

1.

Le point symbolise la stabilité.

2.

Le trait horizontal symbolise l'espace/l'expansion.

3.

Le trait vertical symbolise le temps/ la profondeur.

4.

Le demi-cercle symbolise la réceptivité.

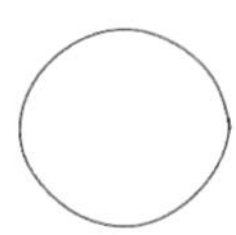

5.

Le cercle symbolise l'esprit.

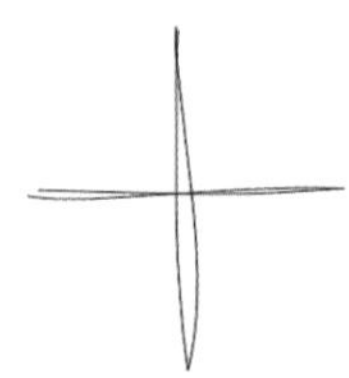

6.

La croix symbolise la matière.

7.

La Lune symbolise les émotions.

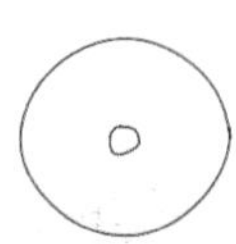

8.

Le Soleil symbolise le cœur.

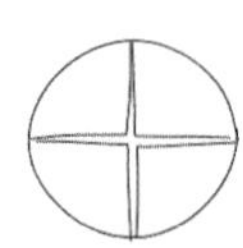

9.

La Terre symbolise le corps.

Les pictogrammes de planètes ne sont pas construits n'importe comment, sachez-le : ils sont l'association de plusieurs symboles. Vous pouvez jouer à les interpréter en observant les différents éléments qui les composent !

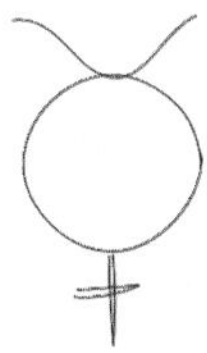

10.

Mercure symbolise l'intelligence.

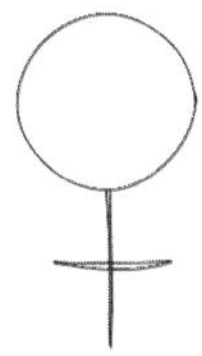

11.

Vénus symbolise la créativité.

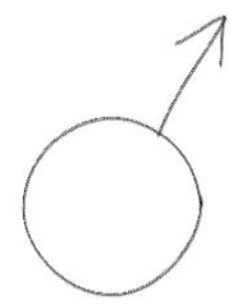

12.

Mars symbolise l'action.

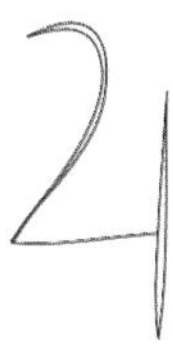

13.

Jupiter symbolise la pensée.

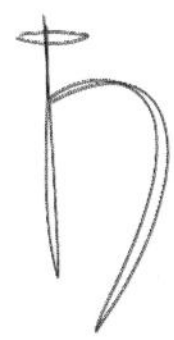

14.

Saturne symbolise la résilience.

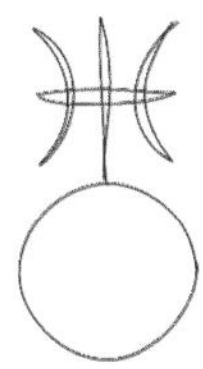

15.

Uranus symbolise la décentration.

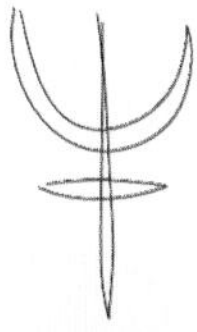

16.

Neptune symbolise l'imagination.

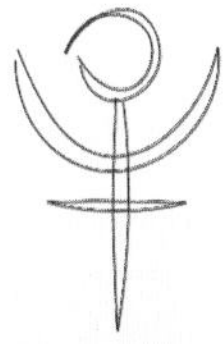

17.

Pluton symbolise la renaissance.

CHAPITRE I

FLAMBOYEZ, VOUS EXISTEZ

Vivre, c'est quand même un truc de dingue

« Remonter jusqu'au soleil lui-même [...], c'est remonter jusqu'à la source de ce qui autour de moi déploie sa splendeur, de ce que j'appréhende au fur et à mesure, ici ou là, comme ayant la teneur de ce qui est bon *(to agathon)* ou de ce qui est beau et de belle venue *(to kalon)*. »

Bernard Sichère, *Aristote au soleil de l'être*

Parfois, il est bon de redire quelques basiques, en prenant le risque inconsidéré de passer pour une dégommeuse de portes ouvertes : *exister* signifie littéralement « sortir de terre » et « être debout ». Les notions de naissance et de gravité sont condensées dans le terme. Vous venez au monde, vous mourez et vous arpentez la Terre, car les forces en jeu dans l'espace vous le permettent. Cet agencement est un hasard bien fichu, une contingence prolifique qui vous rappelle que votre survie ne tient pas à grand-chose.

Dans ce chapitre, il s'agit surtout de vous remettre à votre place et de comprendre comment le Soleil raconte toute la grandeur et la modestie de votre existence dans l'Univers : je le lie aux planètes et aux signes, qui, sous des prismes différents, vous font appréhender sa réalité et sa complexité.

Le Soleil : l'éternel retour

Bye-bye, Pluton !

Comment ne pas être baba face à l'idée de votre propre naissance ? Vous qui n'étiez qu'un amas de cellules, créées de toutes pièces par l'incroyable efficacité de la nature, devenez chair, sang, organes, lymphe, eau, os et angoisse existentielle. Lorsque vous ouvrez les yeux pour la première fois, vous incarnez tout de suite votre Soleil : vous passerez beaucoup de temps et d'énergie à en comprendre les mécanismes, mais cela ne vous renseignera pas plus sur l'existence de l'Univers ni sur celle des objets célestes qui se cachent au-delà de Pluton et de ses copines planètes naines. Pourtant, elles participent, de loin, à l'élaboration de votre système : avec l'expérience, vous allez pouvoir les visiter. Chaque fois que vous reviendrez à votre étoile, il faudra leur dire adieu pour un temps et abandonner ces contrées mystérieuses de vous-même.

Celui qui se la racontait

Pour bien comprendre la place du Soleil dans le système astro-philo, on peut commencer par lire le scénario de son épisode mythologique.

Zeus, marié avec Héra, la trompe à tour de bras. Lorsque Léto tombe enceinte du dieu, elle doit se cacher pour ne pas subir la colère de sa femme « légitime ». Elle finit par accoucher des jumeaux Artémis et Apollon sur un petit rocher abandonné au milieu des flots, qui deviendra l'île de Délos. Pressé, le garçon grandit en sept jours : équipé par Zeus et Héphaïstos de toutes sortes de gadgets (lyre à sept cordes, char tiré par des cygnes, arc et flèches), il part à la conquête de son destin. La vie du jeune homme n'est pas de tout repos et, à vrai dire, plutôt semée d'embûches et d'histoires d'amour pourries. Après avoir beaucoup vagabondé, s'être beaucoup fâché, avoir beaucoup tué avec ses traits redoutables, joué de la musique et enchanté les divinités, il décide d'arrêter de s'éparpiller. Un peu gourou sur les bords, il ouvre l'oracle de Delphes pour guider les humain·e·s. Zeus, agacé par ce fils trop content de lui, fait ce qu'il sait faire de mieux : il le remet à sa place en le forçant à jouer au berger durant un an, comme un simple mortel.

Ce que vous apprend le mythe

Vous êtes important·e, mais en même temps, pas du tout

Apollon et Artémis, le Soleil et la Lune, naissent ensemble. D'abord lunaire, la figure d'Apollon se modifie peu à peu dans la mythologie grecque. « Réunissant des éléments divers, d'origine nordique, asiatique et égéenne, ce personnage divin devient de plus en plus complexe, synthétisant en lui nombre d'oppositions, qu'il parvient à dominer pour finir en un idéal de sagesse. » (Jean Chevalier, Alain Gheerbrant, *Dictionnaire des symboles*) Loin d'être une figure sans aspérités, il allie les passions terrestres avec les aspirations divines : il cherche sans relâche la vérité de son père, Zeus, la « Lumière ». C'est pour cela qu'il construit l'oracle de Delphes après s'être transformé en dauphin : l'étymologie du mot désignant l'animal signifie « matrice », « ce qui englobe tout le reste ». Apollon aspire à être au cœur de sa conscience et, sur le fronton de son temple, il fait graver les mots « Connais-toi toi-même ». C'est votre quête. Elle ne peut s'achever en un jour : parfois la vie, à l'instar de Zeus, vous donne un petit taquet et vous envoie jouer de la flûte aux chèvres, comme Apollon destitué, réduit à l'état de berger, un sort qu'il a mérité pour avoir fait preuve de beaucoup trop d'arrogance.

LA QUESTION À CENT BALLES

Alors, signe solaire ou pas signe solaire ?

« Suis-je mon signe solaire ou ne suis-je que la somme des influences de mon thème ? »

... Ni l'un ni l'autre. D'abord, car le placement des planètes et des luminaires au moment de votre naissance n'a pas d'incidence sur votre vie. Ensuite, car il y a des régions du monde où la symbolique des signes ne fonctionne pas, puisque les saisons sont au nombre de deux ou parce que les concepts culturels y sont complètement différents.

Enfin, vous n'« êtes » rien, et par *rien*, je veux dire « vous n'êtes pas assigné·e par les astres ». Vous n'êtes pas l'un des douze signes. Vous n'êtes pas non plus uniquement votre place sociale, ni votre apparence, ni vos traumatismes personnels. Ce qui fait un individu est le résultat d'un entrecroisement compliqué de facteurs, difficilement réductible à douze typologies. Le jeu symbolique autour du signe solaire est d'abord un accord tacite avec vous-même. Les signes sont des caricatures, certes – qui pourrait le nier ? –, mais la caricature parle toujours de quelque chose. Elle n'a pas vocation à enfermer toute la complexité du monde, il lui appartient juste d'en effleurer le sens. La seule dynamique qui importe, c'est la portée métaphorique de vos interrogations, et les pistes qu'elles vous aident à explorer. Votre signe est un hasard, une occasion que vous saisissez pour réfléchir, ni plus ni moins.

Utilisez le superpouvoir de votre Soleil

Faites-vous confiance, bon sang de bois !

Comme l'on n'est jamais mieux servi·e que par soi-même, votre Soleil, si vous apprenez peu à peu à l'apprivoiser, vous donne le sentiment d'être la·le meilleur·e pilote à bord de votre vaisseau. La confiance en soi est, au sens étymologique, la « force » que l'on recèle ou le « pacte » que l'on fait avec soi-même : cette vertu, car c'en est une, ne vous est pas très bien enseignée. Elle est survalorisée dans le monde du travail et dans certains milieux sportifs, économiques, culturels ; on la porte aux nues selon le genre et le pouvoir social de celui·elle qui l'exprime. Cet ersatz n'est que de l'agressivité déguisée, particulièrement en vogue dans le système libéral : il faut avancer coûte que coûte, quitte à affirmer des absurdités, quitte à écraser les autres. Ce n'est pas de cela qu'il s'agit ici. Ce dont je parle, c'est la certitude de votre propre valeur, qui n'est ni démesurée ni illusoire. C'est celle d'une personnalité qui a appris à se connaître, à se respecter et, au fil du processus, à respecter les autres sans jamais se laisser vampiriser.

La grande leçon de votre Soleil

Votre *ego* est votre meilleur ami

Quand vous avez conquis votre Soleil, que vous avez une petite idée de qui vous êtes, personne ne peut réellement vous importuner. Vous avez défini votre espace, il est rien qu'à vous et, de toute façon, vous y êtes essentiel·le et irremplaçable : on ne peut y faire ce que vous y faites, personne n'y brillera à votre place. Ici, vous êtes intouchable, vous êtes le centre de votre propre rayonnement, que nul autre éclat ne peut atténuer. Mais votre étoile, si elle grossit démesurément, change les paramètres de votre ciel et dérègle tout le système : les planètes, qui symbolisent vos fonctions sociales et psychologiques, sont chamboulées et vous faites n'importe quoi. Votre moi doit donc se tenir un peu à carreau et apprendre à resplendir tranquillement sans aller ennuyer les autres étoiles de la galaxie, qui ne vous ont rien demandé et qui essaient elles aussi de trouver le bon moyen d'exister.

Comment regarder le Soleil dans votre thème (sans être ébloui·e) ?

Faites tamponner votre passeport (mais revenez à la maison, des fois)

Votre étoile est à la fois votre destination finale et votre point de départ : ce que vous faites toute votre vie, c'est une boucle pour y revenir et en percer les mystères. Afin d'apprivoiser votre Soleil, vous devez accepter de passer beaucoup de temps à démêler des choses compliquées pour repartir sur des choses simples. Vivre, c'est visiter vos planètes en long, en large et en travers pour en découvrir chaque fois des facettes insoupçonnées. Elles changent avec vous, et vous ne verrez pas le paysage de Jupiter de la même manière à vingt ans qu'à cinquante. Vos missions n'ont pas toujours la même finalité. À chaque déplacement, votre passeport solaire garde la trace de votre expérience : quand vous retournez à votre base, le Soleil, vous êtes riche de vos récents voyages (et vous pouvez frimer).

Apprivoisez les différents stades de votre Soleil, ils ne mordent pas

Au début de la vie

D'abord, votre Soleil s'exprime comme il peut : il doit apprendre qu'il existe, et ensuite prendre conscience de sa façon de briller. C'est un moment de découverte de votre propre lumière : vous expérimentez, comme Apollon, les réalités de votre pouvoir, pas très bien maîtrisé. C'est encore un peu de bric et de broc, mais même si vous ne connaissez pas les joies des obligations d'adulte, tout est déjà en vous.

Avec l'expérience

En devenant ce que vous êtes, en affinant votre perception du monde et de vous-même, vous ouvrez grand votre porte aux rayons de votre étoile. Inévitablement, toutefois, là où il y a de la lumière, de l'ombre se crée. C'est le temps des doutes, des remises en question et des interrogations nécessaires. En mûrissant, vous êtes davantage lucide, à la fois plus dur·e avec vos défauts et plus indulgent·e avec ceux des autres. Vous cherchez votre île cachée, celle sur laquelle vous allez briller.

La finalité de votre Soleil : manifester votre authenticité

Le paradoxe du Soleil est d'être à la fois très lointain et très familier, vous passez votre vie à essayer de l'apprivoiser. Vous ne pouvez pas le regarder en face, même si vous existez grâce à lui. Le labeur du Soleil, aidé de toutes vos planètes, est de trouver ce qui est à part en vous, à force d'expérience, de retours à la case départ, de réajustements et d'apprentissages.

Où est allé se nicher votre Soleil ?

Les fonctions de votre Soleil

Dans la vie courante : la façon d'être naturellement.
Dans votre esprit : la volonté de s'épanouir.
Au-delà de vous-même : la recherche de la félicité.

Votre Soleil en maisons

La maison dans laquelle se trouve votre Soleil dans votre thème symbolise le lieu dans lequel il est le plus à l'aise, là où rien ne le menace vraiment et où il peut exprimer sa pleine puissance.

Votre Soleil en aspects

Les planètes en lien avec votre Soleil l'aident à comprendre sa nature : il peut y en avoir plusieurs, dans des signes et des maisons différentes. La façon dont elles communiquent avec votre étoile peut prendre diverses formes (en tension, dans l'entraide ou la facilitation). Il faut vous référer au chapitre IV pour regarder de plus près comment fonctionne le thème.

Soleil – Mercure
Votre Soleil a besoin de s'exprimer, de communiquer et d'expérimenter pour se réaliser dans le monde. En allant fouiner partout, en essayant de comprendre le fonctionnement de la société, des gens, des objets, il vous aide à creuser en vous-même.

Soleil – Vénus
Pour se comprendre, votre Soleil veut passer par l'expression et la création : il lui faut engendrer quelque chose, que ce soient des émotions, des sentiments, une symphonie ou du tricot, peu importe… Il choisit entre l'Art et l'Amour, ou alors, il prend les deux !

Soleil – Lune
C'est en déterminant ce qui le nourrit le mieux, sur le plan intellectuel, émotionnel et terrestre, que votre Soleil prend conscience de ce qui l'individualise : en trouvant l'équilibre entre ce qui alimente sa puissance et la sensibilité, il apprend à briller.

Soleil – Mars
Votre Soleil a besoin de prendre les rênes de son destin et d'écrire sa propre histoire pour se dévoiler : subir les événements lui est insupportable, mais les créer, ça, il sait faire. Il se révèle dans l'activité, qu'elle soit mentale ou physique.

Soleil – Jupiter
Votre Soleil doit trouver sa place dans le monde pour se sentir bien : pas question de rester sur le banc de touche en attendant que d'autres passent devant. C'est en vivant des choses *larger than life* qu'il se sent en adéquation avec lui-même.

Soleil – Saturne
Votre Soleil est tout en retenue : il doit intégrer les règles et les laisser mûrir en lui pour les dépasser. C'est dans l'accomplissement et le labeur que votre étoile trouve son sens : vous avez besoin de bases solides pour la faire flamber.

Soleil – Uranus
Votre Soleil doit casser la cadence pour atteindre la différence : c'est dans le pied de nez et la pensée disruptive qu'il se sent le mieux. Pas de train-train pour lui ni de soumission aux règles.

Soleil – Neptune
Votre Soleil a besoin de voyager dans l'imaginaire, de s'ouvrir aux influences collectives et à l'idée que l'amour puisse être autre chose qu'une relation duelle, mais aussi un sentiment plus global, qui l'élève et le transporte.

Soleil – Pluton
C'est dans la radicalité envers lui-même et l'expérience de sa puissance que votre Soleil apprend le mieux : pas de faux-semblants ici, pas de trouille ni de mouvement de recul. Il accepte de tout brûler pour recommencer.

Votre Soleil en signes

Votre Soleil en signes indique sous quel type d'interface fonctionne symboliquement votre « unité centrale », si je puis m'exprimer ainsi.

Le Soleil en signes

La journée aux douze visages

Soleil en Bélier : l'aurore

Lorsque ses rayons surmontent la barrière de l'horizon, le Soleil a déjà beaucoup travaillé : il est en chemin depuis deux bonnes heures. Il a secoué la nature en sourdine, botté les fesses des récalcitrant·e·s, et sa victoire sur l'aube est son premier coup d'éclat véritable. L'énergie du Bélier est tout entière dans ce surgissement : nouveau jour, nouvelle occasion de vivre. C'est le moment de tous les possibles, des idées qui s'extraient des rêves, dans un élan un peu foutraque, certes, mais sans les émotions parasites auxquelles la vie sociale vous contraint. Votre Soleil Bélier sait les accueillir et les faire fructifier, les imposer et suivre les intuitions d'un esprit que rien n'entrave.

Soleil en Taureau : l'installation du Soleil

Lorsque l'astre solaire prend ses aises, le jour est là comme une évidence : rien ne le questionne. L'énergie du Taureau est encore au lit quand vous vous étirez, vous bâillez, vous vous retournez et vous remettez la tête sous les oreillers en laissant la fraîcheur des draps vous caresser. Elle est dans ce moment suspendu, entre deux sonneries du réveil, durant lequel le temps s'allonge au maximum pour faire place à l'espoir de ne pas être en retard. Dehors, la nature est debout, comme vos sens : l'odeur du petit déjeuner vous tirerait presque du lit. Habiter votre corps, c'est l'énergie du Soleil en Taureau : profiter de sa vitalité, de ses capacités et des plaisirs qu'il vous offre, son horizon.

Soleil en Gémeaux : la matinée

La lumière est là depuis des heures et personne n'y pense plus vraiment. Il y a forcément un moment durant lequel vous devez aller dans le monde et vous y exposer, pour le meilleur, le pire ou le bof. Vous courez partout et, quels que soient les trucs à faire ou les gens à voir, vos interactions vous obligent à tâtonner, à expérimenter, à vous tromper, à recommencer. L'énergie du Soleil en Gémeaux, c'est ça : votre intelligence qui se heurte à l'expérience diurne. C'est parfois bien, parfois nul, mais c'est tous les jours, à peu de chose près. Votre Soleil Gémeaux n'a pas peur de se confronter à la diversité pour mieux la métaboliser et s'enrichir intellectuellement.

Soleil en Cancer : la Lune en plein jour

C'est le moment où vous levez les yeux vers le ciel dans la journée pour apercevoir celle qui ne doit apparaître que la nuit : en la voyant, vous êtes toujours un peu émerveillé·e. Si vous prenez le temps de la regarder, vous replongez dans votre enfance, lorsque vous croyiez qu'elle vous suivait lors de vos trajets nocturnes en voiture. L'énergie du Cancer, c'est l'instant où vous vous réfugiez dans votre maison intérieure, peu importent l'heure ou le lieu où vous vous trouvez. Tant que ce que vous ressentez ou avez ressenti vous est accessible, vous pouvez avancer pour mieux accueillir de nouvelles émotions.

Soleil en Lion : le Soleil à son zénith

Ici, l'astre est royal, en mode Louis XIV : il est au top de son *game*, à l'acmé de ses possibilités et ne laisse absolument aucune place à la pénombre ou aux choses cachées : sorte d'œil de Moscou stellaire, il montre tout, voit tout. C'est ce moment où, trop lourd, trop brûlant, trop éclatant, il force tout le monde à ramper dans les coins d'ombre ou à se tartiner de crème solaire pour se protéger de ses rayons. L'énergie du Lion, c'est votre capacité à accueillir cette force et à la prendre pour vous, quitte à vous cramer la peau, avec la dépense d'énergie et le courage que cela implique. Incarner ce Soleil, c'est accepter la lumière, avec l'extrême lucidité qu'elle génère, de celles qui obligent à ne pas faiblir, se mentir ou essayer de s'abriter derrière des excuses bidon.

Soleil en Vierge : le calme de l'après-midi

Lorsque la chaleur décroît et que la torpeur s'installe, vous posez vos armes et vous vous imposez un moment de réflexion : tout ce qui a été accompli dans les heures précédentes doit être analysé, mûri, intégré pour enrichir votre petit bagage personnel. L'énergie de la Vierge raconte ce moment de retour sur soi, de suspension, lors duquel vous prenez le temps de trier les émotions, les pensées, les volontés, d'affiner votre geste, d'atteindre une quasi-perfection dans l'organisation de votre espace. La sainteté est illusoire en ce bas monde et vous le savez bien, ce qui rend votre effort plus admirable, plus signifiant que jamais : votre Soleil est celui d'un défi impossible, mais nécessaire.

Soleil en Balance : la douceur du soir

Quand la lumière décroît et se fait moins intense, le monde s'enveloppe d'un halo réconfortant : le corps se détend, les tensions de la journée s'apaisent, c'est le moment des cocktails, alcoolisés ou non, et du papotage en terrasse (si l'on a de la chance). L'énergie de la Balance puise dans cet équilibre entre le jour et la nuit : cette rencontre symbolique, qui s'opère dans la quiétude, raconte la disponibilité de l'esprit envers l'autre. Le Soleil est moins flamboyant, votre *ego* se met en sourdine pour accueillir le monde de l'obscurité. C'est le temps du compromis et du partage, vaste programme de votre Soleil en Balance, qui se coltine aussi tous les inconvénients de la relation à autrui, merci bien.

Soleil en Scorpion : le coucher du Soleil

Lorsque l'astre solaire disparaît, les bébés sont nerveux et se mettent à pleurer : on dit que cette réaction raconte un instinct séculaire de peur pour leur survie. Ce mécanisme est également un moyen très bien fichu de se décharger du stress accumulé au cours de la journée : c'est exactement le rôle du Scorpion, seul membre du zodiaque à se coller à la tâche ingrate de purger tout ce qui affleure dans les émotions. C'est un boulot laborieux, mais qui demande un sacré paquet de force mentale, d'abnégation et de sensibilité. La lumière solaire de l'*ego* s'efface presque entièrement pour laisser place à l'inconnu de la nuit, là où il est difficile de se repérer, de se diriger et de voir les choses lucidement. Votre Soleil Scorpion, c'est la force qui vous permet de tâtonner dans cet espace sans vous transformer en poule mouillée.

Soleil en Sagittaire : le crépuscule

Le crépuscule, c'est le dernier tour de force du Soleil avant le noir complet : il est passé sous l'horizon et sa lumière diffuse enflamme le ciel. Elle évoque la bougie vacillante qui menace toujours de s'éteindre : l'énergie du Sagittaire est condensée dans cette petite lueur, associée à l'espoir, celle autour de laquelle on se rassemble pour conter des histoires, jouer, faire des blagues et se réchauffer les un·e·s les autres avant que la profondeur de la nuit n'engloutisse tout. Le Soleil Sagittaire raconte cette pulsion de vie qui précède l'endormissement, le sursaut des nerfs qui rappellent au corps qu'il existe bien qu'il s'apprête à plonger dans le sommeil.

Soleil en Capricorne : la nuit noire

Viennent les ténèbres, et avec elles l'assoupissement de la nature dans son ensemble : tout le monde ferme son bec, sa bouche ou sa gueule, à l'exception des êtres programmés pour l'obscurité. Cette catégorie, qui sait naviguer durant les heures sombres de l'opacité totale, symbolise l'énergie singulière du Capricorne, qui ramasse toute sa force et ses compétences, afin de survivre au sein d'un environnement sans chaleur ni lumière. Sa vision nocturne lui confère un pouvoir particulier : celui de ne voir que l'essentiel. Les repères sont effacés, le haut et le bas se confondent et cela n'a pas d'importance, puisque le Capricorne est guidé par la certitude de sa survie.

Soleil en Verseau : l'aube

Entre la nuit et le moment où le soleil passe au-dessus de l'horizon, l'astre diffuse déjà sa lumière dans le ciel : l'obscurité ne durera pas toujours, le monde va recommencer sa course. Les êtres vivants se retournent dans leur lit, leur nid, leur niche, leur terrier, leur terreau, pour continuer leur périple nocturne, la bave aux lèvres, mais les sens déjà en éveil, considérablement moins anesthésiés qu'au creux de leur sommeil. L'énergie du Verseau combine les forces imaginaires qui ne peuvent naître que dans les ténèbres et la promesse d'une clarté qui leur donnera une autre dimension : c'est la prescience du jour, la vision instinctive du futur.

Soleil en Poissons : les heures grises du petit matin

Juste avant que les premiers rayons ne surmontent l'horizon, le monde se teinte de bleu et de gris, se parant d'une lumière toute particulière : c'est le moment irréel entre le jour qui va arriver et les derniers lambeaux de nuit. C'est le rebond des rêves, le passage onirique entre l'immensité de vos songes et le tunnel de contraintes qu'est la réalité : l'énergie des Poissons cristallise cette échappatoire, votre corps qui s'accroche de toutes ses forces à l'imaginaire et qui trompe vos sens en leur faisant croire que ce qu'ils expérimentent est le tangible.

Les signes, ces adorables relous

Qui sont les signes ?

Lorsque vous commencez à vous intéresser à tout ce qui touche à l'astro-philo, vous découvrez d'abord les *signes* : ils se sont échappés des centaines d'années de symbolisme astrologique pour squatter les magazines, la radio, la télévision, puis sont tombés en désuétude avant de revenir sur Internet en force et de déployer leur petit manège à douze, avec plus ou moins de brio. (« Avec qui ? — Avec brio, c'est une expression, vous voyez ? ») Leur nombre est lié à l'histoire de l'astronomie et aux premières observations du ciel : si les constellations ont bougé, elles, la symbolique est restée figée dans le temps, car elle paraît significative à ceux·elles qui l'utilisent. Il est difficile de situer leur genèse, tant ils sont un agrégat de figures archétypales, qui remontent aussi loin que la période babylonienne, et de divers syncrétismes qui compilent des concepts séculaires n'ayant pas cessé de tarauder l'humanité, comme l'amour, la solitude, la mort ou la résilience.

À quoi ça sert, les signes ?

Les signes sont des énergies, pas des traits de personnalité en eux-mêmes. Lorsque vous regardez un thème astral, ils sont répartis dans les maisons, dans lesquelles sont disséminées les planètes. Ils sont la façon dont celles-ci vont s'exprimer, leur mode d'emploi ! Par exemple, un Mars en Scorpion symbolise la ténacité de ceux·elles qui ne lâchent jamais l'affaire ; Vénus en Bélier, une énergie créative et amoureuse candide et pleine de bonne volonté ! Les signes animent les planètes et confèrent une couleur particulière à leurs fonctions.

Chaque signe a son histoire...

Bélier – *The Walking Dead*

Ben, oui, quoi de mieux pour évoquer la·le Bélier qu'une bonne grosse série de zombies ?

Car ce qui se joue au long de la narration, sous le vernis de la lutte contre les périls étranges qui attaquent l'humanité sans faiblir, c'est le pouvoir de l'instinct de conservation et de survie. Les personnages avancent inéluctablement lors de chaque saison et il n'y a JAMAIS de répit, ce qui résume quand même pas mal le jeu de l'existence : une fois lancé dans l'arène, on ne se repose plus vraiment. C'est la parfaite métaphore pour notre bête à cornes, qui ne regarde pas en l'air, mais fonce tête baissée sans se questionner. Cette poussée perpétuelle symbolise la force **cardinale** du signe, qui, seul à commencer la période du printemps, impulse le mouvement et l'action. La vie est un éternel **renouveau**, une remise en jeu quotidienne de tout ce qui a été établi. « **Comment vivre ?** » est la question que posent la série et le signe. Les personnages, confrontés sans trêve à des éléments externes, mobilisent la puissance de **Mars**, la planète qui gouverne le signe : ils **écrivent constamment leur histoire**, puisqu'ils sont forcés de se déplacer, de trouver des refuges, de créer des alliances, de construire des camps sans pouvoir y séjourner, et recommencent le processus à chaque nouvelle déconvenue. La planète, qui joue des aiguilles dans leur chemin, impulse un **feu** guerrier, celui de l'**autoprotection**, à la fois contre les mort·e·s vivant·e·s, mais aussi et surtout contre leurs semblables. La **méfiance** du signe à l'égard de ce qui lui est extérieur est intrinsèque :

comme l'animal, toujours prêt à reculer en cas de danger. C'est également tout l'enjeu de Mars, l'astre soldat qui défend les valeurs collectives des personnages : quand ils réussissent à collaborer, il leur apporte son concours et canalise leur **colère**. Dans l'entraide et la débrouillardise, ils mobilisent l'autre face du Bélier, qui leur transmet des idées, les engage à avoir confiance en leurs intuitions, à interpréter rapidement leur environnement et leurs expériences pour rebondir. Mais même s'ils parviennent à trouver une forme de cohésion dans un monde ravagé, en se serrant les coudes, les personnages comprennent la solitude fondamentale de leur existence… et conjurent le **vide** que celui-ci pourrait leur faire subir, en ne cessant jamais d'agir. Seule la **résilience** peut les aider à traverser autant d'épreuves sans faiblir, et c'est la vertu première du signe.

Quand vos planètes sont en Bélier

Elles s'expriment avec franchise et impulsion. Quelles que soient leurs fonctions, il s'agit de les laisser mener les actions et découvrir le bon et le mauvais dans la maison où elles se trouvent : c'est l'énergie des premières fois et de l'inspiration soudaine.

Taureau – *Gilmore Girls*

On peut affirmer sans se tromper que cette série est typiquement Taureau : elle relate la relation entre Lorelai, une jeune mère indépendante et très bavarde, et sa fille Rory, une adolescente dont le plus grand souhait est d'aller à l'université et de lire le plus de livres possible. « **Comment s'épanouir avec ce qui nous est donné ?** », semblent-elles interroger. L'unité de lieu, une petite ville où tout le monde se connaît depuis des lustres, est l'un des éléments constitutifs de la narration, qui met en exergue le mode **fixe** du Taureau, installé au milieu du printemps, trônant dans son pré carré. L'idée ? On ne change pas de décor, tout peut être expérimenté au même endroit, car les problèmes suffisent à remplir le calendrier. Ce lieu symbolise la **richesse intérieure** du Taureau, qui n'éprouve pas le besoin de sortir de son enclos pour vivre. Les deux protagonistes passent leur temps entre leur maison, l'école, le travail et un *coffee shop* où elles ont établi leurs quartiers : elles discutent, refont le monde et arpentent les rues de Stars Hollow en long, en large et en travers. Dans ce processus, on apprend à en connaître chaque recoin : c'est la **Terre** du Taureau, solide, grasse et généreuse, de celles dans lesquelles mûrissent les émotions fortes et poussent les cités accueillantes. La volonté des personnages de **se réaliser** dans la vie et de trouver une façon de s'entendre parle de la **Vénus** terrienne du signe, préoccupée par des **relations saines** : leurs passions – boire des cafés, visionner des vieux films, discuter sans fin et inviter des amis à dîner – évoquent son côté épicurien, qui n'aime rien de moins que ses **habitudes** et les **belles choses du quotidien**. La narration, lente et presque anecdotique, étire les discussions et les petits événements sur sept saisons : la série nous fait entrer dans la routine des gens et vivre les aléas auxquels ils sont confrontés... Peu d'entre eux souhaitent s'échapper de ce cocon rassurant. C'est l'écueil du Taureau : **camper sur ses réflexes**, ne jamais changer d'avis ni de trajet et s'accrocher à ses souvenirs. Sa force ? Avoir assez de **ressource** pour éviter d'aller regarder si l'herbe est plus verte ailleurs. À terme, Lorelai et Rory réussissent à sublimer leur petite vie, grâce à la Lune, qui s'exalte dans le signe, en trouvant ce qui les **nourrit intérieurement** et leur fait du bien : l'amour pour Lorelai, l'écriture pour Rory.

Quand vos planètes sont en Taureau

Elles s'expriment avec sensualité et ténacité. Quelles que soient leurs fonctions, il s'agit de les laisser s'épanouir (de ne surtout pas les brusquer) et de profiter des richesses de la maison dans laquelle elles se trouvent : c'est l'énergie de la maturation et de la prolifération lente.

Gémeaux – *The Wire*

La série est un morceau de bravoure, puisque chacune des cinq saisons qui la composent couvre un aspect de la ville tentaculaire de Baltimore, aux États-Unis : la première plonge dans l'univers de la police ; la deuxième, au cœur du monde du travail, à travers le fonctionnement de docks ; la troisième traite de la criminalité liée à la drogue ; la quatrième aborde les enjeux politiques et éducatifs, et enfin, la cinquième s'intéresse au microcosme des médias. « **Comment comprendre le monde ?** » est la question centrale de la narration. C'est par le biais d'une flopée délirante de personnages, qui incarnent tou·te·s, à leur manière, un des visages de la cité, **une des facettes de la réalité** de cette société protéiforme, que l'on trouve un début de réponse : c'est le mode **mutable** du Gémeau, la division de l'unité exprimée par le glyphe du signe, qui représente une figure se regardant dans un miroir – elle·il est simultanément un·e et plusieurs. En son sein, tous les éléments communiquent et se superposent : on croise les protagonistes, on les perd de vue, on les retrouve et l'on réalise qu'elles·ils se connaissent alors que l'on ne le savait pas, comme dans la « vraie » vie. Le Gémeau symbolise cette envie de **tout dire à la fois** et de voir chaque face de la réalité sous son angle propre. **Mercure**, qui gouverne le signe, le pousse à l'**expérimentation perpétuelle** et au contact avec ce qui lui est extérieur : c'est le premier élément du zodiaque à vraiment tenir compte de ce qui l'entoure. La circulation des personnages, l'entrecroisement des destinées, l'influence des événements les uns sur les autres mettent en exergue l'élément du signe : un **air** qui emporte les choses pour les mélanger. Le fait que la narration colle au plus près du réel en essayant de décrire les situations et les actions de la manière la plus **objective** possible, sans orienter le jugement des spectateur·rice·s, souligne son impartialité et sa capacité à envisager la complexité du monde sans en faire une maladie. Cela raconte la faculté du signe de **mettre les choses en perspective**, mais aussi de **se perdre dans les méandres de la diversité**, quitte à en oublier son propre point de vue. À terme, lorsque les personnages comprennent les enjeux de leurs relations, le vrai visage du Gémeau se révèle : celui qui a la secrète envie de réussir à se connecter aux autres, non plus pour les analyser objectivement, mais pour les **aimer**.

Quand vos planètes sont en Gémeaux

Elles s'expriment dans la curiosité et l'adaptation. Quelles que soient leurs fonctions, il faut les laisser tout explorer et comprendre les expériences de la maison dans laquelle elles se trouvent : c'est l'énergie de la connexion au monde et aux gens.

Cancer – *Orange is the New Black*

S'il y a une métaphore qui peut résumer le moment que représente le Cancer dans l'évolution du zodiaque, c'est l'enfermement du moi : la série, elle, narre l'arrivée en prison de Piper, une Américaine bien sous tous rapports, qui passe d'une vie confortable de trentenaire créatrice de savons bio à celle de prisonnière, incarcérée pour trafic de drogue à cause de son ancienne petite amie dealeuse. En atterrissant dans un monde qu'elle ne connaît pas, elle fait la rencontre d'une infinité de personnages qui vont se pousser mutuellement dans leurs derniers retranchements.

« **Comment mûrir ?** » est la question centrale du signe, qui représente l'apprentissage délicat de soi-même. Dans la série, chaque femme personnifie les **émotions** qui ne cessent de nous traverser comme l'**eau** d'un fleuve intérieur : Piper, la bobo névrosée, est l'anxiété ; Alex, son amoureuse rock'n'roll, est l'ennui ; Tasha, la grande gueule, est l'aversion ; Tiffany, la *redneck* illuminée, est la colère ; Suzanne, la pot de colle loufoque, est la confusion ; Poussey, la lumineuse bavarde, est la curiosité ; Lorna, l'éternelle amoureuse, est le désespoir ; Galina, la Russe coriace, est la désillusion ; Dayanara, la silencieuse, est la lassitude ; Sophia, la fière, est la sérénité... La prison apparaît comme le paysage intime dans lequel sont enfermées ces protagonistes, qui jouent un rôle dans l'évolution de la personnalité. Chacune a son histoire, qu'elle porte comme un bagage : toutes ensemble dépeignent les changements qui s'opèrent dans le corps et l'esprit quand on grandit, comme la **Lune**, cheffe incontestée des fluctuations émotionnelles, gouverne le signe. Et elles vont à l'occasion mettre le bazar les unes chez les autres : ces interactions racontent les impulsions **cardinales**, qui poussent à agir et à faire parfois n'importe quoi. Souvent, les protagonistes-émotions ont **peur les unes des autres** : peur d'être mal aimées, manipulées, rejetées ou incomprises. Il leur faut sans cesse réajuster leur comportement, évaluer celui de leurs codétenues, déterminer ce qui les fait réagir. Leur volonté de **ne pas souffrir** peut les mener à **se renfermer sur elles-mêmes**, à ne jurer que par le prisme de leurs relations, voire à péter les plombs, car elles fonctionnent en vase clos. Mais la **solidité** de leur groupe est réelle : en prenant les problèmes à bras-le-corps, en se confrontant, se forme une carapace qui les protège de la laideur du monde extérieur et leur donne l'assurance d'être aimées, même de manière bancale. Finalement, c'est au creux du moi symbolique de la cellule intime que l'on peut **guérir le monde**, en avançant pas à pas, en **changeant soi-même**.

Quand vos planètes sont en Cancer

Elles s'expriment dans la construction et l'intimité. Quelles que soient leurs fonctions, il faut les laisser mûrir leurs qualités et ingurgiter les expériences de la maison dans laquelle elles se trouvent pour les métaboliser et les intégrer : c'est l'énergie de l'élaboration.

Lion – *Insecure*

Menée de front par la scénariste, actrice, réalisatrice et productrice américano-sénégalaise Jo-Issa Rae Diop, dite Issa Rae, la série narre, à travers les pérégrinations du personnage principal, Issa elle-même, le chemin difficile pour **avancer dans la vie**. À l'approche de la trentaine, la jeune femme traverse les aléas auxquels soumet le postmodernisme occidental : trouver un boulot pour lequel on a envie de se lever le matin, avoir une sexualité épanouie, des relations amicales et amoureuses intéressantes et, au milieu de tout ça, parvenir à comprendre qui l'on est.
« **Comment devenir soi** ? » semble nous interroger Issa. Notre héroïne partage la vedette avec sa meilleure amie-ennemie, Molly, qui ne fonctionne absolument pas comme elle : Issa, enthousiaste, éparpillée et incertaine, se heurte à la **lucidité**, à la volonté de stabilité et de réussite de sa *Best Friend Forever*. Les deux jeunes femmes représentent le **Soleil** : Issa, dans sa phase lumineuse et prolifique ; Molly, dans son aspect **égotique et puissant**. Leur lien est le plus important de tous : peu importent leurs relations amoureuses, peu importent leurs prises de bec, il symbolise la dimension **fixe** du signe, qui installe ses quartiers au milieu de l'été. En se confrontant sans cesse l'une à l'autre, elles mettent à l'épreuve le **moi qui s'affirme**, et mûrissent ce qu'elles veulent devenir ; on ne peut pas changer en ne faisant face à personne. D'Issa, Molly apprend à lâcher du lest et à tenir compte des autres ; de Molly, Issa apprend à

redéfinir ses priorités et à être cohérente. La psychologie des deux personnages est sous-tendue par ce qui est déjà en germe dans le titre de la série : la **peur de l'échec**. C'est à la fois leur moteur et leur frein, leur némésis et leur bénédiction. Tout est dans l'équilibre : elles ne peuvent pas réussir sans craindre quelque peu de se vautrer, mais peuvent être complètement paralysées par les **objectifs inatteignables** qu'elles se fixent. La perpétuelle mise à l'épreuve de leur amitié exalte le combat intérieur du Lion, qui oscille entre besoin de dominer et hantise d'être rejeté·e. Molly et Issa grandissent ensemble, et il est difficile d'évoluer sous les yeux de quelqu'un·e qui nous connaît par cœur : on prend le risque de ne plus se plaire, de ne plus se comprendre. C'est toute la problématique du signe, qui redoute, davantage que le regard des autres, celui qu'elle·il porte sur sa propre personne. Lorsqu'elle·il réussit à s'en affranchir, sa grande quête est de dépasser cette lutte pour **briller sans avoir besoin de faire un effort**, en exprimant le **feu** puissant du signe.

Quand vos planètes sont en Lion

Elles s'expriment dans l'affirmation et la plénitude. Quelles que soient leurs fonctions, il s'agit de les laisser se déployer complètement et illuminer la maison dans laquelle elles se trouvent : c'est l'énergie de la certitude et de la solidité.

Vierge — *The Office (EU)*

Il n'y a pas de meilleur exemple que ce show de neuf saisons pour décrire la loufoquerie sérieuse et la folie rationnelle de la Vierge. Peuplée de personnages d'une extrême banalité et d'une originalité délirante à la fois, elle raconte, à travers la routine d'une vie de bureau dans un préfabriqué de la ville de Scranton, en Pennsylvanie, comment s'accommoder de l'ennui, de l'imperfection et de la beauté de la vie. Cette unité de lieu, le travail, ramène à une **Terre** active et occupée. C'est dans le monde de la moyenne entreprise que tout se déroule, entre *win* à l'américaine et habitudes ancrées, qui disent bien le **désir de s'améliorer** de la Vierge. Néanmoins, pour **atteindre la perfection**, il lui faut se colleter avec pas mal de petits tracas : le signe est le symbole même des choses qui paraissent anodines, mais sont de première importance. La caméra embarquée, qui suit les protagonistes dans leurs journées professionnelles, et à laquelle elles·ils peuvent s'adresser, symbolise un **Mercure** curieux, **explorateur et omnipotent** : les relations avec les collègues, qui alternent entre incompréhension, exaspération et amitié, mettent en valeur le mode **mutable** du signe, naviguant entre tous les petits riens pour s'épanouir. Les apartés entre les employé·e·s et les intervieweur·euse·s, qui déblatèrent sur les collaborateurs face à la caméra, dans le secret de la salle de réunion, sont l'image même de la nette tendance du signe à la **critique** : ce qui émerge peu à peu dans leur esprit à mesure que la série progresse, c'est que les commentaires acerbes à propos des autres parlent surtout d'elles·eux-mêmes et **finissent par leur ouvrir les yeux sur leurs travers**. Le génie de la narration nous montrent que l'absurdité, la bienveillance ou l'espoir ne s'invitent pas dans les grands moments, mais en premier lieu dans le quotidien, le labeur et les microdéconvenues. « **Comment extraire le meilleur de soi-même dans un monde pourri ?** » semble être la question que pose ce faux documentaire et qui colle parfaitement à l'esprit du signe. Le fait que les personnages soient parfois lâches, mesquins ou inefficaces tout en se révélant capables de la plus **sublime gentillesse** ou de la **sincérité la plus absolue** résume les paradoxes de la condition humaine, qui sous-tendent la symbolique de la Vierge : c'est la tentative admirable et désespérée d'**accéder à la pureté dans un corps terrestre**, qui n'est pas une mince affaire.

Quand vos planètes sont en Vierge

Elles s'expriment dans la prudence et l'authenticité. Quelles que soient leurs fonctions, il s'agit de les laisser faire leur travail sans les déranger et de mettre de l'ordre dans la maison où elles se trouvent : c'est l'énergie du labeur et du dépassement de soi.

Balance – *Sex and the City*

Axée sur la vie sentimentale et sexuelle de quatre personnages vivant la fin de leur trentaine dans un New York des années 2000, la série capture en six saisons, à la fois dans ses maladresses et ses coups de maître, la parfaite imperfection de la Balance. « **Comment nouer des relations et comment en sortir ?** » semble être la question centrale de la narration. Les quatre femmes mettent chacune en exergue les interrogations autour des rapports amoureux : « **Comment ne pas souffrir ?** » se demande Carrie, la modeuse accro à une liaison toxique ; « **comment ne pas oublier qui je suis dans l'intimité ?** » s'inquiète Miranda, la *workaholic* qui ne fait confiance à personne ; « **comment me remettre en question ?** » s'interroge Charlotte, la *WASP* bien trop enjouée pour être honnête, et enfin « **comment conserver ma puissance ?** » s'alarme Samantha, la meuf *badass* qui ne fait que ce qu'elle veut. À travers leurs défauts, elles parlent de ce qui traverse les êtres qui s'engagent dans des relations, qu'elles soient amoureuses ou non. Elles racontent **Vénus** : la superficialité de la séduction, avec Carrie qui apprécie quand même le luxe et les soirées mondaines ; l'aveuglement des débuts, avec Charlotte qui ne comprend que ce qui l'arrange ; l'intransigeance au cœur de la relation, avec Miranda, qui a tendance à beaucoup trop juger les autres ; et enfin l'orgueil de la rupture, avec Samantha qui envisage les choses sous le prisme de son désir et ne supporte pas que l'on y résiste. Toutes expriment le mode **cardinal** de la Balance, le premier signe du zodiaque à se rendre compte du pouvoir de la rencontre avec l'Autre : la diversité de leurs expériences, l'**air** qui cherche à gagner de la stabilité. Leurs questionnements mettent en exergue ce qui tracasse le signe : réussir à trouver son équilibre dans le foutoir des interactions humaines. Les archétypes que sont les personnages créent une figure unique : celle de la **nuance**. À elles quatre, elles forment une loupe sous laquelle on peut observer la palette complète des liens personnels, dans le détail et la subtilité. Et quand elles finissent par mûrir et par mieux se connaître, elles apprennent à **imposer leur volonté** dans toutes leurs relations, sans craindre de déplaire : elles se libèrent du **besoin de s'adapter**.

Quand vos planètes sont en Balance

Elles s'expriment dans l'ouverture et le relationnel. Quelles que soient leurs fonctions, il s'agit de les laisser s'équilibrer et harmoniser la maison où elles se trouvent : c'est l'énergie du désir et de l'apprentissage des valeurs.

Scorpion – *Game of Thrones*

Ce n'est pas uniquement parce qu'il y a beaucoup (trop ?) de sexe et de violence dans la série que le parallèle avec l'énergie Scorpion paraît s'imposer. Alors, d'accord, le scénario semble avoir été rédigé par **Pluton**, la planète maîtresse du signe, elle-même, qui combine des luttes de pouvoir, de la vengeance, des tabous atomisés, de l'attraction fatale et des morts à profusion. Mais ça, ce n'est que la partie émergée de l'iceberg, la lecture basique du signe. La rivalité des huit grandes familles pour le trône de fer n'est qu'un prétexte pour parler de quelque chose de bien plus intéressant : ce qui se cache au-delà du Mur. Les régions du continent imaginaire nommé Westeros sont protégées, au nord, par une immense muraille à l'abri de laquelle vivent les peuples libres, dont les Sauvageons, ainsi que des créatures menaçantes, les Marcheurs blancs. Cette barrière de pierre symbolise l'autoprotection de la conscience humaine ; les tribus qui se réfugient derrière, les forces non policées ou carrément apocalyptiques de la psychologie. « **Comment faire face à soi-même ?** » interroge la série.

Le boulot du Scorpion dans le zodiaque consiste à **se charger des émotions difficiles**, des choses tapies au fond de l'esprit pour à la fois leur faire face et s'en préserver : sa constance dans cette tâche raconte son mode **fixe**. Les trois personnages pivots de la narration, Jon Snow, Daenerys Targaryen et Bran Stark, jouent chacun·e à leur manière un rôle dans la libération et la restriction de ces forces. Jon Snow, en intégrant la Garde de nuit qui lutte pour contenir les Marcheurs blancs et les empêcher de s'abattre sur le reste du monde, rejoint aussi, à terme, les peuples libres : son sens chevaleresque représente la quête profonde du Scorpion, l'**engagement total**. Il symbolise l'**eau** qui a pris la forme de la glace, sa sensibilité et son empathie enfermées en lui, qui dégèlent au fur et à mesure de son cheminement. Daenerys, capable de maîtriser les dragons et de fédérer les populations pour les mener à la bataille, fait émerger **Mars**, l'autre planète du signe, et son **feu** dévastateur. Ces deux figures mettent également en exergue les écueils auxquels le signe se confronte perpétuellement : des **angoisses dévorantes**, à travers Jon Snow, qui ne sait pas exprimer ses peurs ; la **volonté de ne pas perdre le contrôle**, à travers Daenerys, qui a été maintes fois blessée. Quant à Bran, l'adolescent inoffensif qui, après une longue quête initiatique, devient la Corneille à trois yeux et acquiert le don de voir dans le passé et l'avenir, il représente toute la **complexité** de l'énergie Scorpion : en finissant par monter sur le trône de fer, il coupe l'herbe sous le pied de toutes les familles belliqueuses. Son rôle ambivalent, entre **clairvoyance et manipulation**, raconte la **mort de l'*ego***, qui se transforme après avoir été au contact des forces émergeant de derrière le Mur.

Quand vos planètes sont en Scorpion

Elles s'expriment avec intensité et pouvoir. Quelles que soient leurs fonctions, il s'agit de les laisser aller jusqu'au bout des choses et fouiner au plus profond de la maison où elles se trouvent : c'est l'énergie de la lutte et de l'inconscient.

Sagittaire – *The Leftovers*

Série brillante et difficile, *The Leftovers* est certainement la plus intéressante des productions des années 2010 : son champ d'interprétation est infini ; ses subtilités, pas encore toutes explorées. La narration commence trois ans après la disparition totale, sans explication, de deux pour cent de la population mondiale, le 14 octobre 2011, et raconte comment ceux·elles qui restent s'accommodent de cet événement sidérant en continuant de vivre. Le propos général est le suivant : « C'est de ça que parle *The Leftovers*, en profondeur : la vie est insupportable sans orientation ; elle est invivable sans grande vision » (Sarah Hatchuel, Pacôme Thiellement, *« The Leftovers », le troisième côté du miroir*).

« **Comment donner du sens au monde ?** » semble être la question qui sous-tend le récit et taraude le signe. Les citoyen·ne·s de la petite ville de Mapleton en font l'amère expérience après *the sudden departure* (le départ soudain) : elles·ils doivent s'adapter à cette nouvelle donne, qui a bouleversé l'humanité autant que leur vie quotidienne. C'est le mode **mutable** du signe, qui termine la saison de l'automne, dans un dernier sursaut avant la nuit totale annonçant l'hiver : cette petite flamme, c'est le **feu** du Sagittaire, qui avec **espoir** diffuse la lumière d'une conscience qui se raccroche à des bribes de sens. Tous les personnages suivent une voie, un chemin qui leur est propre, quitte à se perdre. Jack, Nora, Patty, Matt, John et tou·te·s les autres cherchent leur **direction dans le monde**, chacun·e à sa façon : voir des signes partout, nier ses problèmes, rejoindre une secte, décider de faire preuve de l'objectivité la plus totale, s'en remettre à la science ou s'abîmer dans la religion... La disparition de millions de gens – frères, sœurs, ami·e·s, parent·e·s, enfants, amant·e·s, épouses·époux – n'a pas laissé le chaos derrière elle, mais une société qui continue de tourner. C'est la métaphore de la condition humaine : vivre sa vie malgré les choses insupportables, les questions sans réponses. La dynamique entre Kevin et Nora, qui se confrontent dans une relation compliquée, est celle **du déni et de la recherche de la vérité** : ils avancent côte à côte, mais sont tous deux dans la solitude de leur **quête** obsessionnelle. **Jupiter**, qui gouverne le signe, raconte cette persévérance à **repousser les limites de l'esprit** pour comprendre ce qui nous dépasse, dans une démarche à la fois optimiste et désespérée. Leur lien met en exergue ce que cette planète empêche souvent en prenant beaucoup de place : **laisser transparaître la vulnérabilité**. Les personnages s'épuisent dans une investigation intellectuelle perpétuelle et ne se laissent jamais en paix. Mais tout le chemin parcouru traduit uniquement la **volonté d'accroissement** sur la Terre et, comme il ne peut pas prendre une forme réelle, il ne peut être que mental !

Quand vos planètes sont en Sagittaire

Elles s'expriment avec enthousiasme et force. Quelles que soient leurs fonctions, il s'agit de les laisser aller au bout de leurs limites et s'épanouir le plus possible dans la maison où elles se trouvent : c'est l'énergie de la collectivité et de la joie.

Capricorne – *Breaking Bad*

« **Comment être en adéquation avec ses capacités ?** » semble être la question de cette série de soixante-deux épisodes, qui narre, à travers le destin d'un professeur de chimie perpétuellement en *lose*, un chemin vers la **félicité** qui prend la forme d'une descente aux enfers. Walter White est un banal père de famille, ancien chercheur en physique-chimie, qui a la sensation d'être passé à côté de sa vie : tout ce qu'il a accompli semble avoir profité à d'autres, et son intelligence brillante ne l'a empêché ni d'atterrir dans un lycée moyen où tout le monde se moque de lui ni de cumuler les petits jobs afin de payer ses factures. Quand il apprend qu'il est atteint d'un cancer incurable, il décide de prendre sa vie en main et de mettre de l'argent de côté pour sa famille avant de mourir, en fabriquant de la crystal meth, une drogue redoutable, avec l'un de ses anciens élèves devenu dealer. On peut s'étonner de la voie choisie par Walt, mais elle illustre parfaitement la dynamique du Capricorne : peu importe la tâche, ce qui compte, c'est l'effort qui mène à la **construction** du plan. Cette **capacité de prise de décision**, c'est la face **cardinale** du signe, qui entame le rude chemin vers les difficultés de l'hiver. Ce double cheminement, s'interdire de briller et tout donner pour réussir, manifeste l'influence de sa planète maîtresse, **Saturne**, qui limite autant qu'elle libère. En ne faisant aucun détour pour arriver à ses fins, Walter White se transforme peu à peu en son *alter ego*, Heisenberg, un gangster sans foi ni loi : c'est la face sombre du Capricorne, qui prend le pouvoir sur les événements en **allant à l'essentiel**, se coupant des interférences qui l'empêchent d'aboutir. Dans le processus, il perd de son humanité et de son empathie : sa volonté néfaste de **contrôle** est presque sans limites. Il se ment en croyant accomplir toutes ces actions répréhensibles pour le seul salut de sa famille. En réalité, il a besoin de se prouver que ses capacités sont réelles et que, s'il l'a décidé, il peut devenir « le plus fort ». Son acolyte, Jesse, est la phase lumineuse du Capricorne : il est jeune et un peu fou, mais aussi extrêmement **loyal**, préoccupé par le bien et constamment aiguillé par la **culpabilité**. Plus Heisenberg plonge, plus Jesse prend en charge le bon en lui ; la dynamique de leur relation met en exergue la peur profonde du signe de ne pas récolter les fruits d'un travail qui implique autant de **persévérance** que de **sacrifices**. Le décor, le désert aride du Nouveau-Mexique, symbolise la **Terre** du Capricorne, de celles qui mettent les humain·e·s à l'épreuve.

Quand vos planètes sont en Capricorne

Elles s'expriment avec parcimonie et effort. Quelles que soient leurs fonctions, il s'agit de les laisser déployer leurs qualités dans le temps long et extraire l'essence même des capacités de la maison où elles se trouvent : c'est l'énergie de la constance et du dépassement.

Verseau – *Halt and Catch Fire*

Il ne semble pas possible de choisir autre chose que cette série confidentielle et alternative pour décrire l'énergie du Verseau. Relatant les prémices de l'invention de l'ordinateur personnel, elle commence en 1980, quand cette technologie n'était pas encore accessible aux foyers lambda et que personne ne connaissait vraiment ces grosses machines. On comprend les enjeux de cette révolution à travers trois personnages : Gordon Clark, un développeur qui s'ennuie ferme dans une moyenne entreprise de la tech texane et bricole un ordinateur ultramoderne dans son garage, symbolise la **solitude** du signe, **accaparé par ses idées géniales** ; Joe MacMillan, un entrepreneur aux dents longues qui a quitté IBM et est prêt à tout pour conquérir le monde, façon Steve Jobs, fait valoir sa volonté de **casser les codes et de ne pas obéir aux règles** ; quant à Cameron Howe, une jeune programmeuse punk et brillante qui va développer des jeux vidéo en ligne, elle met en exergue son versant lumineux, celui de sa **liberté de tout penser**. Tous trois vont essayer de créer l'entreprise qui produira un ordinateur novateur par sa petite taille et sa puissance d'exécution… Ils ont les bonnes idées, trop vite, trop tôt, se déchirent, échouent, recommencent et font face à la progression exponentielle du marché, ce qui les emmènera jusqu'aux années 1990. La plongée dans cet univers balbutiant, où tout semble encore possible, ramène à **Uranus**, la planète disruptive du signe : c'est un **bouleversement collectif**, un moment de grand changement. C'est en captant l'**air** du temps, l'élément du Verseau, que les personnages défrichent leur destin, mais aussi en étant bien ancré·e·s dans leur époque et ses enjeux, qu'il·elle·s manifestent son mode **fixe**. Car le plus difficile pour elles·eux n'est pas de mettre en forme les inspirations contemporaines : leur ouverture d'esprit, leurs concepts innovants le leur permettent. Tout se joue dans le décalage entre les possibilités réelles et leurs idées : « **Comment exprimer son originalité ?** » est la question centrale de la narration. **Saturne**, l'autre planète du Verseau, opère à travers les empêchements perpétuels auxquels les protagonistes sont confronté·e·s : c'est dans les épreuves que leur génie se modèle et se perfectionne. La cohésion entre les trois personnages est aussi la pierre angulaire de la série : c'est toute la problématique du Verseau, qui s'accroche coûte que coûte à son **indépendance** tout en voulant **réaliser de grandes choses avec les autres**. En assumant leurs émotions, ils finissent par atteindre leur vraie différence.

Quand vos planètes sont en Verseau

Elles s'expriment avec originalité et indépendance. Quelles que soient leurs fonctions, il s'agit de les laisser identifier leur altérité et changer les paradigmes de la maison dans laquelle elles se trouvent : c'est l'énergie de la liberté et de la disruption.

Poissons – *Sense8*

« **Comment nous lier les un·e·s aux autres ?** » est la question qui traverse les deux saisons de cette série atypique. Elle relate la connexion étrange entre huit personnages, de classes, pays, origines et genres distincts, capables de communiquer et de ressentir les mêmes choses. En découvrant cette faculté, elles·ils apprennent peu à peu à partager leurs savoirs et leurs potentialités, en s'entraidant dans les situations difficiles et en profitant de leurs moments communs de bonheur et d'extase. Chacun·e des protagonistes raconte une destinée particulière, liée à ses déterminismes et à ses choix propres. C'est l'axe du Poisson : contenir toutes les intentions, les émotions et les idées du monde, le bon comme le mauvais, en synthétisant l'ensemble des signes du zodiaque. À Séoul, Sun, qui lutte entre le poids de son père tout-puissant et sa vie clandestine de kickboxeuse, représente la **force de résilience (Bélier)** ; à Nairobi, Capheus, un fan de J.-C. Van Damme, qui conduit un bus pour aider sa mère malade, représente les **liens inaltérables de l'amour (Taureau)** ; Jonas, un sensitif venu d'un autre groupe, qui est partout à la fois et apporte son assistance aux Huit, représente la **capacité de décentration (Gémeaux)** ; Angel, la « mère » du groupe, qui cherche à les protéger, symbolise la **force de la préservation (Cancer)** ; à Mexico, Lito, un acteur espagnol qui pense sauver sa carrière en dissimulant son homosexualité, symbolise la **puissance de l'affirmation de soi (Lion)** ; à Chicago, Will, un officier de police qui veut résoudre le mystère de sa vie, symbolise la **capacité de service et d'empathie (Vierge)** ; à Mumbay, Kala, une pharmacienne sur le point de se marier à quelqu'un qu'elle n'aime pas, représente le **courage des valeurs (Balance)** ; à Londres, Riley, une DJ islandaise qui espère fuir son passé et évolue dans le monde de la drogue, représente la **volonté d'acceptation (Scorpion)** ; à Berlin, Wolfgang, tête brûlée et perceur de coffres à ses heures, qui fricote avec la mafia et essaie de détricoter son enfance, symbolise la **recherche de sens (Sagittaire)** ; Whispers, un hypersensible qui lutte contre sa propre nature et cherche à contrôler les sensitifs, représente les **forces d'autolimitation (Capricorne)** ; à San Francisco, Nomi, une activiste transgenre aux prises avec la société et sa famille, symbolise la **volonté de liberté (Verseau)**. Toutes ces facettes humaines ne peuvent exister les unes sans les autres et mettent en exergue le mode **mutable** du signe, capable de tout accueillir et de s'adapter à n'importe quelle réalité. Les personnages sont des particules perdues dans le vaste océan du monde, l'**eau** collective du Poisson. Leurs histoires, d'abord parallèles, s'entremêlent peu à peu ; avant de se connecter, tou·te·s vivaient la plus grande peur du signe : **tourner en rond**. En entrant en résonance les un·e·s avec les autres, elles·ils accomplissent le travail de **Neptune** : élargir leur conscience en accédant à la compassion et à la volonté d'amour, qui n'est pas la tolérance, mais la capacité de littéralement ressentir dans sa chair les émotions d'autrui. La leçon ? En rencontrant l'Autre, on se rencontre soi-même.

Quand vos planètes sont en Poissons

Elles s'expriment avec intuition et douceur. Quelles que soient leurs fonctions, il s'agit de les laisser s'imprégner de toutes les expériences et rêver dans la maison où elles se trouvent : c'est l'énergie de l'imaginaire et de l'amour universel.

SOLEIL EN SIGNES À TRAVERS

Bélier

KIM KELLY
FREAKS AND GEEKS

«T'es en train de dire que je suis irrationnelle ? Parce que je t'arracherai la tête, Daniel. Je t'arracherai la tête et je la jetterai par-dessus cette clôture.»

Taureau

JUANITA SOLIS
DESPERATE HOUSEWIVES

Juanita, quel est le mot magique ?

– Je sais pas, « Dépêche-toi » ?

Gémeaux

CHANDLER BING
FRIENDS

«Je ne suis pas hyper doué en conseils. Puis-je te proposer un commentaire sarcastique à la place ?»

Cancer

TITUSS BURGESS
UNBREAKABLE KIMMY SCHMIDT

« Oh, Jésus noir du clip "Like a Prayer" de Madonna, envoie-moi un signe ! »

Lion

MAX BLACK
2 BROKE GIRLS

« Et là, je me dis, mais qu'est-ce qu'on s'en fout ? Je suis géniale ! »

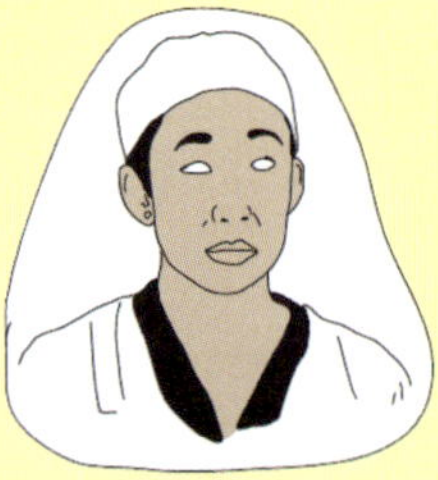

Vierge

CRISTINA YANG
GREY'S ANATOMY

« Plutôt bonne ne suffit pas, je veux être excellente.»

LES PERSONNAGES DE SÉRIES

Balance

WINSTON BISHOP
NEW GIRL

«Vous savez ce qui serait vraiment dingue ? Si je faisais passer mon chat, Ferguson, pour mon date.»

Scorpion

APRIL LUDGATE
PARKS AND RECREATION

«Je suis capable de convaincre les petits enfants que je suis une sorcière.»

Sagittaire

PHIL DUNPHY
MODERN FAMILY

« Si vous aimez quelque chose, libérez-le. À moins que ce ne soit un tigre.»

Capricorne

RAY HOLT
BROOKLYN NINE-NINE

« C'est incroyablement drôle.»

Verseau

SPIKE
BUFFY CONTRE LES VAMPIRES

« Ouais, je pourrais faire ça, mais je suis paralysé par le fait que je m'en fous complètement.»

Poissons

JULES VAUGHN
EUPHORIA

«Je crois que je n'ai plus aucun intérêt pour la vie réelle.»

CHAPITRE II

APPRENEZ UNE NOUVELLE LANGUE

Expliquer la vie par mots-clés, c'est pratique, mais pas top

– Le nom de la chanson s'appelle : « Yeux de Brochet. »

– Ah, vraiment, c'est le nom de la chanson ? dit Alice.

– [...] C'est ainsi qu'on appelle le nom. Le nom, c'est : « Le Vieillard chargé d'Ans.»

– En ce cas, j'aurais dû dire : « C'est ainsi que s'appelle la chanson ? » demanda Alice [...].

– Pas du tout, c'est encore autre chose. La chanson s'appelle : « Comment s'y prendre » C'est ainsi qu'on appelle la chanson ; mais, vois-tu, ce n'est pas la chanson elle-même.

– Mais qu'est-ce donc que la chanson elle-même ? demanda Alice [...].

– J'y arrivais, dit le Cavalier. La chanson elle-même, c'est : « Assis sur la Barrière. »

Lewis Carroll, *De l'autre côté du miroir*

Quand on commence à s'intéresser au langage astro-philo, on est confronté·e avec bonheur à la richesse de son propos, parfois réduit comme peau de chagrin tant il est tentant de vouloir le résumer : je me rendrai probablement coupable de raccourcis dans cet ouvrage, car ce n'est pas la *Critique de la raison pure* non plus... même si j'ai envie de me taper sur les doigts lorsque je fais cela, sachez-le. La connaissance ne fleurit pas avec des idées toutes faites : essayer de comprendre par bribes, c'est comme s'appuyer sur les fiches des livres au programme du bac pour réviser, ça fait la blague, mais ça n'apprend rien. Il faut donc bosser un peu si l'on veut cerner le sujet ; désolée, les feignasses ! L'horizon de ce chapitre est de découvrir Mercure et sa volonté de tout dire et de tout envisager, mais aussi de faire en sorte que les termes astro vous paraissent beaucoup plus clairs, pour que vous puissiez vous en emparer.

Mercure : rétrograde et on s'en fout

Pousse-toi un peu, le Soleil !

D'accord, Mercure est la plus petite des planètes, mais elle est la première – et bravo ! – à se désolidariser du Soleil : elle n'est plus dans la fusion avec celui-ci. Électron pas si libre que cela, elle fait des cabrioles pour essayer de gagner sa liberté ; elle reste pourtant toujours dans les jupes flamboyantes de son étoile mère. Elle doit prendre du recul pour exister ; or, son besoin d'être en contact avec la source de son énergie est indispensable. Pas d'intelligence sans lumière : vous apprenez à vous connaître en réalisant tout d'abord que vous n'êtes pas un astre unique. Avec Mercure, vous pouvez vous raconter.

Celui qui parlait trop

Pour bien comprendre la place de Mercure dans le système astrophilo, on peut commencer par lire le scénario de son épisode mythologique.

Né de Zeus et de Maia, Hermès (c'est son petit nom en grec) est un galopin, puisqu'il bondit hors de son berceau après sa naissance et se met directement à faire un maximum de facéties : il dérobe les bœufs d'Apollon, la ceinture d'Aphrodite, le bouclier de Zeus, l'épée d'Arès ; bref, il vole quelque chose à toutes les divinités, ment, jure sur la tête de son père que ce n'est pas lui (ce qui est assez gonflé, car son géniteur est le dieu des dieux, rappelons-le), joue au bébé inoffensif, trompe son monde et se sort de toutes les situations grâce à son bagou. Il finit quand même par être attrapé par son père et son demi-frère Apollon, qui ne savent pas très bien qu'en faire. Il est décidé que cet enfant définitivement insupportable, quoique fort précoce, sera parfait comme messager divin, lui qui a tellement envie de courir dans tous les sens et de raconter plein de trucs à plein de gens. En cours de route, il découvre le feu (ce n'est pas rien) et invente la flûte et la lyre : en gros, il crée les conditions du progrès technique et joue du pipeau.

Ce que vous apprend le mythe

Qui fait le malin ne tombe pas forcément dans le ravin

Comme le dieu plein de verve, l'intelligence n'a pas d'*a priori* sur les choses, elle va là où le vent la mène. Comme l'explique Luc Bigé dans *Le Choeur des Planètes*, Mercure-Hermès n'a pas de code d'honneur, lorsque votre esprit vagabonde, il ne se préoccupe pas de la moralité de votre pensée. En s'emparant des attributs des dieux et des déesses, l'enfant terrible de l'Olympe essaie de se glisser dans leur peau : il veut montrer plusieurs visages du réel. Mais cette pensée imprévisible et éparpillée doit être canalisée. Zeus, en décidant de donner une fonction à son électron libre de fils, lui demande de relier le haut et le bas, le ciel et la Terre, le mont Olympe et l'Hadès (les Enfers) : il doit être confronté à tout. Ce faisant, il parlemente, commerce, découvre, voyage. Ce mouvement perpétuel et cette rencontre avec les autres le poussent à être inventif : l'intelligence n'a pas de limites.

Utilisez le superpouvoir de Mercure

Ne vous laissez pas emboucaner

Filtrer les émotions en leur donnant un nom, catégoriser les sentiments, analyser le réel : le boulot de Mercure n'est pas de tout repos, mais il vous donne les moyens d'éviter de surréagir. Dans n'importe quelle situation, c'est votre bouée de sauvetage et, dans votre thème, le lieu où vous pouvez mobiliser vos forces pour ne pas vous laisser submerger par vos émotions. Mercure symbolise un régulateur, qui met un peu en sourdine le côté *drama* de certains astres.

LA QUESTION À CENT BALLES

Je est-il·elle un·e autre ?

Le premier boulot de Mercure, c'est de vous aider à sortir de votre tête : en commençant à parler, vous comprenez que les mots ne sont pas les choses et inversement. Lorsque vous naissez, vous percevez d'abord la réalité qui vous entoure avant de donner un nom à ce qui la constitue et, surtout, vous ne vous différenciez pas tellement de ce qui vous environne. En apprenant à dire des choses simples, puis des choses plus élaborées, en faisant des phrases de plus en plus complexes, en enrichissant votre vocabulaire, vous prenez de la distance avec le monde, puis avec vous-même. Vous vous exercez à utiliser des codes et des usages qui vous sont extérieurs et non naturels : tout est construit, les bébés ne parlent aucune langue *a priori*. En catégorisant le réel, vous adoptez plusieurs visages selon les situations : cela s'appelle juste « s'adapter ».

La grande leçon de Mercure

Mettre les mains dans le cambouis, c'est bien

Mercure vous donne l'autorisation de tout penser, de tout observer, de tout lier. Là où elle se trouve dans votre thème, elle ouvre la pensée au tout-venant, ce qui l'oblige à créer des mécanismes de protection : pour éviter la souffrance, rien de tel que de rester dans l'objectivité. *Comprendre* veut toutefois dire « prendre avec soi » : il faut que les choses, en plus de passer par la tête, transitent également par le corps et le cœur. Mercure ne doit pas se contenter de donner des conseils pour réparer la machine, il lui faut aussi aller trifouiller dans le moteur, quitte à se salir les mains.

Comment regarder Mercure dans votre thème (sans zapper) ?

Libérez votre poète·poétesse intérieur.e (mais calmez-la·le aussi)

D'abord, cherchez dans quelle maison et quel signe votre Mercure se manifeste : c'est l'endroit où vous pouvez trouver le feu de la connaissance (votre façon de comprendre) et votre flûte (votre façon de la communiquer). Là, vous exprimez votre manière de penser ; quand vous réussissez à la connecter avec les autres planètes, elle prend toute sa dimension. Pourquoi, en effet, parler pour ne rien dire ? Votre planète bavarde doit mûrir son discours, laisser éclore son intelligence : va-t-elle raconter la recherche d'adéquation de Vénus ? La pensée disruptive d'Uranus ? Quand elle est au top de sa forme, les envolées ne sont pas loin : vous pouvez vous amuser, jouer avec les mots et les mettre au service des idées qu'ils traduisent.

Apprivoisez les différents stades de Mercure, ils ne mordent pas

Au début de la vie

Mercure part un peu dans tous les sens : elle n'est qu'un petit astre qui tourne de manière erratique ! Votre parole peut se libérer avec l'énergie du signe dans lequel elle se trouve et en épouser à la fois les qualités et les défauts.

Avec l'expérience

Vous commencez à bien maîtriser votre planète et votre discours : vous vous détachez de plus en plus de vos émotions pour entrer dans l'objectivité. Là où se trouve la planète dans votre thème, vous pouvez apprendre à classer, catégoriser, analyser, et à communiquer à votre manière.

La finalité de Mercure : ne pas être trop stupide

L'horizon de votre travail, lorsque vous cherchez à bien maîtriser Mercure, c'est de circonscrire le fonctionnement de votre pensée : à terme, c'est le moyen d'élaborer votre différence, ce qui vous aide à vous adapter à votre façon de discerner les choses pour mieux réagir. Au sens étymologique, l'*intelligence* signifie « choisir » : saisir votre Mercure, c'est élever votre compréhension.

Où est allée se nicher votre planète Mercure ?

Les fonctions de Mercure

Dans la vie courante : la façon de communiquer.
Dans votre esprit : la volonté de comprendre.
Au-delà de vous-même : la recherche de la vérité.

Mercure en maisons

La maison dans laquelle se trouve Mercure dans votre thème est le lieu symbolique dans lequel la planète exprime le plus son énergie d'exploration, la recherche d'expérience et la communication.

Mercure en aspects

Les planètes en aspects avec Mercure mettent symboliquement en exergue, à travers leur tension, leur facilitation ou leur connivence, le **mode d'expression et de compréhension**.

Mercure en signes

Mercure en signes montre dans quelle sorte d'énergie s'exprime, symboliquement, l'intelligence.

Mercure en signes

à travers les merveilles, de l'autre côté du miroir

Les aventures d'*Alice au pays des merveilles* et de *De l'autre côté du miroir* me semblent être la métaphore parfaite pour raconter les différentes énergies de Mercure. Ce qui pousse l'héroïne à explorer ce monde étrange, dont on se rend compte qu'il est **son propre esprit**, c'est la **curiosité** : au cours de son périple, elle prend conscience de tous les angles de son intelligence et, sans y paraître, aborde la **logique**, car en filigrane, cette œuvre de Lewis Carroll parle **du langage et des mathématiques**.

Mercure en Bélier : Alice et la Reine blanche

« Une mémoire qui n'opère que dans le passé n'a rien de bien fameux. »

La Reine blanche est le premier personnage fantastique qui prend vie devant Alice, dans le second opus de l'œuvre de Lewis Carroll, *De l'autre côté du miroir* : elle jalonnera le chemin de la petite fille tout au long de la narration. Toujours échevelée, désordonnée, la Reine court en tous sens et ne semble pas faire grand cas de la logique, puisqu'elle expérimente les conséquences de ses actions avant même de les commettre, finit par se transformer en brebis qui tricote (!), puis entraîne Alice dans une étrange expédition à bord d'une barque. Votre Mercure, c'est l'énergie éparpillée d'une expression qui change brutalement de cap après avoir tout donné pour soutenir une idée : votre pensée défriche, explore et va là où son souffle la porte, abandonne, reprend, s'enthousiasme et se fatigue. Ce qui compte, ce n'est pas la destination, mais le voyage. En Bélier, Mercure veut raconter des choses nouvelles, celles qui ne sont pas encore arrivées. Alors, oui, la Reine blanche est peu encline à vraiment écouter ce qu'on lui dit : elle sème ses concepts sans se soucier de ce qu'ils vont devenir, en laissant les autres s'en débrouiller.

Mercure en Taureau : Alice et le jardin des fleurs vivantes

« Nous pouvons parler, répondit le Lis tigré ; du moins, quand il y a quelqu'un qui mérite qu'on lui adresse la parole. »

Lorsque Alice pénètre dans le jardin où se trouvent les fleurs, elle est fort surprise de constater que celles-ci sont douées de parole : la conversation devient vite compliquée quand lis, roses et pâquerettes font état de l'ignorance complète de la petite fille en matière de biologie, et de la bizarrerie de son apparence. À quelle catégorie de plantes affreuses peut-elle bien appartenir ? Votre Mercure a besoin de s'enraciner pour s'épanouir : les idées mûrissent longtemps, elles demandent de l'attention, du soleil et de l'eau, afin de se connecter avec la matière, les choses tangibles, et non des élucubrations sans fondement. En Taureau, Mercure dit : « Hors de question de laisser une nouvelle pensée prendre racine parmi elles sans l'avoir observée ! » Pour communiquer, il ne faut pas entrer dans son espace vital : Alice symbolise l'irruption de l'étrange dans cette nature ordonnée.

Mercure en Gémeaux : Alice et Bonnet blanc & Blanc Bonnet

« Tout au contraire, continua Blanc Bonnet, si c'était vrai, cela ne pourrait pas être faux ; et en admettant que ce fût vrai, cela ne serait pas faux ; mais comme ce n'est pas vrai, c'est faux. Voilà de la bonne logique. »

La rencontre d'Alice avec les jumeaux bavards est épique : après lui avoir narré l'histoire du *Morse et le Charpentier*, un conte flippant sur la mort de petites huîtres, ils sont bien étonnés de constater sa volonté de définir la moralité du récit. Incapables de se poser ce genre de questions, ils finissent par la faire pleurer et, indifférents à son angoisse, lui demandent de leur fabriquer des armures de fortune pour pouvoir se battre à propos d'une broutille. Ici, votre Mercure est chez elle : c'est le lieu des discussions interminables, qui expriment une pensée volatile, curieuse et changeante. Les jumeaux parlent de tout, laissent les mots créer leur propre sens, car ils n'ont pas de limites affectives ou morales. La parole les entraîne dans une joute sans fin : leur gémellité représente à la fois les dialogues intérieurs, et ils sont nombreux, et le besoin de communiquer la pensée, voire de la partager avec tout le monde.

Mercure en Cancer : Alice et la Similitortue

« Autrefois, dit enfin la Similitortue en poussant un profond soupir, j'étais une vraie tortue. »

Cette créature possède la tête, les pattes arrière et la queue d'une vache : très nostalgique, elle regrette l'époque où elle était une vraie tortue, et explique en pleurant à Alice ce qu'elle apprenait à l'école quand elle vivait encore dans la mer. Mais les matières qui lui ont été enseignées, comme la « laidification » en arithmétique, semblent absurdes à la petite fille. Cette fausse tortue est un mélange parfait associant une espèce marine et un bovin : comme le crabe, elle peut aller et venir entre l'océan et le sable. Votre Mercure est dans cette mélancolie toute lunaire, celle du souvenir, son arme de prédilection, qui puise dans les émotions pour comprendre. Les concepts abstraits lui importent peu : la pensée a besoin de toucher le sens profond des idées, celui qui est fait de joie et de larmes. Pour communiquer cela, elle a l'art d'inventer son propre langage et de créer ses références… qui peuvent un peu déboussoler les autres, car tout le monde ne vit pas dans votre cœur.

Mercure en Lion : Alice et la Reine de cœur

« Qu'on lui coupe la tête ! »

Cette monarque tempétueuse et impatiente règle tous ses problèmes par de bonnes vieilles sentences dont seules les reines ont le secret. Néanmoins, les exécutions sous son règne sont peu nombreuses : elle les oublie purement et simplement. Elle signifie à Alice que la logique ne l'intéresse pas, qu'elle n'a pas besoin de l'appliquer, puisque la maîtresse incontestée de son royaume, c'est elle. Votre Mercure en Lion ne requiert aucune approbation pour s'exprimer : c'est elle qui commande, un point c'est tout. Son aura est à la fois intimidante et intrigante, et forte d'une sacrée capacité à entraîner chacun dans son sillage, même si personne ne sait bien si c'est grâce à ses idées ou à son assurance. En Lion, Mercure communique franchement : elle coupe la parole, prend la tête des débats, donne son opinion sans craindre de déplaire. Au cœur de son fonctionnement, il y a la volonté d'éclairer le sens des choses pour les comprendre parfaitement, quitte à ne pas trop tenir compte de l'avis des autres, qui lui semble toujours un peu bancal.

Mercure en Vierge : Alice et le Lapin blanc

« Oh, mon Dieu ! Oh, mon Dieu ! Je vais être en retard ! »

C'est lui qui entraîne Alice dans son trou et qui éveille sa curiosité : qu'y a-t-il en effet de plus incroyable qu'un lapin qui porte une montre, à part un lapin vêtu d'un gilet ? Tout au long de ses aventures, elle ne cessera de le poursuivre et lui, de lui échapper. De sa maison ordonnée à son rendez-vous avec la Duchesse, il parcourt son monde sans queue ni tête avec assurance, car il sait vraiment où il va. Il est le seul personnage à être préoccupé par quelque chose de véritablement pratique, « être à l'heure », et comme lui, votre Mercure prend ses fonctions très à cœur. Elle court après une perfection qu'elle n'atteint jamais, dans un processus perpétuel d'amélioration de la pensée. Peu généreuse en palabres, elle doit adhérer à des concepts clairs et vérifiés, structurer la pensée et organiser la communication. La prudence et la méfiance du Lapin envers Alice (il la prend même pour sa servante, tant il n'envisage pas l'irruption de la petite fille dans sa maison) symbolisent son recul face à ce qui est hors cadre.

Mercure en Balance : Alice et la Reine rouge

« Parle français quand tu ne trouves pas le mot en anglais pour désigner un objet... Écarte bien tes orteils en marchant... et rappelle-toi qui tu es. »

La Reine rouge est à la fois bienveillante et autoritaire avec Alice : elle lui prodigue toutes sortes de conseils, pour l'aider, mais aussi pour la sermonner, car elle connaît chaque règle de ce lieu dans lequel tout est opposé à l'univers de la petite fille. Matérialisée par son rôle sur l'échiquier, cette science du comportement est enseignée avec la loufoquerie inhérente à son monde. Ce que symbolise cette reine, c'est l'apprentissage des normes et des codes qui régissent les relations : votre Mercure est avide de contacts, elle a besoin d'explorer les échanges afin de s'épanouir. La préoccupation de la Reine pour les convenances montre la tendance à vouloir organiser les rapports, à créer de l'harmonie là où il n'y en a pas encore. Car il faut au moins être deux pour avoir des choses à régler : cette Mercure est tournée vers les autres, prête aussi à oublier un peu son propre point de vue dans ce processus !

Mercure en Scorpion : Alice et le Chat du Cheshire

« Tout le monde est fou ici. Je suis fou, vous êtes folle. »

Le félin est le seul personnage de l'histoire à dire la vérité à Alice : ici, sa logique ne lui sert à rien, puisque tout fonctionne à l'envers. Malin, il semble connaître le dessous des cartes et être très habitué à mener sa barque dans un environnement dangereux et, parfois, sans se sentir menacé. On ne va pas se mentir : le Chat est à la fois la figure la plus intrigante et la plus intelligente du conte. Sa lucidité indifférente pique un peu Alice, qui n'est pas habituée à être si vertement cernée : c'est votre Mercure qui exprime les choses telles qu'elles sont, sans les saupoudrer de sucre dans l'espoir qu'elles passent mieux. Sa pensée déshabille les concepts pour aller pointer ce qui lui paraît le plus signifiant. C'est une intelligence qui s'apparente à de la clairvoyance et qui allie esprit analytique et puissante intuition. Mercure en Scorpion communique sans prendre de gants et va au fond des choses, quitte à faire ou même à avoir un peu mal.

Mercure en Sagittaire : Alice et le Cavalier blanc

« La position dans laquelle se trouve mon corps n'a aucune espèce d'importance [...]. Mon esprit fonctionne tout aussi bien. »

Ce Don Quichotte au rabais est l'un des seuls personnages à vraiment se soucier d'Alice : il la sauve et l'emmène sur son cheval, dont il ne maîtrise pas très bien le dressage. Dégingandé et avec une nette tendance à partir dans des élucubrations, il confronte la fillette à la question suivante : « Les mots disent-ils les choses dans leur essence ? » Comme le Cavalier blanc, votre Mercure se tourne vers le ciel en se hissant sur une monture virtuelle. C'est cette dernière qui a les pattes dans le caca, tandis que les bottes d'Hermès restent intactes : la pensée oublie de considérer les choses triviales pour s'envoler dans des sphères philosophiques. Mercure en Sagittaire est difficile à suivre : c'est une intelligence qui prend beaucoup de place, qui veut repousser ses limites. Ses idées sont communiquées avec un mélange de candeur enfantine et le sérieux de la sagesse, et parasitées par le souhait que le monde entier reconnaisse leur validité.

Mercure en Capricorne : Alice et Humpty Dumpty

« La question est de savoir qui sera le maître, un point, c'est tout. »

Le « Gros Coco » est assis sur un mur très étroit et, même si sa position a l'air dangereuse, il apprécie d'être en sa propre compagnie. Pas de chance, Alice vient le déranger en le pressant de questions. Ennuyé, il lui démontre que, puisqu'il est seul maître de son discours, il peut lui imposer ses règles. À travers lui, elle découvre une intelligence qui a besoin de preuves : votre Mercure en Capricorne, c'est cet œuf campé sur un mur, symbole de limite et de construction, que rien ne semble convaincre et qui ne communique que pour exprimer des idées et des valeurs fortes. Le concept du non-anniversaire, par exemple, témoigne de la richesse de sa pensée qui, au premier abord, peut paraître négative, alors qu'il pointe les trois cent soixante-quatre jours de fête possibles en dehors de la date de naissance. Sa dérive, malgré tout, reste une intransigeance intellectuelle que tout le monde, à l'image de la petite fille, ne peut pas accepter… Le Gros Coco suit à ce point ses propres règles qu'elles en deviennent absurdes.

Mercure en Verseau : Alice et le Chapelier toqué

« Le Temps ne veut rien faire de ce que je lui demande. »

Lui, c'est le gars qui renverse clairement toutes les valeurs : le temps lui est complètement relatif, la politesse aussi, et il entraîne la fillette dans un thé extravagant où l'on change de siège constamment. Lewis Carroll ne l'a pas désigné comme le « Mad Hatter » dans son œuvre : le terme *fou*, ou *toqué*, fait référence aux empoisonnements au mercure que certains animaux subissaient en Angleterre à son époque. Votre Mercure n'aime pas trop les règles ni les conventions : c'est en mettant la tête en bas que les pensées circulent le mieux. À la table du Chapelier, il n'y a pas de place pour ceux·elles qui réfléchissent à l'endroit, comme Alice, car c'est ennuyeux et stérile. Pour décaler le curseur de l'intelligence, il faut se déplacer, afin de voir les choses sous un autre angle et de conjurer le passage du temps. Cette pensée casse les codes, quitte à toucher l'absurde : elle a besoin de tout chambouler pour déceler les trouvailles.

Mercure en Poissons : Alice et la Chenille

« Ne vous emportez pas. »

Très susceptible et un brin détachée, la Chenille, qui est assise sur un champignon géant et fume la chicha, va indiquer une solution originale à Alice pour l'aider à régler ses problèmes, en lui proposant d'ingurgiter un bout de son trône : cette nourriture lui permettra de changer de taille. La Chenille a l'air un peu ronchon, mais si l'on y réfléchit bien, elle passe quand même ses journées à fumer on ne sait quoi et pense que consommer des champignons hallucinogènes est un bon moyen de sortir de l'impasse ! Outre son amour pour les substances illicites, elle symbolise votre Mercure qui ouvre la pensée à l'inconnu et n'hésite pas à biaiser pour s'adapter à la réalité. Sa parole est sobre, car il lui faut trouver les mots justes. La larve, en communiquant comme si Alice lisait dans sa tête, montre la nette tendance de cette pensée qui voudrait être comprise sans avoir à trop s'expliquer. Tout y est transformation, comme la chenille qui devient papillon.

Le jargon astro, cet écran de fumée

L'une des choses que j'ai le plus entendues à propos du langage astro, c'est que c'est « difficile ». Je pense que c'est le cas de beaucoup de disciplines qui, en tournant autour d'elles-mêmes davantage qu'en offrant généreusement du sens à tout le monde, finissent par ne parler qu'à un petit cercle d'initié·e·s, dans une démarche consciente ou inconsciente d'exclusion. Il n'y a rien d'insurmontable dans le langage astro : si vous avez réussi à comprendre ce qu'était un verbe en classe de CE1, c'est-à-dire, si vous avez appris le métalangage (la grammaire) d'un idiome que vous étiez encore en train de déchiffrer, et ce, à l'âge de sept ans, vous n'aurez aucun problème pour piger deux ou trois concepts symboliques. Le jargon astro n'est pas plus inaccessible que n'importe quel vocabulaire : il suffit de s'y intéresser. Votre esprit contient les références qui résonnent le plus en vous et vous aident à accéder à vos questionnements. Si les références culturelles évoquées ici ne sont pas universelles, elles peuvent vous renvoyer à des notions que vous maîtrisez éventuellement. Vous êtes capable de faire entrer en résonance certaines idées, certains mots, avec d'autres : après, c'est à vous de jouer.

Mots et concepts à connaître pour comprendre des trucs

Angles : le thème est divisé en douze secteurs. Si vous le coupez en quatre, vous obtenez une ligne horizontale (l'horizon) et une ligne, bien que décalée, verticale (le méridien).

- *L'ascendant (AC) et le descendant (DS)*

Si vous suivez des yeux la ligne horizontale qui coupe le thème en deux, vous partez de la maison I (l'ascendant) pour aller vers son opposée, la maison VII (le descendant) : cette ligne est importante, car elle symbolise l'évolution de votre personnalité. Elle montre dans quel signe le Soleil s'est levé lors du jour de votre naissance et dans quel signe il s'est couché.

- *Le milieu du ciel (MC) et le fond du ciel (FC)*

Maintenant, si vous suivez des yeux la ligne verticale qui divise le thème en deux, vous partez du point le plus bas sous l'horizon (le fond du ciel), en maison IV, pour aller vers son opposé, le point le plus haut qui culmine au-dessus de la ligne d'horizon (le milieu du ciel) : cette ligne est importante, car elle symbolise votre ascension dans le monde. Elle montre dans quel signe se trouve votre stabilité intérieure (FC) et dans quel signe s'expriment vos aspirations (MC).

Archétypes : étymologiquement, le mot signifie « premier modèle ». Les archétypes sont des concepts qui vous traversent sans que vous en ayez forcément conscience, comme ils ont traversé le temps. Ils sont le matériau des légendes, des mythes, des contes, des traditions, et sont à l'œuvre partout dans la société humaine.

Ascendant : l'ascendant est très important, car il symbolise le lever du Soleil, en maison I, au moment de votre naissance. Il est la prise de conscience de votre personnalité et indique, avec ses rayons, le chemin que vous pouvez suivre pour toucher votre Soleil et vous réaliser. Le signe dans lequel il se trouve est l'énergie qui lui correspond.

Aspects : les aspects, c'est la façon dont les planètes communiquent entre elles. Ils sont souvent matérialisés par des segments de couleurs différentes selon leur nature et correspondent à la distance, mesurée en degrés, entre les signes. Vous pouvez les voir sous forme d'angles droits, de triangles, de points opposés, etc.

Axes : les axes sont les lignes imaginaires entre deux signes ou deux maisons qui s'opposent et se complètent. Les six axes sont Bélier-Balance (maisons I et VII), Taureau-Scorpion (maisons II et VIII), Gémeaux-Sagittaire (maisons III et IX), Cancer-Capricorne (maisons IV et X), Lion-Verseau (maisons V et XI) et Vierge-Poissons (maisons VI et XII).

Chute : les planètes et les luminaires ont une correspondance avec le zodiaque. On dit qu'elles·ils sont « en chute » lorsqu'elles·ils se situent dans un signe opposé à leur signe d'exaltation, ce qui indique que la planète ou le luminaire perd de sa force. Par exemple : la planète punk Uranus est chez elle en Verseau, car c'est son domicile ; elle est carrément exaltée en Scorpion, signe qui n'a pas peur de penser en dehors des cases, mais elle est en chute en Taureau, qui préfère ses habitudes et la sécurité à l'inconnu de l'avenir.

Conjonction : la conjonction, c'est quand deux planètes (ou plus) sont très rapprochées. Les avis varient, mais on considère en général qu'elles ne doivent pas être éloignées de plus de 12 degrés (les petits traits façon règle d'écolier notés sur le pourtour du cercle du zodiaque). La conjonction, c'est l'alliance de deux fonctions qui se répondent pour créer de la complexité. Par exemple : si Saturne talonne Vénus, vous pouvez l'interpréter comme votre tendance à vous mettre la pression dans vos relations. Si Mars précède Mercure, vous pouvez le voir comme le fait que vos idées vous poussent à l'action, etc.

Cuspides : vous voyez les traits qui délimitent chaque signe dans votre thème ? Eh bien, ce sont les cuspides. On peut aussi les appeler « pointes ».

Degrés : le cercle du zodiaque fait 360 degrés, qui sont matérialisés par de petites encoches divisant son contour. Chaque degré est l'un de ces 360 repères.

Descendant : le descendant est le signe qui est dans la maison VII. Il symbolise la relation aux autres, mais aussi les qualités que vous percevez chez elles·eux et qui vous interrogent sur vous-même.

Domicile : les planètes et les luminaires ont une correspondance avec le zodiaque. On dit qu'elles·ils sont « en domicile » quand elles·ils se trouvent dans leur signe de référence. Elles·ils sont comme à la maison, quoi, pépères, en terrain connu. Les corrélations sont : Soleil en Lion, Mercure en Gémeaux et en Vierge, Vénus en Taureau et en Balance, Lune en Cancer, Mars en Bélier et en Scorpion, Jupiter en Sagittaire et en Poissons, Saturne en Capricorne et en Verseau, Uranus en Verseau, Neptune en Poissons, Pluton en Scorpion.

Éléments : les douze signes sont classés en quatre éléments. Feu (Bélier-Lion-Sagittaire), air (Gémeaux-Balance-Verseau), eau (Cancer, Scorpion, Poissons) et terre (Taureau-Vierge-Capricorne).

Éphéméride : calendrier journalier de la position des planètes dans le zodiaque.

Équinoxe : le moment, au printemps et en automne, où la durée du jour est égale à celle de la nuit.

Exaltation : les planètes et les luminaires ont une correspondance avec le zodiaque. On dit qu'elles·ils sont « en exaltation » lorsqu'elles·ils rencontrent l'énergie d'un signe qui décuple leurs sens et leurs fonctions.

Exil : les planètes et les luminaires ont une correspondance avec le zodiaque. On dit qu'elles·ils sont « en exil » lorsqu'on les retrouve dans le signe opposé à leur domicile, pas hyper à l'aise dans l'énergie du signe, qui les dénature un peu. Par exemple : Saturne est en exil dans le signe du Cancer, puisque son domicile est en Capricorne, son opposé.

Fond du ciel : le fond du ciel (FC) est le point le plus bas en dessous de la ligne horizontale de votre thème, dans la maison IV. Il symbolise ce qui est inné, facile, ancré en vous. C'est ce qui vous rassure, vous porte et vous aide à agir : votre force intérieure. Le signe dans lequel il se trouve est l'énergie qui lui correspond.

Glyphes : signifiant littéralement « gravures », ce sont les symboles qui représentent les planètes, les luminaires et les signes du zodiaque.

Hémisphères : les hémisphères sont inversés dans le thème. Le nord est en bas, le sud est en haut, l'est est à gauche et l'ouest, à droite. Plus il y a de planètes dans leur secteur, plus il est important de les prendre en compte.

Interception : quand il y a plusieurs planètes dans une maison.

Lune noire, ou Lilith : c'est un point fictif lié à la notion de karma, à manipuler avec précaution, à la fois car il est compliqué de s'approprier cette notion et car elle raconte des choses profondes ou traumatiques. Il y a en vérité trois Lilith, ou Lunes noires, mais je n'utilise (avec parcimonie) que la Lune vraie.

Lune noire vraie : elle symbolise ce qui pourrait être votre plus grande peur, ce qui n'est pas négociable dans votre personnalité et le lieu des réparations émotionnelles.

Maisons : la roue du zodiaque est divisée en douze parties qui symbolisent des domaines et des lieux d'expérience, réelle ou imaginaire. Elles se placent dans votre thème en fonction de votre lieu de naissance et sont numérotées de I à XII.

Milieu du ciel : le milieu du ciel (MC) est le point le plus haut au-dessus de la ligne horizontale de votre thème, dans la maison X. Il symbolise vos aspirations. C'est ce qui vous pousse à vous réaliser et à continuer votre chemin, votre moteur. Le signe dans lequel il se trouve est l'énergie qui lui correspond.

Modes : les signes astrologiques s'expriment selon trois modes distincts : cardinal, fixe, mutable. Ils sont liés aux quatre saisons.

Nœuds lunaires : les nœuds lunaires sont des points imaginaires et invisibles dans le ciel, obtenus selon des calculs dont je vous passerai les détails. Ils ne sont pas toujours utilisés, mais c'est du fun en plus :

- nœud nord : un idéal à atteindre ;
- nœud sud : une base, ce qui est inné.

Précession des équinoxes : c'est le lent changement de direction de l'axe de rotation de la Terre tous les 26 000 ans, qui décale la vue que nous avons des étoiles.

Quadrants : les quadrants sont des zones où les hémisphères se superposent et créent quatre outils de compréhension. Plus il y a de planètes dans leur secteur, plus il est important de les prendre en compte.

Rétrogradation : les rétrogradations des planètes sont des illusions qui sont dues au fait que nous les regardons du point de vue de la Terre et que leur révolution ne se fait pas à la même vitesse. La planète qui « rétrograde » semble stagner, puis reculer (les luminaires ne rétrogradent pas). Symboliquement, c'est un moment idéal d'introspection et de réflexion autour des thèmes liés à la planète en question.

Solstices : le moment, en hiver et en été, où le Soleil est au maximum de son éloignement avec l'équateur et semble stationnaire.

Stellium : c'est lorsqu'il y a quatre planètes ou plus en conjonction dans un secteur du thème. Autant dire que leur lieu d'expression est important !

MERCURE EN SIGNES À TRAVERS

Bélier

WILLIAM SHAKESPEARE

« Gémir sur un malheur passé, c'est le plus sûr moyen d'en attirer un autre. »

Othello

Taureau

PHILIPPE JAENADA

« J'aime une femme avec laquelle je veux vivre avec de l'eau fraîche, du pain et des pommes de terre, une bibliothèque, un stylo, du papier format écolier, dans une maison de village sans salle de bains. »

La Serpe

Gémeaux

VIRGINIE DESPENTES

« La vie se joue souvent en deux manches : dans un premier temps, elle t'endort en te faisant croire que tu gères, et sur la deuxième partie, quand elle te voit détendu et désarmé, elle repasse les plats et te défonce. »

Vernon Subutex 1

Cancer

ALEXANDRE DUMAS

« Rien ne compose le fond de l'âme comme les premiers souvenirs. »

Le Comte de Monte-Cristo

Lion

CARMEN MARIA MACHADO

« J'ai entendu toutes les histoires sur les filles comme moi, et je n'ai pas peur d'en raconter une de plus. »

Son corps et autres célébrations

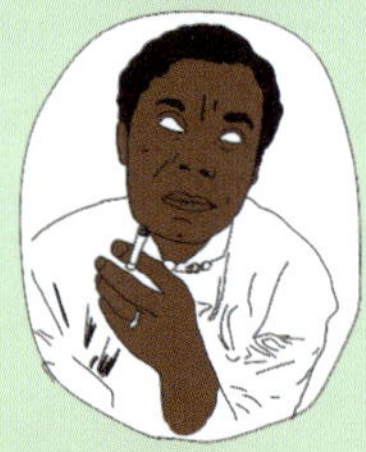

Vierge

JAMES BALDWIN

« Il est étonnant de contempler – de supporter – une beauté à laquelle vous êtes lié inexorablement et pour l'éternité, et qui jamais, jamais ne vous appartiendra, jamais ne se soumettra à vous. »

Harlem Quartet

LES AUTEUR·AUTRICE·S

Balance

RUPI KAUR

«Tu dois commencer une relation - avec toi - avant quiconque.»

Lait et Miel

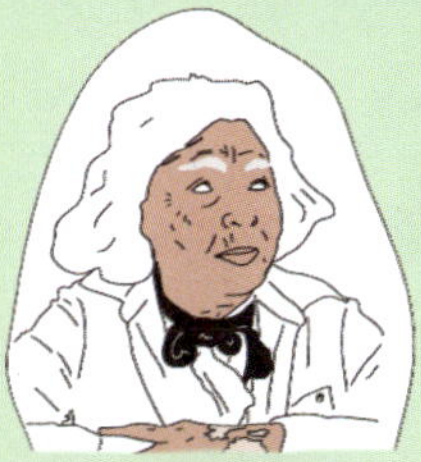

Scorpion

NAWAL EL SAADAWI

«Ils disent : "Tu es une femme sauvage et dangereuse." Je dis la vérité. Et la vérité est sauvage et dangereuse.»

Femme au degré zéro

Sagittaire

UMBERTO ECO

«Les singes ne rient pas, le rire est le propre de l'homme, il est le signe de sa rationalité.»

Le Nom de la rose

Capricorne

COLETTE

«Je veux écrire des livres tristes et chastes, où il n'y aura que des paysages, des fleurs, du chagrin, de la fierté, et la candeur des animaux charmants qui s'effraient de l'homme.»

Chéri

Verseau

TONI MORRISON

«Il était devenu fou pour ne pas perdre l'esprit.»

Beloved

Poissons

MAYA ANGELOU

«Je crois que l'on charrie les ombres, les rêves, les peurs et les monstres de sa maison sous la peau, qu'on les transporte, blottis dans le coin de ses yeux et jusque dans le cartilage des lobes de l'oreille.»

Lettre à ma fille

CHAPITRE III

SUBLIMEZ VOTRE MONDE

Ce qui ne se voit pas existe quand même

« Et l'ineffable, tout à l'inverse, est inexprimable parce qu'il y a sur lui infiniment, interminablement à dire : tel est l'insondable mystère de Dieu, tel l'inépuisable mystère d'amour, qui est mystère poétique par excellence. »

VladimirJankélévitch, *La Musique et l'Ineffable*

Ce qui n'est pas matériellement présent dans le monde n'est pas pour autant inexistant : notre réalité n'est pas faite uniquement de choses tangibles. Les idées, les concepts, les sentiments, les émotions sont traduisibles de bien des manières, engendrés par les individus qui les reçoivent et décident d'utiliser un biais plutôt qu'un autre pour les exprimer. Ici, vous entrez dans le royaume de la créativité : et qu'est-ce que créer, sinon donner vie à ce qui n'existait pas ? C'est toute la dimension de ce chapitre ! Les trois éléments que vous allez aborder, Vénus, le thème astral et ses aspects, en sont la démonstration. Je les lie les uns aux autres, car ils formulent le même principe, celui d'une mise en forme de ce qui est difficile à expliquer par le discours. Oui, parce que les mots ne peuvent pas tout enfermer et tout circonscrire, il y a l'Art et l'Amour (merci, la vie !), deux pôles qui se ressemblent plus que vous ne voulez bien le croire.

Vénus : non, personne n'en vient (il y fait vraiment trop chaud)

Apprends à aimer, Mercure !

Vénus arrive derrière une planète qui passe son temps entre deux extrêmes et tourne à vive allure autour du Soleil sans essayer de se protéger de ses rayons, tout entière dévouée à exprimer la lumière de l'étoile reine. La planète brillante, avec son activité interne intense, ramasse l'énergie de Mercure pour la canaliser. Elle cherche à dessiner une orbite parfaite, à créer une forme qui ne va pas tout raconter à la fois, comme aimerait y parvenir sa prédécesseure, mais pour dire l'éclat d'une Beauté particulière et signifiante.

Celle qui voulait juste kiffer

Pour bien comprendre la place de Vénus dans le système astro-philo, on peut commencer par lire le scénario de son épisode mythologique.

Née de Gaia et d'Ouranos (le ciel étoilé), Aphrodite (petit nom grec de Vénus) est le fruit d'une relation toxique. Gaia, qui n'en peut plus de subir les pressions sexuelles de son mari (et c'est bien normal), demande à ses enfants de l'aider à se débarrasser de lui. Personne n'est très chaud pour le faire, sauf Cronos (Saturne, pour les intimes, toujours prêt à mettre le holà), qui décide d'émasculer son paternel (je rappelle que, dans la mythologie grecque, tous les coups sont permis) et jette son sexe dans la mer. Du sang et du sperme se mêlent à l'écume et la fécondent (oui, toujours la mythologie) pour créer Aphrodite. L'enfant est éduquée par les Heures, des divinités qui lui apprennent à être parfaite et charmante, mais qui surtout lui donnent une ceinture d'or lui conférant le pouvoir d'être irrésistible. Quand elle est enfin présentée aux dieux, sans surprise, on convient qu'elle sera la déesse de la Beauté et de l'Amour. Zeus, se passant naturellement de son avis, la marie à Héphaïstos, le plus laid et le plus bougon du Panthéon. Elle se console dans les bras d'Arès, bien plus fun : ils se retrouvent régulièrement dans le creux de la nuit, se séparant à l'aube grâce au signal d'un complice. Mais celui-ci s'endort un matin et laisse les rayons du Soleil-Apollon surprendre les amoureux : évidemment, ce dernier court tout balancer à Zeus (ces dieux·-déesses aiment tellement les embrouilles qu'il·elle·s pourraient participer à un programme de télé-réalité). Virée de l'Olympe à la suite de cet épisode de tromperie façon théâtre de boulevard, Aphrodite se venge en mettant le bazar dans les sentiments humains : elle inspire la passion, envoûte les corps et sème les ruptures à tour de bras (alors que les mortel·le·s n'ont quand même rien à voir avec ses problèmes). Après tout un tas de péripéties, et beaucoup d'amants, son morceau de bravoure reste de déclencher la guerre de Troie, qui va durer bien trop longtemps et qui démontre son pouvoir : celui de créer le désir.

Ce que vous apprend le mythe

Vous avez un truc spécial à apporter au monde

Notre époque, passée à la moulinette de Freud, voit du désir partout : alors oui, les Grec·que·s n'étaient pas en reste, les aventures de leurs déités le prouvent. Néanmoins, le sens du mot est large : son étymologie signifie « ce qui manque ». Désirer quelque chose, c'est aspirer à ce qui n'est pas encore réel, c'est faire venir quelque chose là où il n'y a rien.

En tirant Vénus-Aphrodite de l'écume, ce mythe est la prescience de l'Antiquité : l'eau est la source de la vie biologique et a permis l'apparition des corps sur terre. La magie de la déesse réside dans sa capacité à faire émerger le Beau ici-bas, qui peut à la fois être envisagé dans son sens purement esthétique de « joli », mais aussi, plus abstrait, de forme idéale. Il lui faut engendrer dans le monde une œuvre dont la racine étymologique veut dire « richesse » – une passion, un sentiment, voire une guerre. Elle est par essence votre désir de création, qu'il soit artistique, relationnel, intellectuel ou matériel.

LA QUESTION À CENT BALLES

Vénus est-elle la déesse de l'Amour ?

Pour commencer, il va falloir déblayer un peu la problématique, façon oral de philosophie au bac : « Qu'est-ce que l'Amour ? » L'acception du terme semble, aujourd'hui, profondément corrélée à l'idée de sexualité et de relation duelle, mais sa réalité est protéiforme. De quoi parle-t-on ? De l'Amour pour votre prochain, votre famille, vos ami·e·s, pour vos éventuel·le·s partenaires, avec qui vous partagez une sexualité, ou pas ? Pour votre compagne·compagnon de vie ? Pour une œuvre artistique, un concept, pour l'humanité, le vivant, la Terre ?
L'Amour, ce ne sont pas les émotions suscitées par vos relations : il est grand, et intouchable comme votre Soleil. On dit souvent que la vie ne vaut pas le coup d'être vécue sans lui : mais il *est* la vie. Pour bien comprendre Vénus-Aphrodite, il vous faut garder à l'esprit que l'Amour est surtout la recherche de ce qui vous fait vibrer et vous donne le sentiment d'être en adéquation avec vous-même. Comme les amants de Vénus, il a plusieurs visages. Retirez les œillères que des siècles de pensée misogyne nous ont collées sur le museau et oubliez la notion d'une déesse trop volage pour être prise au sérieux : si Vénus a beaucoup d'amants, c'est que son amour n'est qu'un concept.

Utilisez le superpouvoir de Vénus

Pourfendez les relations toxiques

Vénus se confronte à plusieurs amants, plusieurs visages, plusieurs facettes de la réalité, en perpétuelle recherche de la relation parfaite, c'est-à-dire, pour vous, de la matérialisation de ce qui manque dans votre vie sociale, psychologique ou spirituelle. Chacun de ses amoureux a des qualités propres, ses capacités, ses pouvoirs : la déesse ne symbolise que la volonté de les incorporer pour s'enrichir. En poursuivant un idéal qu'elle ne trouve jamais – l'amant qui comblera tout –, elle dilue sa puissance dans ces liaisons. Qu'elle s'enferme dans le creux de la nuit en fusionnant avec Arès, qu'elle se prenne de passion morbide pour Adonis ou qu'elle décide d'« essayer » Mercure *pour voir comment c'est*, elle doit constamment revenir vers le Soleil, la lumière, et reprendre son chemin. Hors de question pour elle de rester enchaînée. Comme Vénus, vous confondez parfois les amours et l'Amour : vous perdez de vue le vrai sens de votre planète, qui est avant tout votre capacité à exprimer la beauté de votre Soleil dans le monde ; vos relations peuvent quelquefois vous faire dévier de votre trajectoire. Si celles-ci grignotent votre petite flamme, et vous vident peu à peu de votre substance, votre Soleil le sait, même si votre conscience ne veut pas le voir. Vénus vous apprend que si vous pouvez vous oublier un temps, dans votre quête, vous devez toujours revenir à vous-même : c'est votre œuvre qui compte, et vos relations ne sont que des pierres plus ou moins brillantes sur votre chemin.

La grande leçon de Vénus

Mettez un doigt sur votre désir

La vie de la déesse est une recherche sans fin pour combler son manque intrinsèque, ce qui l'amène à concevoir toutes sortes de manifestations de son désir dans le monde. Comme elle, vous pouvez vous négliger dans une course sans but à la perfection, vide de substance : c'est qu'en cours de route vous vous déconnectez de votre propre désir. Certes, en créant tout ce qui va enrichir votre vie, en œuvrant dans la société, vous apprenez à vous connaître, car votre volonté se heurte aux choses matérielles et aux individus. Vous faites l'expérience de l'adaptation et de la conciliation, qui vous font mûrir et vous aident à vous débarrasser de ce qui vous freine. Mais l'écueil de la déesse, c'est de faire semblant que tout va bien, par flemme de vivre les conséquences des drames qu'elle provoque. Tout n'est pas joli, tout n'est pas lisse, et lorsque vous essayez de mettre les choses sous le tapis, par peur de froisser les autres, vous courez souvent à la catastrophe. Comprendre votre Vénus, c'est circonscrire votre désir, c'est-à-dire ce que vous voulez apporter au monde et à vous-même.

Comment regarder Vénus dans votre thème (sans tomber amoureux·se) ?

Recherche Harmonie désespérément

D'abord, déterminez dans quelle maison et dans quel signe votre Vénus s'exprime : c'est l'endroit où vous pouvez trouver Harmonie, la rejetonne de ses amours avec Mars-Arès. Les deux amant·e·s ont engendré leur plus belle création : un être symbolisant l'adéquation parfaite. Dans ce lieu, elle déploie toute sa puissance pour vous permettre de peut-être atteindre la vôtre et d'en comprendre les motivations. Que voulez-vous créer pour combler votre désir profond ? Avec quelles planètes Vénus, à travers sa fille Harmonie, dialogue-t-elle pour se définir ?

Apprivoisez les différents stades de Vénus, ils ne mordent pas

Au début de la vie

Quand la vie en est à ses balbutiements, l'envie de réaliser des choses n'est pas canalisée et Vénus part un peu dans tous les sens. On commence par balancer de la pâte à modeler à la tête de ses petits camarades, puis, progressivement, on prend conscience de ce qui nous intéresse davantage.

Avec l'expérience

C'est le moment de toutes les expérimentations : vous essayez de vous enrichir en accomplissant le plus possible, en engendrant des choses en vous et dans le monde. Vous vous exercez, vous vous trompez sur ce que veut réellement votre planète. Vénus galère, mais elle apprend.

La finalité de Vénus : défendre vos valeurs

Ici, je vais vous parler de la dynamique Vénus-Aphrodite – Mars-Arès et pourfendre tout de suite l'adage selon lequel « les hommes viennent de Mars, les femmes, de Vénus ». Peu importe la manière dont vous vous identifiez, les archétypes appartiennent à tou·te·s. Vénus-Aphrodite et Mars-Arès circonscrivent vos désirs (ce qui vous manque), cherchent à les combler et en font vos valeurs. Leur relation en vous peut être un vrai bordel : Mars-Arès attaque bille en tête, Vénus-Aphrodite transige pour mieux pouvoir s'épanouir. Si l'un·e prend le pas sur l'autre, c'est à vos risques et périls (mais pourquoi pas, observerez-vous) : celui de toujours dire non en tapant du poing sur la table ou de constamment perdre de vue ce que vous voulez, à force de conciliation.

Où est allée se nicher votre Vénus ?

Les fonctions de Vénus

Dans la vie courante : la sociabilité.
Dans votre esprit : la volonté d'harmonie.
Au-delà de vous-même : la recherche d'absolu.

Vénus en maisons

La maison dans laquelle se trouve Vénus dans votre thème est le lieu symbolique dans lequel la planète exprime le plus son énergie de sociabilité et sa capacité d'amour.

Vénus en aspects

Les planètes en aspects avec Vénus mettent symboliquement en exergue, à travers leur tension, leur facilitation ou leur connivence, la façon dont s'exprime son énergie créative.

Vénus en signes

Vénus en signes montre dans quelle sorte d'énergie s'exprime symboliquement la richesse de la personnalité.

Vénus en signes

Sa vie, ses amours, ses emmerdes

Ce passage est inspiré par l'analyse de Pierre Piobb dans son ouvrage *Vénus*, œuvre que j'ai découverte grâce au superbe livre de Laetitia Defranoux, *Vénus et vous*.
La naissance de Vénus a lieu en Balance, là où elle prend toute sa mesure : je commencerai donc par ce signe.

Vénus en Balance : comprendre votre désir
Vénus-Aphrodite est comme un coq en pâte dans le signe de la Balance : c'est le moment de sa venue au monde et de son apprentissage des bonnes manières, façon pensionnat rétrograde de jeunes filles. On lui apprend à être jolie et à se taire : « Ton destin, ma fille, c'est l'harmonie et la Beauté. » Allons au-delà de notre lecture moderne : cette éducation parle surtout de l'essence de l'archétype, qui est de tendre vers une adéquation parfaite du fond avec la forme. L'amour en Balance est une affaire de perfection, de réalité qui colle pleinement aux idées, d'exaltation de tout ce qu'il y a d'estimable en soi grâce à la relation. Il s'agit de trouver ce qui va permettre de vibrer au plus fort, et de s'épanouir totalement : il y a donc un peu de pression de ce côté-là, on ne va pas se mentir.

Vénus en Scorpion : éviter la superficialité
Son mariage avec Vulcain-Héphaïstos, dieu des Forges, laid et boiteux, est le caillou dans la sandale de la déesse : elle qui est obsédée par l'idée de la forme parfaite se heurte à un ronchon professionnel, qui vit dans le tréfonds de la Terre, se moque des couleurs Pantone et n'a pas envie d'être sympa. Elle veut concevoir le Beau, mais n'a aucun outil pour le faire et préfère se garder de tout problème dans le processus. Lui est un créateur, qui façonne la matière palpable pour la transformer et connaît la dureté du réel. Finalement, leur union n'est pas si stérile : il en naît une confrontation des contraires. L'amour en Scorpion ne fait pas dans la facilité ni dans la légèreté. Il s'agit d'aller creuser là où les choses sont absolues et denses, quitte à se piquer un peu.

Vénus en Sagittaire : déborder d'espoir

L'union adultère avec Mars-Arès est l'un des épisodes les plus connus des amours de Vénus-Aphrodite ; elle batifole avec le dieu belliqueux, car sa vie avec Vulcain-Héphaïstos est trop rude. Elle a besoin de sentir son corps et son âme exulter, et cherche la joie dans une relation passionnée. La vitalité qui se dégage de leur liaison est celle d'un équilibre des forces, qui donnera une enfant parfaite : Harmonie. L'amour en Sagittaire est une recherche d'idéal, une quête sans fin de l'épanouissement que peut procurer l'unisson des esprits et des corps. Il s'agit de repousser les lignes tout en restant toujours au bord du précipice, de ne pas s'oublier mais de trouver, dans les sentiments, une raison d'exister plus grand et plus fort.

Vénus en Capricorne : connaître vos limites

Quand Héphaïstos jette son filet sur Vénus-Aphrodite et Mars-Arès, il les empêche de demeurer dans la nuit de la passion : il les oblige à sortir de la fusion amoureuse et à redevenir des individus. C'est le moment où les amant·e·s se séparent et se rendent compte que la lune de miel est terminée. On voit ce qui cloche, ce qui agace, ce qui donne envie de prendre un peu l'air. En Capricorne, l'amour est aussi une leçon : on apprend à ne pas se laisser déborder par ses sentiments, à ne pas se rendre accro au point d'en perdre de vue ce que l'on est et ce que l'on désire pour soi-même. Ce n'est plus l'obscurité qui cache tous les défauts : il s'agit d'avoir conscience de la réalité pour la dépasser, et en ressortir plus fort·e.

Vénus en Verseau : tout réinventer

Vénus-Aphrodite porte en elle plusieurs enfants qui sont la promesse de l'avenir : chacun·e, en fonction du père qui contribue à leur naissance, possède des caractéristiques particulières. Il faut voir la grossesse comme la pure métaphore de la nouveauté : la déesse, créatrice par essence, concourt, avec ses descendant·e·s, à faire émerger des idées dans le monde. En Verseau, l'amour est une expérience : celle-ci ne se borne pas aux sentiments basiques et aux étreintes passionnelles. Il s'agit de concevoir des façons inédites de se comprendre, de s'apprivoiser : on a besoin de faire naître le changement dans les sentiments et la façon de les vivre, d'apporter une vision de l'avenir dans les relations, qui ne doivent surtout pas se dérouler de manière traditionnelle.

Vénus en Poissons : élargir vos perspectives

Lorsque Neptune-Poséidon demande aux divinités d'être indulgent·e·s avec le couple adultère Vénus-Mars, il fait preuve de compassion. On sort de la dualité pour entrer dans un nouveau monde, celui, plus vaste, de l'Océan infini de l'amour (ce qui ressemble à un titre de série d'AB Productions, je vous l'accorde). L'amour en Poissons est une expérience quasi mystique : il n'y a rien de trivial dans la façon dont il s'exprime. C'est une Vénus puissante mais douce, qui a tendance à se diluer dans l'empathie et les sensations : il s'agit avec elle de se laisser totalement happer par les sentiments, sans trop y réfléchir ni tout analyser. L'envie de se perdre dans l'immensité de ses propres ressentis et de fusionner avec l'autre est ce qui porte et ce qui crée des connexions denses et belles.

Vénus en Bélier : expérimenter la sincérité

L'épisode dans lequel Vénus-Aphrodite goûte la joie terrestre est celui de ses amours avec Adonis, un beau mortel : c'est un moment de spontanéité, d'espoir et de candeur.

Adonis est convoité par Perséphone, la déesse des Enfers, qui finira par le faire tuer par Arès pour le garder à jamais près d'elle. La relation du jeune homme avec Vénus symbolise l'élan de vie avant la mort, inévitable. L'amour en Bélier est candide comme celui d'un enfant : c'est le sentiment d'exaltation de toutes les premières fois, que l'on souhaite revivre et ressentir. Il s'agit de se lancer sans *a priori* dans les expériences, de les vivre intensément avec le plus d'enthousiasme possible, quitte à le regretter, quitte à se tromper. Vivre l'instant et profiter de sa densité, de sa richesse, voilà tout ce qui compte.

Vénus en Taureau : faire refleurir l'amour

Quand meurt Adonis, Vénus-Aphrodite expérimente sa plus grande douleur : elle ne cessera plus de porter le deuil de son amant préféré. Ce qui frappe dans la mort, c'est le retour aux réalités humaines : le corps est régi par des lois bien tangibles et il est fait d'une matière qui n'est pas immortelle. Après sa disparition, Adonis se transforme en fleur : c'est la magnifique capacité de recyclage de la nature. En Taureau, l'amour est tout entier lié aux sensations, au corps, à la matérialité des émotions : la mémoire des sens est primordiale pour vivre ces ressentis. C'est par les sens que l'on atteint la jouissance physique, mais que l'on accède aussi à la félicité de l'âme. Il s'agit d'accepter les aspects pragmatiques pour s'élever à la pureté des sentiments, à un doux mélange entre la réalité matérielle et les aspirations de l'esprit.

Vénus en Gémeaux : explorer l'amitié

Vénus-Aphrodite a une relation avec Mercure-Hermès : leur amour est de l'ordre du pari, lancé par le dieu bavard quand il la surprend avec Arès. Lui qui veut tout expérimenter énonce sa volonté de séduire Vénus ; elle, qui veut donner tous les visages à son désir, aspire à connaître les particularités de Mercure. Voilà nos deux amants pas farouches embarqués dans une relation très loin de la passion. En Gémeaux, l'amour passe beaucoup par l'élaboration intellectuelle : tout est expérience, tout est découverte, tout est fluctuant. La curiosité tient une place prépondérante dans le jeu sentimental, et rien n'est définitif. Il s'agit de se découvrir à travers l'autre et de comprendre sa différence au contact de ses propres sentiments.

Vénus en Cancer : trouver votre idéal

Lors de son jugement, Pâris désigne Vénus-Aphrodite comme la plus belle des déesses. C'est aussi le moment charnière qui fera basculer le monde dans la guerre, interminable, de Troie. Vénus-Aphrodite arrive à ses fins, être Miss Olympe, mais ce n'est pas de la vanité, car elle veut simplement exprimer son essence : être la forme la plus parfaite qui soit. Ici, la beauté n'est pas uniquement physique, c'est l'expression de la pureté des sentiments. La déesse est à l'apogée de son art : en Cancer, l'amour, ce n'est pas de la blague, il se déploie dans toute sa dimension charnelle, protectrice, absolue. Vénus se bat pour ce qu'elle considère comme son trésor, façon amour courtois.

Vénus en Lion : lutter pour ce qui vaut le coup

La déesse entre sur le champ de bataille, pendant la guerre de Troie, afin de défendre son fils Énée : c'est le moment où elle prend les armes pour porter ses valeurs, ce qui lui tient le plus à cœur. Elle s'immisce dans la bagarre, elle qui n'aime pas trop le conflit, uniquement pour préserver un amour plus grand que tout. En Lion, l'amour est une lutte pour ne pas s'oublier : on s'attire les louanges et l'admiration, mais on ne veut pas se confiner dans la solitude des sommets. Il s'agit de trouver un amour pour lequel se battre, tout donner de soi-même et en ressortir grandi·e : c'est dans ce combat que se révèle la part la plus noble, la plus courageuse de soi.

Vénus en Vierge : vous défaire de vos passions

Lasse de ce remue-ménage, Vénus-Aphrodite prend sa retraite (bien méritée) et retourne sur l'Olympe. Elle a tout expérimenté, a canalisé son désir sous toutes les formes possibles et imaginables pour créer différentes manifestations du Beau sur terre. Elle est riche de cette vie incroyable et peut maintenant poser sa ceinture de belle gosse et s'attacher à son aspect le plus pur. En Vierge, l'amour est quasi divin : à la fois délicat et inattaquable, il manifeste la forme la plus éminente de la déesse, qui se révèle dans la sagesse et le repos des sens. Il s'agit ici d'accepter de laisser derrière soi les écueils relationnels, les désirs foutraques et stériles, pour atteindre l'expression transparente, éthérée des sentiments, de ceux qui donnent l'impression de s'élever au-dessus du lot, de comprendre le sens caché de la vie et de toucher au sacré.

Le thème, ce joyeux foutoir

Une cartographie de l'invisible, un bijou de sens

Le thème astral fascine, à la fois parce qu'il paraît bien compliqué à déchiffrer, mais aussi parce qu'il ressemble à une figure incantatoire, magique, qui renfermerait quelque mystère. Pour moi, il est l'un des aspects les plus intéressants de l'astro-philo, car sa singularité en fait une mise en forme unique au monde. Dans une volonté à la fois géométrique et poétique, il essaie de tracer la chose la moins résumable qui soit : le cours de la vie humaine. C'est une entreprise vouée à l'échec (désolée pour le *spoiler*), puisque l'on sait bien que rien n'est écrit. Le sens n'est pas contenu dans ses tracés : c'est le regard qui est porté sur lui qui donne vie à ces figures géométriques entremêlées. La *géométrie*, qui signifie littéralement « mesurer le terrain », est une discipline à la fois terre à terre et foncièrement abstraite : les formes nous paraissent évidentes, mais les lois qui les régissent sont déjà plus difficiles à comprendre. Ce qui se trame dans le thème astral est une pure vision métaphysique. Que fait-il, sinon servir Vénus ? Il exécute la première volonté de la déesse : créer quelque chose à partir de ce qui n'est pas matériel ! Vos aspirations, vos sentiments, votre enfance, vos désirs, appétences, défauts, atouts, rêves, peurs, joies... Tout ce qui constitue le petit être à la fois fragile et plein de courage que vous êtes est condensé sous la forme de glyphes, de cercles et de segments qui vous aident à vous raconter.

Les aspects, ces rayons laser incompréhensibles

La petite musique des segments : une harmonie silencieuse

Ce qui vous déconcerte le plus lorsque vous êtes confronté·e à votre thème, ce sont les petits segments colorés qui partent dans tous les sens et semblent raconter quelque chose qui vous paraît complètement obscur. La vérité, c'est qu'ils ne sont qu'un système assez simple d'interactions entre vos planètes, qui communiquent et influent symboliquement les unes sur les autres : ce faisant, ils créent leur propre rythme, leur propre résonance. Prenons l'exemple de Vénus pour vous faire comprendre ce concept : votre planète représente symboliquement plusieurs choses, sur un plan à la fois social (vos relations), psychologique (vos désirs) et métaphysique (votre capacité d'élévation créative). Elle s'exprime dans un signe, qui lui donne son énergie, et une maison, qui lui montre une place. Mais elle ne prend pas racine, car ce qu'elle figure – relations, désirs ou créativité – ne s'arrête pas à des frontières bien définies en vous : peut-être vos désirs sont-ils motivés par votre solitude (Saturne) ou votre créativité, freinée par votre colère (Mars) ? Où sont ces planètes ? Que disent-elles à Vénus ? Cette ouverture est matérialisée par les aspects : ils sont le lien entre toutes les facettes de votre personnalité et de votre être, la façon dont elles s'entremêlent pour créer une musique qui vous ressemble.

PRATIQUE

Lire un thème n'est pas difficile

Comment ça fonctionne, un thème ?

Le thème est le tracé symbolique de la photo du ciel au moment de votre naissance : c'est un cercle, découpé en douze secteurs que l'on appelle les « maisons ». Ces maisons, ce sont des lieux d'expérience : elles contiennent des planètes qui sont des archétypes porteurs d'une fonction symbolique sociale, psychologique ou métaphysique. Planètes et maisons s'expriment dans des signes : ils leur donnent une couleur et une énergie particulières. Les segments qui forment des figures géométriques et sont parfois colorés symbolisent la façon dont les planètes dialoguent entre elles.

- Les planètes sont des fonctions à explorer.
- Les signes sont des énergies à développer.
- Les maisons sont des lieux à conquérir.

Allez, on suit les étapes

On commence par le commencement : calculer votre thème

Pour bien débuter, il vous faut trois informations qui vous permettront de connaître votre ascendant et le placement de vos planètes dans vos maisons :

- votre date de naissance ;
- votre heure de naissance ;
- votre lieu de naissance.

Lorsque vous les avez en main, vous pouvez aller sur Internet pour calculer votre thème (j'aime bien le site Astrotheme : https://www.astrotheme.fr/theme_astral_et_carte_du_ciel.php).

Voyez en grand

La question que vous vous posez est : « Super, et je regarde où maintenant ? » Commencez par vous imprégner de ce que vous voyez : quelles formes, quelles couleurs sont dominantes ? J'ai pour habitude de dire que, plus une couleur, un aspect, un signe ou un élément sont rares, plus ils sont intéressants !
La première chose que vous pouvez observer, c'est le placement général de vos planètes. Sont-elles ramassées dans une partie du thème ? Sont-elles disséminées ? Sont-elles réparties par grappes dans des secteurs distincts ? Dans quels types de signes se situent-elles : des signes de feu, de terre, d'eau, d'air ?

Votre regard peut se porter d'abord sur les différents hémisphères :

- L'**hémisphère nord** (partie basse, maisons I à VI) : il parle de la vie intérieure et de ses problématiques.
- L'**hémisphère sud** (partie haute, maisons VII à XII) : il parle de la vie extérieure et de ses problématiques.
- L'**hémisphère est** (partie gauche, maisons X à XII et I à III) : il parle du moi, de l'identité.
- L'**hémisphère ouest** (partie droite, maisons IX à IV) : il parle du soi, des relations.

Vous pouvez ensuite affiner l'analyse en examinant les quadrants :

- Maisons I à III (de l'ascendant au fond du ciel) : se découvrir.
- Maisons IV à VI (du fond du ciel au descendant) : se connaître.
- Maisons VII à IX (du descendant au milieu du ciel) : tisser des relations.
- Maisons X à XII (du milieu du ciel à l'ascendant) : agir dans le monde.

On dit souvent que les planètes et les luminaires rapides, plus personnels (Soleil, Lune, Mercure, Vénus, Mars), sont plus importants que les planètes lentes (Jupiter, Saturne) et collectives (Uranus, Neptune, Pluton), mais j'aime ne pas trop tenir compte de cela. Déjà parce que, si les planètes lentes se situent près de secteurs importants, elles sont importantes. Ensuite, si elles sont en aspects avec des planètes personnelles, elles jouent un rôle symbolique fondamental. Enfin, puisque tout est narration, vous pouvez tenir compte de ce que vous voulez.

Accrochez-vous à la base

- Prêtez d'abord attention à votre Soleil, votre centre, le possible lieu de votre rayonnement, vers lequel vous ne cessez de retourner. Dans quelle maison est-il placé et dans quel signe exprime-t-il son énergie ? Il vous indique symboliquement à la fois ce qui pourrait vous motiver et vous porter !
- L'ascendant est symboliquement primordial, car il est le chemin que vous pouvez emprunter pour toucher votre Soleil : son placement en signes et en maisons, ainsi que sa planète maîtresse, raconte ce que vous pouvez comprendre pour mieux vous connaître.
- Ensuite, regardez où est située la Lune (signe et maison) : c'est le lieu où vous retirez tous vos masques, dans lequel vous êtes le plus naturel·le. J'aime dire que c'est le moment où vous rentrez chez vous et où vous n'avez plus besoin de faire semblant.
- La dynamique entre ces trois placements est essentielle, en ce qu'elle constitue une base symbolique pour explorer tout le reste de votre thème : le Soleil, c'est ce que vous dégagez, ce qui vous est complètement acquis ; la Lune, c'est votre visage dans l'intimité, là où vous vous sentez en sécurité ; l'ascendant, ce que vous devez accomplir, là où vous devenez quelqu'un·e.
- Vos planètes rapides, Mercure, Vénus et Mars, donnent des indications symboliques sur votre manière de comprendre, d'aimer, de créer et d'agir. Elles représentent des fonctions qui vous collent à la peau, vos manières d'être au monde de façon immédiate et spontanée.

Pas de planète dans un secteur ? C'est que le lieu d'expérience (la maison) n'a pas de problématique symbolique majeure et que l'énergie du signe qui la colore vous est plutôt naturelle et acquise !

Envisagez votre route dans tout ça

Ensuite, il faut regarder les angles (mais quésaco ?). Sur le thème, vous voyez quatre acronymes : ce sont les angles ! Ils indiquent quelle expérience de vie vous propose le thème. Les maisons en sont les lieux, les signes en sont les énergies et les planètes en sont les moteurs.

• **AC** est l'ascendant (à gauche) en maison I

L'ascendant symbolise le lieu où s'est levé le Soleil le jour de votre naissance : c'est le moment où vous ouvrez les yeux et où vous prenez conscience de votre existence. Il représente votre chemin et votre personnalité.

Dans quel signe et dans quelle maison se situe votre ascendant ? Quelle est sa planète maîtresse (celle qui gouverne le signe dans lequel il se trouve) ?

• **FC** est le fond du ciel (en bas) en maison IV

Le fond du ciel symbolise la nuit associée au jour de votre naissance, quand vous étiez au creux de votre berceau : il représente votre stabilité intérieure, là d'où vous venez, vos ressources.

Dans quel signe et dans quelle maison se situe votre fond du ciel ? Quelle est sa planète maîtresse (celle qui gouverne le signe dans lequel il se trouve) ?

• **DC** est le descendant (à droite) en maison VII

Le descendant symbolise le soir de votre jour de naissance, où vous avez rencontré vos proches et pris conscience des autres : c'est votre partie relationnelle.

Dans quel signe et dans quelle maison se situe votre descendant ? Quelle est sa planète maîtresse (celle qui gouverne le signe dans lequel il se trouve) ?

• **MC** est le milieu du ciel (en haut) en maison X

Le milieu du ciel symbolise le milieu de votre jour de naissance, pendant lequel vous avez commencé à agir dans le monde : il correspond à votre vocation et à vos aspirations.

Dans quel signe et dans quelle maison se situe votre milieu du ciel ? Quelle est sa planète maîtresse (celle qui gouverne le signe dans lequel il se trouve) ?

En résumé :

• *La dynamique ascendant-descendant*

Vous partez de votre ascendant pour aller rencontrer les autres et le monde vers votre descendant : c'est l'élaboration de votre personnalité. En maison VII, votre descendant, vous êtes prêt·e à avoir des relations. Celles-ci vous éclairent sous un nouveau jour : le descendant vous indique ce que vous appréciez chez les autres, mais aussi ce qui vous manque pour établir des relations saines.

• *La dynamique fond du ciel-milieu du ciel*

Dans le creux de votre fond du ciel, vous êtes comme un coq en pâte, dans la sécurité de ce que vous connaissez bien et de vos acquis : c'est votre base. Mais pour évoluer, vous visez le point le plus haut de votre thème, votre milieu du ciel. C'est là que se trouve le lieu possible de votre accomplissement, qu'il soit social, relationnel ou spirituel.

Trouvez la porte d'entrée

Certaines planètes ressortent plus que d'autres dans le thème. Vous pouvez choisir de les ignorer, parce que vous n'êtes pas prêt·e, parce qu'elles ne vous intéressent pas, parce que ce qu'elles racontent ne vous parle pas. Vous avez la possibilité de revenir à votre thème toute votre vie et de toujours l'aborder sous un angle différent : vous changez et votre perception des choses aussi.

Que regarder ?

- L'endroit où il y a beaucoup de planètes (amas planétaires) : la planète/le luminaire la·le plus rapide donne l'impulsion de ce secteur, la·le plus lent·e confère la dynamique générale.
- Les planètes en aspects avec votre Soleil et votre Lune apportent un éclairage symbolique sur votre conscience et sur ce qui vous nourrit.
- Les planètes conjointes aux angles, c'est-à-dire tout près de ceux-ci, sont symboliquement importantes, car elles sont mises en mouvement par des énergies particulières.
- Le maître de l'ascendant : votre ascendant s'exprime dans un signe qui est gouverné par une ou plusieurs planètes maîtresses

(par exemple, le Bélier est dominé par Mars). Où se trouve cette planète ? Dans quelle maison et dans quel signe ? Ces deux indicateurs vous racontent dans quel type d'énergie pourrait s'extérioriser votre personnalité et dans quel lieu le chemin pour atteindre votre Soleil prendra le plus de sens.
- Le placement de Saturne, qui joue un rôle fondamental dans votre système et dans ses aspects avec vos planètes.

Non, il n'y a pas d'aspects positifs ou négatifs

À présent, vous pouvez observer comment tout ce petit monde communique. Que se racontent vos planètes ? Les aspects sont comme des rayons d'énergie qui se déplacent en partant d'un point (la conjonction) et qui évoluent pour vous pousser à la prise de conscience et à la transformation, avant de revenir au point de départ et de tout recommencer : vous êtes différent·e, mais toujours la·le même ! Les aspects expriment la dynamique de votre thème, la petite musique qui le caractérise. Ils sont matérialisés par des segments de couleur qui relient deux planètes/luminaires entre elles·eux.
Dans cette partie, je vous parlerai des aspects qui me paraissent les plus utiles pour commencer votre lecture, mais sachez qu'il en existe quelques autres.

- *Les aspects qui motivent*

Ils symbolisent tout ce qui est en dehors de votre zone de confort : indispensables pour ne pas stagner et rester sur vos acquis, ce sont tous les moments qui vous amènent à comprendre ce que vous voulez, quitte à expérimenter la difficulté. Ils libèrent votre puissance, dans la construction.

> La conjonction

Elle symbolise le moment où les deux planètes sont en contact et peuvent faire germer un besoin, une idée, un sentiment, une urgence en vous, qui ne demandent qu'à grandir : vous n'en êtes pas encore conscient·e. Les deux planètes se fondent l'une dans l'autre et se colorent. La conjonction représente un possible.

> Le carré

Il symbolise le moment de tension où cette énergie, s'extériorise et où vous essayez de la mettre en forme : les deux planètes s'éloignent l'une de l'autre et se défient. Il représente à la fois la peur de ne pas réussir à concrétiser cette énergie et l'envie très forte d'y arriver.

> L'opposition

Elle symbolise un moment de concrétisation : ce qui était en germe à la conjonction est devenu réalité. Les deux planètes se font face et prennent conscience l'une de l'autre : c'est une vision objective. L'opposition représente un point où elles sont à leur maximum, dans lequel elles donnent tout : c'est aussi, pour vous, un possible sentiment de déstabilisation et d'inconfort.

• *Les aspects qui facilitent*

Paradoxalement, ce sont eux qui vous poussent à agir, car ils symbolisent ce qui vous porte et vous permet de vous enrichir : après les moments de tension des aspects dynamiques, vous vous nourrissez de leurs bienfaits, mais vous ne pouvez pas tenir compte uniquement d'eux, car la facilité pousse à l'immobilité ! (Allez, on ne reste pas sur ses acquis, les petit·e·s potes !)

> Le sextile

Il symbolise un moment de croissance et de création : ce qui était en germe à la conjonction commence à prendre forme et à se mettre en place. Il y a une volonté d'harmonie dans cet aspect, qui raconte le passage de l'interrogation et de l'incertitude à la félicité d'accomplir quelque chose.

> Le trigone

Après la tension du carré, qui a retenu l'énergie, le trigone symbolise son explosion sans limites : cet aspect est comme une autoroute pour la réussite, qu'elle soit sociale ou métaphysique. C'est l'aspect de l'éclatement de la puissance des possibles, l'aboutissement des efforts, la facilité de ce qui fonctionne bien.

• *Les aspects sont-ils croissants ou décroissants ?*
Pour regarder deux planètes en aspects, observez quelle est la plus rapide et quelle est la plus lente : cela vous apporte une nouvelle information ! La planète la plus lente est un décor pour la planète rapide, elle lui donne sa coloration et l'aide à accroître ses fonctions.

Astuce
Les astres, du plus rapide au plus lent : la Lune, Mercure, Vénus, le Soleil, Mars, Jupiter, Saturne, Uranus, Neptune, Pluton.
Imaginez qu'ils tournent dans le sens des aiguilles d'une montre !

> Les aspects sont croissants de la conjonction à l'opposition
Regardez quels sont les deux astres (planètes/luminaires) en aspects et définissez le plus rapide. Imaginez la conjonction des deux : si le plus rapide a dépassé la conjonction avec le plus lent (dans le sens des aiguilles d'une montre), il s'éloigne vers l'opposition. L'énergie de la planète lente pousse la planète rapide vers l'avant et lui donne le souffle pour aller vers la prise de conscience : la planète rapide s'en éloigne, à la fois pour se libérer de son influence et pour accomplir sa tâche. L'aspect croissant raconte les aspirations personnelles, le développement de vos possibilités.
• De la conjonction au carré : c'est une dynamique de libération.
• Du carré à l'opposition : c'est une dynamique d'indépendance.

> Les aspects sont décroissants de l'opposition à la nouvelle conjonction
Regardez quels sont les deux astres (planètes/luminaires) en aspects et définissez le plus rapide. Imaginez l'opposition des deux : si le plus rapide a dépassé l'opposition avec le plus lent (dans le sens des aiguilles d'une montre), il retourne vers la conjonction. L'énergie de la planète lente, plus collective, contient la planète rapide et vous pousse à utiliser des fonctions particulières pour faire le bilan de tout ce qui s'est passé de la conjonction à l'opposition : c'est le moment de comprendre, de partager, de sortir de son espace personnel.
• De l'opposition au carré décroissant : c'est une dynamique de transmission.

- Du carré décroissant à la nouvelle conjonction : c'est une dynamique d'introspection.

Les maîtrises, c'est quoi encore, ça ?

C'est assez simple à comprendre, mais suivez bien. Regardez n'importe quelle planète dans votre thème : dans quel signe se trouve-t-elle ? Maintenant, vérifiez quelle est la planète qui gouverne le signe. Par exemple : vous avez Vénus en Gémeaux et la planète qui gouverne les Gémeaux est Mercure. Observez à présent dans quel signe et dans quelle maison se situe Mercure dans votre thème. Son placement vous indique le lieu et l'énergie dans lesquels les fonctions de Vénus peuvent trouver une façon de se développer. Vous pouvez procéder de la même manière avec toutes vos planètes. C'est un petit coup à prendre, mais une fois que vous l'aurez acquis, vous y trouverez d'autres possibilités d'interprétation.

Les croix

J'ai déjà évoqué la croix la plus « terre à terre », celle qui relie d'une part le milieu du ciel et le fond du ciel, et d'autre part, l'ascendant avec le descendant : votre route.

Il en existe deux autres : la croix de la Lune noire et la croix des nœuds, plus abstraites et compliquées, que je développerai dans les chapitres suivants.

Tout le monde ne connaît pas son lieu et son heure de naissance

Vous pouvez, pour des raisons qui vous appartiennent, ne pas connaître votre heure, votre lieu, voire votre date de naissance. Que faire dans ces cas-là ?

- Avec votre date et votre lieu de naissance, il vous est possible de déterminer le placement de toutes vos planètes en signes, mais pas la disposition de vos maisons ni votre ascendant.
- Sans votre lieu ou votre date de naissance, le calcul de votre thème est inenvisageable.

Mon avis sur la question, c'est que RIEN ne vous empêche d'étudier vos planètes et de vous en approprier le sens. Leur dialogue et leur dynamique, c'est à vous de les inventer. Qui vous défend de tracer votre propre thème ? Il n'en sera que plus profond, plus intéressant, plus construit et plus personnel. Imprimez-vous un thème vide ou le thème avec vos planètes, et méditez sur vos aspirations, vos expériences, votre parcours : vous allez repérer des motifs, des tracés, des évidences, des points de rupture, des interrogations, que vous pourrez matérialiser en plaçant vous-même votre ascendant, vos maisons et vos aspects. Vous êtes seul·e maître·sse à bord de votre vaisseau, ne l'oubliez pas.

Vous allez vous aimer les un·e·s les autres, b*rdel ?

« Tout cela procure au sentiment d'"être amoureux" un statut très élevé. […] Aucun sentiment ne jouit d'un statut équivalent dans la société. […] Étant donné que tant de choses importantes dans la vie dépendent de ce sentiment imprévisible d'« être amoureux », la relation est souvent empreinte d'un grand stress. »

Liv Strömquist, *Les Sentiments du prince Charles*

Comment accepter que l'amour ne se lise pas dans les astres ?

C'est tout simple : l'Amour est déjà suffisamment compliqué à définir pour que l'on aille le chercher dans le ciel. S'il n'y a pas de prédestination, il existe mille façons d'envisager la relation à l'autre. J'ai déjà posé la question un peu plus haut, mais je réitère : Ça veut dire quoi, aimer ? Qui ? Comment ? Parlons ici du sentiment amoureux, dont les représentations évoluent, certes pas assez vite, de même que les idées préconçues sur ses manifestations. « Aimer, c'est ce qu'il y a de plus beau », chantaient les deux héros de la comédie musicale *Roméo et Juliette* dans les années 2000, nous signifiant que le nouveau millénaire s'ouvrait sur les mêmes poncifs insupportables subis depuis des siècles (et que nous allions nous prendre une mégavague de comédies musicales françaises dans la tronche, mais c'est un autre débat). Ironie du calendrier : à cette époque, j'étais au tout début de la relation la plus toxique de ma vie, partant la fleur au fusil, comme une banale postadolescente pétrie de certitudes, amatrice de musique pointue, jeune prétentieuse de vingt ans qui trouvait qu'« aimer, c'est monter si haut » était le vers le plus niais du monde. J'aurais pu citer un tas d'autres chansons de qualité, écrites par des artistes illustres, mais voyez-vous, lorsque l'on veut sortir de la mièvrerie, on plonge souvent dans la toxicité fielleuse, du *stalker* d'*Every Breath You Take* de Police à la célébration de la violence de *Kiss With a Fist* de Florence and the Machine, du désespoir pathétique de *Ne me quitte pas* de Brel à l'inquiétant *Run for Your Life* des Beatles, en passant par le très lucide *You Keep Me Hangin' On* des Supremes. Alors quoi ? Il est ô combien difficile de définir l'amour. Les chansons sont, selon moi, une très bonne illustration de cette impasse et le beau reflet d'une culture qui confond le sentiment amoureux avec la domination et la névrose (ce qui ne m'empêche pas de le chanter à tue-tête dans ma voiture). Comme il est compliqué de dire ce qu'il est, on peut déjà fixer des grandes lignes : l'amour ne doit pas faire mal, il ne doit pas faire peur, il ne doit pas déstabiliser ; il n'est ni l'engagement, ni la sexualité, ni une fonction sociale ; il n'est pas imposable, il n'est pas le romantisme, il n'est pas la dualité, il n'est pas la jalousie, il n'est pas la possession ni le manque... J'en oublie. Vous avez saisi l'idée.

Balayez devant votre porte

Envisagez ce qui vous manque et n'allez pas le chercher chez les autres

Dans le descendant, la maison VII, il y a l'idée que des manques se construisent durant l'existence. C'est un lieu d'ombre : en face, dans la maison I, à l'ascendant, le Soleil se lève, mais ici tout est voilé. Ce qui vous échappe, vous le cherchez souvent dans la personnalité de l'autre pour mieux fonctionner. Néanmoins, si certaines relations peuvent, par émulation, vous révéler, elles ont aussi le pouvoir de vous paralyser et, surtout, de peser sur la ou les personnes sur lesquelles vous projetez vos ombres. Pour ne pas aller dans le mur, observez le signe de votre maison VII : c'est le genre d'énergie que vous recherchez chez autrui et qu'il est préférable de puiser en vous, parce que l'on n'est jamais mieux servi·e que par soi-même.

Descendant en Bélier

Être attiré·e par les têtes brûlées à la grande bouche quand on a un ascendant bien pondéré en Balance, ça peut franchement être libérateur, mais tout aussi épuisant. Leur demander de faire le sale boulot, de défricher la route pour passer derrière est une option : toutefois, mieux vaut apprendre à dire zut soi-même, c'est cathartique.

Descendant en Taureau
Chercher la stabilité et le confort chez l'autre n'est pas insensé, surtout quand on vit les tourments d'un ascendant en Scorpion : petits plats, Netflix *and chill*, billets d'avion réservés, ça n'a jamais fait de mal à personne. Là où cela se complique, c'est quand on traite l'autre comme un roc qui doit tout assumer. Trouver votre propre assise est indispensable.

Descendant en Gémeaux
Être émerveillé·e par le bagou, l'aisance relationnelle et la désinvolture quand on a hérité de l'ascendant un peu autoritaire du Sagittaire, c'est bien normal : chercher le papillon social en l'autre et observer son évolution permet de vivre par procuration. Mais se reposer sur elle·lui pour faire toutes les expériences, ce n'est pas viable : sortez de vos certitudes, sinon rien.

Descendant en Cancer
Avoir envie d'être poupougné·e, câliné·e, encouragé·e, c'est une aspiration compréhensible quand on vit la solitude de l'ascendant en Capricorne. Mais à se rouler en boule si l'autre n'est pas disponible ou ne trouve pas les ressources pour servir de refuge, on va dans le mur. Être votre propre pansement, voilà la clé.

Descendant en Lion
Vouloir côtoyer la réussite, l'assurance, la beauté quand on se sent bizarre comme l'ascendant Verseau, pourquoi pas : vous vous abreuvez de la lumière de l'autre, elle vous galvanise et vous donne envie de rêver à de grandes choses. Mais briller par procuration, c'est *no way* : la flamme à allumer, c'est vous.

Descendant en Vierge
Avoir besoin de compassion, de bienveillance et d'organisation quand on est bordélique comme l'ascendant en Poissons, ça s'envisage. Mais percevoir l'autre comme un·e intendant·e ou un·e infirmier·ère, ce n'est pas possible : vous allez devoir apprendre à vous assumer, à un moment donné.

Descendant en Balance

Aspirer à l'harmonie et à la délicatesse dans vos relations, c'est tout à votre honneur, surtout avec un ascendant frondeur en Bélier : mais laisser à l'autre l'intégralité de la partie négociation et appel au calme, c'est un peu fort de café. Parfois, c'est à vous de sortir le drapeau blanc.

Descendant en Scorpion

Rechercher la complication, la lucidité et le magnétisme, c'est un peu attendu quand on a un ascendant Taureau bien calé dans son nid douillet : mais imposer tout le travail d'introspection à l'autre se révèle une mauvaise idée. Sortir de votre zone de confort est le seul moyen.

Descendant en Sagittaire

Vouloir être au contact de l'ambition, de la confiance démesurée et de la jovialité, c'est logique quand on a un ascendant versatile et incertain comme les Gémeaux. Mais utiliser l'enthousiasme de l'autre pour se créer des convictions, ça ne tient pas. Il vous faut trouver votre propre cap.

Descendant en Capricorne

D'accord, le besoin de structure, d'efficience et de détermination est attirant lorsque l'on vit dans la sensible carapace de l'ascendant Cancer : mais au lieu de bouder parce que l'autre ne se charge pas des difficultés comme il faut, prenez vos responsabilités. Soyez votre propre parent.

Descendant en Verseau

Évidemment, la distance émotionnelle amusée et l'indifférence semblent reposantes quand on se débat avec les passions de l'ascendant en Lion : mais ce n'est pas à l'autre de s'isoler pour vous. Reconnaissez que vous avez besoin de vous soustraire au regard du monde, et tout ira bien.

Descendant en Poissons

La tranquille intranquillité et la souplesse émotionnelle sont de vrais buts à atteindre quand on vit sous le joug tatillon de l'ascendant en Vierge : mais vous ne pouvez pas demander à l'autre d'être cool à votre place. Il va falloir trouver vos ressources personnelles pour vous détendre un peu.

Demandez-lui sa date de naissance

Bon, oui, c'est un brin chelou d'être un·e *nerd* à ce point (et là, cela va se voir), mais une fois que vous vous faites confiance, cette requête n'est pas impossible. D'abord, vous pouvez observer les placements en signes et en maisons de sa Lune, sa Vénus, son Soleil, son ascendant et sa Mercure pour découvrir son symbolisme !

Prenez des gants : apprivoisez sa Lune

On n'attrape pas des mouches avec du vinaigre : une des meilleures façons d'aimer, c'est d'apprendre à respecter les limites et la façon de fonctionner des autres. La Lune parle de toutes les subtilités qui ne se révèlent que dans l'intimité, de la manière dont vous avez envie d'être en sécurité. Symboliquement, elle exprime l'idée que, lorsque vous êtes en confiance, vous pouvez montrer vos fêlures et vos petites manies, sans que cela soit « utilisé » pour vous faire du mal ou vous dévaloriser. Trouver une relation, de n'importe quelle nature, qui vous permette d'exister dans votre spécificité est précieux. Savoir offrir cela aux autres est une qualité.

Lune de feu (Bélier – Lion – Sagittaire)

La Lune de feu est une grande candide qui cherche à faire la maligne : en vrai, elle cache un petit cœur tout mou sous des airs conquérants. Son mode, ce sont les explosions soudaines, lorsqu'elle a trop rongé son frein : elle doit pouvoir exprimer pleinement son côté joueur, impulsif et enthousiaste pour se sentir à l'aise et ne pas faire de drame. L'ennui est sa kryptonite ; la routine, son cauchemar. Elle a besoin d'aventure : il ne faut pas chercher à l'enfermer, à la conquérir ou à la posséder, c'est le meilleur moyen de la voir fuir *illico presto*. Ce qu'elle aime, c'est donner sans attendre de contrepartie, protéger et faire profiter de son incroyable vitalité.

Son film : ***Thelma et Louise***

« T'as toujours été délirante. C'était ta première occasion de vraiment t'exprimer. »

Thelma, une femme au foyer, s'ennuie ferme dans sa vie étriquée et son couple, aux prises avec un mari qui la considère comme un meuble. Son amie Louise, une serveuse frondeuse et cynique, lui propose de partir deux jours à la montagne pour s'éclater un peu. Les deux femmes s'échappent de leur quotidien, déterminées à profiter du temps passé ensemble. Mais sur la route, la sensible Thelma est victime d'une agression sexuelle : Louise tue son prédateur et le petit week-end se transforme en *road trip* criminel. Leur amour, c'est leur amitié, qui compte plus que tout : Thelma et Louise sont deux incarnations de la Lune de feu, pleines de courage et d'appétit pour la liberté.

Lune de terre (Taureau – Vierge – Capricorne)

La Lune de terre « n'est pas là pour être ici » : elle se moque de la *hype*, de ce que veulent les autres, de faire plaisir. Ce dont elle a besoin, c'est de confiance et d'un terreau fertile dans lequel faire pousser les sentiments. Il n'y a pas de place pour la stratégie ou les faux-semblants : avec elle, mieux vaut annoncer la couleur. Les émotions sont vécues avec pragmatisme, et son mode d'expression est simple et sans détour. Tout en elle raconte la puissance d'être soi, dans sa vérité propre.

Son film : ***Pariah***

« Je ne fuis pas. Je choisis. »

Alike a dix-sept ans et réalise, lentement mais sûrement, qu'elle est gay et qu'elle préfère vivre dans des vêtements dits « masculins ». À l'aise dans son identité, elle doit faire face à l'homophobie de sa mère, qui ne l'accepte pas telle qu'elle est, ce qui l'oblige à se changer tous les soirs quand elle rentre chez elle. Peu à peu, les choses se dégradent : la jeune fille sait qu'elle doit se protéger à tout prix. Face au puissant traumatisme que représente le rejet de sa mère, Alike incarne la Lune de terre dans toute sa résistance et sa détermination : elle a une ressource incroyable en elle pour s'extraire de ce qui lui fait du mal, même s'il s'agit de son foyer.

Lune d'air (Gémeaux – Balance – Verseau)
La Lune d'air est une grande joueuse, qui cache la peur de se poser. Elle ne peut pas se « laisser aller », car elle n'est jamais dans l'instant présent. Avec toujours un coup d'avance, elle intellectualise tout et se projette. Elle est la reine des émotions intelligentes : elle les raconte plutôt que de les vivre. Difficile pour elle de prendre les choses personnellement, puisqu'elle envisage tous les points de vue ; difficile de prendre les choses à cœur, puisqu'elle est souvent dans la distance. Sa beauté réside dans sa remarquable compréhension des faiblesses humaines et son immense loyauté.

Son film : ***Poetic Justice***
« Arrête ton pipeau. Qu'est-ce que tu veux vraiment ? »
Justice est un peu perdue : traumatisée par le meurtre de son petit ami, auquel elle a assisté, elle a changé radicalement de vie, abandonnant ses études à l'université et ses rêves pour travailler dans un salon de coiffure. Toujours créative, elle trimbale partout un carnet sur lequel elle écrit de la poésie. Quand elle rencontre Lucky, un facteur au bagou d'enfer, elle n'est pas disposée à créer des liens avec lui. Mais lors d'un *road trip* étrange, les deux jeunes adultes apprennent à se connaître, à travers des joutes verbales sans fin : leur relation, c'est cette Lune d'air qui oscille entre indifférence et curiosité, logorrhée et mise à distance des sentiments.

Lune d'eau (Cancer – Scorpion – Poissons)
Chez la Lune d'eau, on ne rigole pas avec les émotions : leurs manifestations peuvent prendre des tours grandiloquents, mais toujours dans le secret de son intimité. Aimable en surface, elle est animée par de terribles tempêtes intérieures : comme l'eau, ses émotions sont difficiles à saisir, à définir. Entre insécurité, susceptibilité et changements, elles se déploient de manière intense et profonde. La Lune d'eau travaille inlassablement à les découvrir, à les accueillir, à les accepter : elle est, paradoxalement, la plus difficile à connaître, tant elle est nébuleuse, d'apparence fragile, mais d'une force inégalable. On ne peut vraiment contrôler l'eau, qui se faufile partout : elle est une force qui peut passer de la petite flaque à un tsunami dévastant tout sur son passage.

Son film : ***Moonlight***

« Parfois, je pleure tellement que j'ai l'impression de me transformer en pluie. »

La narration suit Chiron (dont le prénom est celui d'un astéroïde qui symbolise la guérison) sur trois périodes de sa vie : l'enfance, l'adolescence et la vie d'adulte. Harcelé à l'école, persécuté au lycée, il subit l'addiction de sa mère qui l'élève seule. Son extrême solitude n'est brisée que par quelques belles rencontres, dont celle de Juan, un adulte qui va lui donner la considération qui lui manque, et Kevin, qui explore sa sexualité avec lui. La tristesse de Chiron le poursuit et ne lui laisse pas de répit : elle l'accompagne jusque dans l'âge adulte. Il la laisse venir, ne la rejette pas : les émotions bouillonnent en lui, le dévorent, le font grandir, puis le libèrent. En cela, il incarne la puissance cachée de la Lune d'eau.

Faites le plein d'inspiration : comparez vos Vénus

Comparer vos Vénus, c'est un peu comme découvrir vos tableaux de bord Pinterest respectifs : c'est la façon dont vous avez envie d'aimer, l'esthétique qui vous plaît, l'idéal de la relation. Évidemment, au contact de la réalité, Vénus fait parfois la tête : tout ne se passe pas toujours comme elle le voudrait (et heureusement).

Vénus de feu (Bélier – Lion – Sagittaire)

L'absolu de la Vénus en signe de feu est souvent la passion, avec tout ce que cela comporte de sympa et de toxique : elle porte en elle une vision candide de la relation, spontanée et enthousiaste, avec une pointe d'appétence pour le drame. Il est difficile de la faire démordre de l'idée que l'amour fait obligatoirement vibrer. L'envie de se sentir exister à travers l'expérience amoureuse peut rendre ses besoins envahissants et injonctifs. Il y a un petit côté égoïste dans cette Vénus qui se mire dans le reflet de ses émotions au lieu d'essayer de discuter pour savoir ce que l'autre ressent, mais les flammes de ses sentiments réchauffent les cœurs les plus froids.

Son film d'amour : ***True Romance***

« Tu es si cool, tu es si cool, tu es si cool... »

La narration, un « thriller romantique », se concentre sur le destin amoureux de deux *losers* magnifiques : Alabama, une travailleuse du sexe lumineuse et romantique, et Clarence, un vendeur de *comics* bien trop passionné par les films asiatiques pour avoir une vie sociale. Leur rencontre arrangée est une étincelle, qui devient vite explosive lorsque la vie les embarque dans une succession de péripéties. Poursuivis par la mafia, après un malheureux concours de circonstances qui les pousse à voler une valise pleine de cocaïne, ils restent attachés l'un à l'autre. Alabama et Clarence sont émerveillés par la réalité de leur amour et ne peuvent s'en passer. Le fait même que l'un·e existe est un miracle pour l'autre et l'essence de la Vénus de feu.

Vénus de terre (Taureau – Vierge – Capricorne)

L'absolu de la Vénus en signe de terre, c'est la confiance : souvent imprégné·e d'images fortes sur l'engagement, son mental est une forteresse bien cadenassée qui refuse de s'ouvrir au tout-venant. Son principal objectif est surtout de ne pas perdre de temps ou d'énergie dans des relations stériles. Insensible aux numéros de charme et hermétique aux discours grandiloquents, elle préfère le concret, les preuves d'affection plutôt que leur démonstration : ennemie de la superficialité, elle rêve de pouvoir poser ses valises, certaine de ne pas avoir été flouée. C'est pourquoi, avant de vérifier que la réalité correspond bien à son idéal, elle met un peu de temps à s'ouvrir complètement : elle attend patiemment d'être sûre de savoir où elle met les pieds. Une fois rassurée, sa sensualité inattendue se déploie.

Son film d'amour : ***Portrait de la jeune fille en feu***

« J'ai senti, là-bas, cette liberté dont vous m'aviez parlé. Mais j'ai senti aussi, dans cette solitude, que vous me manquiez. »

Marianne est peintre : elle est engagée par une comtesse pour faire le portrait de sa fille, Héloïse, afin de l'envoyer à un membre de la noblesse italienne, en vue d'un mariage. Nous sommes au XVIIIe siècle, et les femmes ne sont pas maîtresses de leur destin. Héloïse ne veut pas se marier, elle refuse donc de se prêter au jeu du portrait : la peintre va faire semblant d'être sa dame de compagnie pour l'observer, et lui avoue la raison véritable de sa présence. Peu à peu, une relation forte va se nouer entre les deux jeunes femmes : tout est affaire de temps, de consentement, d'apprivoisement. Le film explore les sens, à travers la vision avec la peinture, l'ouïe avec la musique et le toucher par des images fortes des peaux et des corps. Il n'est pas question ici de possession, mais de lien solide, qui ne craint pas la séparation, ce qui raconte parfaitement la Vénus de terre.

Vénus d'air (Gémeaux – Balance – Verseau)

L'absolu des Vénus en signes d'air, c'est la synchronicité intellectuelle : leur idéal en amour, ce sont les discussions sans fin, les références communes, les argumentations. La séduction passe indéniablement par la parole, la sensualité est directement liée à la communication. La relation paraît un *blind test* perpétuel, et rien ne les met plus en joie que de constater des goûts ou des dégoûts partagés : elles s'épanouissent dans l'idée abstraite de leurs sentiments et vibrent pour le bon mot, le bon échange, au bon moment si possible. Un brin détachées de l'expression physique du désir, elles se nourrissent de leur respect pour l'intelligence de l'autre. Souvent, elles peuvent s'échapper et reprendre leur indépendance mentale, en songeant à d'autres conversations, d'autres interlocuteur·rice·s, sans pour autant passer par de vraies relations.

Son film d'amour : ***Before Sunrise***

« S'il y a de la magie dans le monde, elle est dans l'effort de compréhension, de partage. »

La narration se penche sur le moment exact de la connexion entre deux jeunes adultes : Jesse et Céline se rencontrent dans un train pour Vienne. Elle est française, il est américain ; elle revient d'une visite familiale à Budapest, il fait le tour de l'Europe. Ils vont arpenter les rues de la capitale toute la nuit avant de se séparer au petit matin. Pendant ce temps, ils discutent, flirtent, et discutent encore. Le film capture la découverte de l'autre, la communication parfaite, qui rend la relation évidente et simple. Jesse et Céline ne se lassent pas de se parler, de se confronter. Le temps n'a pas d'importance, les circonstances non plus : il n'est pas question de confort ni de sensualité, mais de pure affinité intellectuelle. L'engagement, l'avenir n'entrent pas en ligne de compte, puisque tout leur restera en mémoire, ce qui dépeint très bien la Vénus d'air.

Vénus d'eau (Cancer – Scorpion – Poissons)

L'absolu de la Vénus en signe d'eau, c'est la fusion émotionnelle : son hyper empathie l'entraîne dans la construction d'un idéal d'amour presque mystique, où les sensations prennent toute la place. Son mental est pétri de narrations sur la dissolution de l'individualité en un atome d'amour pur, évident et grandiose. Sa volonté est de se sentir vivante en découvrant des émotions inconnues à travers l'autre. Il n'y a pas de limites, pas de cynisme dans sa conception de l'amour. Il se doit d'être inconditionnel, le temps qu'il dure. Telle une combattante moderne d'une cause désuète, cette Vénus prône un romantisme qui peut être déstabilisé par la vilaine réalité. Mais qu'importent ses désillusions, elle se nourrit de l'espoir de connaître des relations qui la transforment et lui apportent le sentiment de vivre autre chose qu'une petite vie toute tracée.

Son film d'amour : ***Hedwig and the Angry Inch***

« Il est clair que je dois trouver ma moitié. Mais est-ce un "il" ou une "elle" ? À quoi ressemble cette personne ? Identique à moi ? Complémentaire, en quelque sorte ? Est-ce que mon autre moitié possède ce que je n'ai pas ? »

Hedwig est une chanteuse de rock qui traverse des épreuves avant de vivre de sa passion : elle a quitté Berlin un an avant la chute du mur, lorsqu'elle devait encore vivre sous son genre de naissance et le prénom de Hansel. Mariée à un soldat américain qui l'abandonne très vite, elle monte son groupe, The Angry Inch. Mais elle tombe amoureuse d'un homme qui finit par devenir une star internationale après lui avoir volé ses chansons. Convaincue de la réalité de l'amour absolu, Hedwig est obsédée par le mythe de l'androgyne déclamé par Aristophane dans *Le Banquet*, de Platon. Il existerait une moitié parfaite pour chacun·e : complet à l'origine, l'être humain aurait été séparé en deux par Zeus, afin de diviser son pouvoir. Persuadée qu'elle doit trouver celui·elle qui lui manque, Hedwig symbolise Vénus d'eau, qui ne réussit à s'apaiser qu'à travers son art.

VÉNUS EN SIGNES À TRAVERS

Bélier

AYA NAKAMURA
DOUDOU

« Parles en français, sois clair (en vrai) – J'ai passé l'âge de jouer, j'ai dit – Toi et moi, on se sait – N'en fais pas trop, s'te plaît. »

Taureau

PRINCE
SLOW LOVE

« Tout comme le vent souffle – Faisons durer cet instant pour l'éternité – Car cent fois ne me suffiront pas – Cette nuit est celle de la volupté. »

Gémeaux

KENDRICK LAMAR
POETIC JUSTICE

« J'écris dans mes chansons des poèmes qui te sont dédiés – Quand tu fais preuve d'empathie, mon stylo pleure du sang. »

Cancer

KATE BUSH
THE MAN WITH THE CHILD IN IS EYES

« Il est très compréhensif – Il connaît tous mes états d'âme – Et quand je veille tard le soir – Il attend toujours, mais je le sens hésiter. »

Lion

WHITNEY HOUSTON
LOVE IS A CONTACT SPORT

« Je ne voudrais pas avoir à te sembler agressive – Mais je suis fatiguée d'attendre que tu fasses le premier pas. »

Vierge

SHAY
LIQUIDE

« Je ne peux pas poursuivre un homme – Ne me parle pas de love, je suis pas comme les autres – Je ne veux pas le minimum. »

LES CHANSONS D' AMOUR

Balance

FREDDIE MERCURY
LOVE OF MY LIFE

«Amour de ma vie, tu m'as blessé – Tu as brisé mon cœur, et maintenant tu me quittes – Amour de ma vie, ne vois-tu pas ? – Ramène-le-moi, ramène-le-moi – Ne l'emporte pas.»

Scorpion

FRANCIS CABREL
JE L'AIME À MOURIR

« Moi je n'étais rien – Et voilà qu'aujourd'hui – Je suis le gardien – Du sommeil de ses nuits – Je l'aime à mourir.»

Sagittaire

TINA TURNER
WHAT'S LOVE GOT TO DO WITH IT ?

« Qu'est-ce que l'amour, si ce n'est un sentiment au rabais ? – Qui a besoin d'un cœur, quand le cœur peut être brisé ? »

Capricorne

THE WEEKND
SAVE YOUR TEARS

«Je t'ai fait croire que je serais toujours là – J'ai dit des choses que je n'aurais jamais dû dire – Oui, j'ai brisé ton cœur comme on me l'a brisé par le passé.»

Verseau

NEKFEU
CHANSON D'AMOUR

«J'aime pas les chansons d'amour - Mais celle-là, elle est pour toi – J'ai pas envie qu'on s'amoche – Tellement jaloux, j'préférerais presque que tu sois moche.»

Poissons

CÉLINE DION
POUR QUE TU M'AIMES ENCORE

«J'irai chercher ton âme dans les froids dans les flammes – Je te jetterai des sorts pour que tu m'aimes encore.»

CHAPITRE IV

DESSINEZ VOTRE MARELLE EXISTENTIELLE

Ce qui est toujours là

« L'émotion ne dit pas "je" ».

Gilles Deleuze, *La peinture enflamme l'écriture*

Vos expériences sont à la fois ce qui vous transforme et ce qui vous aliène : vos émotions ne sont que les filtres qui vous aident à y faire face. Maîtriser ces outils censés réguler le grand bazar qu'est votre vie intérieure est un boulot à plein temps : elles vont et viennent, mais ne disparaissent jamais. Comment s'en dépatouiller, les utiliser, les interpréter ? Dans ce chapitre, vous découvrirez le rôle symbolique de la Lune dans la gestion de ce dispositif élaboré, mis en place par la nature pour vous aider à survivre et à mieux comprendre comment exister sans vous laisser déborder par ces camarades de route parfois envahissantes, agressives, et souvent démesurées. Vous ferez également le tour du propriétaire des maisons de votre thème, qui représentent les lieux spécifiques dans lesquels cet apprentissage très intime se déroule et lui donnent, pour chacune d'entre elles, une saveur particulière.

La Lune : retirez vos chaussures, vous y êtes chez vous

N'en fais pas trop, Vénus !

Vénus passe beaucoup de temps à éructer pour engendrer un tas de phénomènes à sa surface : on peut affirmer sans trop trembler du menton que la Lune fait exactement le contraire. Le luminaire argenté ne montre rien : sa surface est immobile, désertique. Tout se passe comme s'il vivait les choses « en dedans », et c'est bien là sa valeur symbolique. Notre satellite représente la force interne qui agit sur les marées de vos émotions, qui maintient le monde terrestre (votre corps) en place grâce à son travail de régulation. Tout ne tient qu'à un fil : une petite déviation de son axe, et c'est la catastrophe.

Celle qui protégeait ses affaires

Pour bien comprendre la place de la Lune dans le système astro-philo, on peut commencer par lire le scénario de son épisode mythologique.

Il est difficile de circonscrire exactement la figure de la Lune dans la mythologie gréco-romaine : déjà, car les déités de l'Antiquité n'ont pas un « début » et une « fin » historiques, tant elles se sont inspirées les unes des autres pour correspondre à différents cultes et perdurer. Ensuite, car, à l'instar des faces lunaires qui changent constamment, il y a plusieurs versions de cet astre dans la mythologie grecque : Artémis, la sœur jumelle d'Apollon, est l'une d'elles. À la fois remixée avec Séléné et Diane, son homologue romaine, Artémis devient une représentation assez chouette : sorte de Vierge intransigeante qui protège la nature en parcourant les zones sauvages avec son arc et ses flèches, elle distribue les bons et les mauvais points à ceux·elles qu'elle croise. Car il ne faut pas trop la froisser : elle défend jalousement son espace physique (c'est l'une des rares figures mythologiques dont la sexualité n'est pas active) et ses nymphes (oui, elle se balade souvent avec une armée d'ondines, et gare à ceux·elles qui s'en approchent trop). Surtout, elle seule a le droit de chasser : elle régente la nature. Elle traverse trois épisodes signifiants : lorsqu'elle naît, elle aide Léto, sa mère, à accoucher d'Apollon ; lorsqu'elle surprend Actéon qui observe des nymphes s'ébattre dans une rivière, elle le transforme en cerf et le fait dévorer par ses propres chiens de chasse ; lorsqu'elle se rend compte que le roi Œnée ne l'a pas honorée comme il le devait en lui offrant une partie de ses récoltes, elle envoie un sanglier infernal tout ravager chez lui. *Ne pas la froisser*, je vous dis.

Ce que vous apprend le mythe

N'ouvrez pas la porte à n'importe quoi

Votre Lune, il faut la nourrir (donc, n'oubliez pas de lui faire des offrandes), mais ne pas la brusquer (ne lui jetez pas des coups d'œil pervers quand elle prend son bain, certes, c'est la base) : vous devez la laisser accomplir les choses à sa manière. C'est quand même elle qui accouche votre Soleil ! Artémis explore les zones cachées de la nature, boulot dont refuse de se charger Apollon, trop occupé à jouer la star : la déesse chasseresse se moque de la reconnaissance, elle veut simplement qu'on lui fiche la paix (et un peu commander, quand même). Ce qu'elle vous dit, c'est que l'espace de votre Lune est sacré : c'est un sanctuaire, le lieu où vous présidez à tout sans avoir peur du regard des autres. Dans les forêts sauvages de votre intimité, vous n'autorisez pas n'importe qui ou n'importe quoi à entrer. La virginité de la déesse ne symbolise que cela (et cela n'a rien à voir avec votre sexualité) : vous avez la tâche de les garder intactes et de ne permettre à personne de piétiner la végétation luxuriante qui y prolifère. Lorsque vous tuez certains animaux en ces lieux, c'est de votre ressort : vous décidez de ce qui est en trop dans cet espace intérieur. Artémis change elle-même la disposition de ces territoires : sous les rayons de votre Lune, vous vous comportez en dehors des règles du monde. Déesse nourricière avant tout, elle vous parle de la façon dont vous percevez les choses et dont vous les accueillez pour les faire vôtres.

LA QUESTION À CENT BALLES

Une Lune pour tou·te·s, vraiment ?

Elle a toujours été la reine du monde holistique : comme madame régule les marées, on la nimbe de tout un tas d'autres prérogatives, telles que l'influence sur la fertilité, le sommeil, l'humeur ou les cycles menstruels. Star 2.0 du concept de « féminin sacré », puisque sa symbolique lui est associée dans bon nombre de cultures, elle fait la nique au Soleil, et peut être envisagée comme un outil d'*empowerment* et de libération de la parole sur les règles et la sexualité, mais aussi d'exclusion et d'essentialisation du genre (les femmes = un sexe = la Lune = les émotions). Le fait de se réapproprier ce qui a été considéré comme une faiblesse constitutive de la « féminité », les émotions (n'oubliez pas que le mot *hystérie* vient d'*utérus*), et de le brandir à la façon d'un étendard est une manière de sublimer l'oppression. Mais on ne peut pas faire fi des effets mortifères d'un patriarcat qui oblige quantité de personnes à porter la charge émotionnelle sur leurs épaules, ni du rouleau compresseur que représentent toutes sortes d'injonctions dans notre société. Surtout, il faut se poser la question de la place de la Lune dans la problématique plus générale du genre des planètes : il faut la rendre accessible mentalement à chacun·e en déconstruisant notre rapport à l'expression des émotions, pour qu'elle soit inclusive et douce à tous les corps, à toutes les orientations, à toutes les identités, à toutes les réalités sociales et économiques.

Utilisez le superpouvoir de la Lune

Cultivez votre nature

La Lune, c'est votre espace intérieur, vous pouvez vous y réfugier quand ça vous chante, où que vous soyez ! Il ne faut pas oublier que les figures lunaires sont presque automatiquement liées au temps qui passe et à ses manifestations dans le monde terrestre : les saisons et leurs différents bienfaits. Ce sont des périodes au cours desquelles vous incorporez toutes les nourritures qui vous arrivent en vrac, physiques, mentales et spirituelles, pour les assimiler ou pas : vous triez, et c'est la Lune qui vous aide dans ce labeur quotidien. Elle met en valeur votre face spontanée, profonde, sans chichis, et ce visage-là n'a pas besoin d'être exposé au monde : il est le reflet de ce que vous récoltez dans ce petit lopin de terre, de ce qui vous donne de l'énergie pour avancer, et c'est le régime qui vous correspond parfaitement.

La grande leçon de la Lune

Armez-vous

Les émotions ont tendance à être envisagées comme la part « irrationnelle » de votre nature, mais elles ne sont que des outils développés par l'humanité pour survivre. Les six émotions de base ont clairement favorisé son évolution cognitive et sociale : le dégoût vous empêche de vous empoisonner ; la peur, de vous mettre en danger ; la colère vous aide à surmonter les épreuves ; la tristesse crée l'empathie et du soutien dans votre groupe social ; la joie vous pousse à agir ; la surprise permet de vider complètement votre cerveau pour mobiliser vos réactions instinctives. Dans sa lutte sans fin contre les relou·e·s qui viennent mettre leurs pattes dans son décor, accaparée par son boulot, Artémis peut devenir un poil paranoïaque. Votre Lune est un baromètre qui décèle les moindres variations autour de lui, comme la déesse, qui sait très bien quand un animal sauvage souffre au creux de la forêt. Être capable d'accueillir les émotions pour comprendre ce qu'elles vous racontent, c'est répondre à cet appel à la survie : elles ne sont pas des fardeaux, mais des armes pour exister.

Comment regarder la Lune dans votre thème (sans vous rouler en boule) ?

Aimez votre astre hypersensible (mais semez-le parfois)

Là où se trouve votre Lune, vous êtes comme à la maison, en totale sécurité : vous gardez donc ce lieu jalousement. Vous avez le droit de vous y balader dans votre plus simple appareil, de traîner en pyjama pourri, de manger des chips dans votre lit en regardant des séries, de pleurer toutes les larmes de votre corps ou encore de chanter très faux et à tue-tête par-dessus vos tubes préférés. Personne ne vous voit. Ici, vous redevenez un·e petit·e enfant et vous exposez votre fragilité : c'est l'endroit dans lequel vous retournez toujours pour vous ressourcer, mais où vous craignez le plus d'être démasqué·e par des personnes malintentionnées ou maladroites. Vous y apportez ce que vous avez vécu à l'extérieur : ce que vous construisez doucement dans la tranquillité de ce nid, vous pourrez le confronter au monde lorsque vous serez assez à l'aise pour montrer votre visage lunaire.

Apprivoisez les différents stades de la Lune, ils ne mordent pas

C'est elle qui se déplace le plus vite dans votre système ! Elle fait le tour du zodiaque en ving-huit jours, ce qui, symboliquement, raconte le changement et la fluctuation rapide des émotions.

Au début de la vie

Décomplexée et sans fard, votre Lune s'expose, quitte à s'en prendre plein les dents : elle ne cache pas son vrai visage, enfantin et fragile, et dévoile ses émotions de manière brute.

Avec l'expérience

Échaudée et méfiante, votre Lune n'ose pas encore affirmer sa puissance cachée : elle a fait l'expérience de l'honnêteté et essaie maintenant de régler ses variations en interne.

La finalité de la Lune : vous équilibrer

Le gros boulot symbolique de votre Lune est un tour de force qui consiste à montrer son vrai visage sans se soucier de l'avis des autres. Elle apprend à naviguer entre votre intimité et votre vie publique, en ajustant constamment son comportement.

Où est allée se nicher votre Lune ?

Les fonctions de la Lune

Dans la vie courante : les émotions.
Dans votre esprit : l'exploration de la personnalité profonde.
Au-delà de vous-même : la volonté d'apaisement.

La Lune en maisons

La maison dans laquelle se trouve la Lune dans votre thème est le lieu symbolique dans lequel le luminaire exprime le plus l'imagination, les émotions et la recherche d'équilibre.

La Lune en aspects

Les planètes en aspects avec la Lune mettent symboliquement en exergue à travers leur tension, leur facilitation ou leur connivence la façon dont s'expriment les émotions.

La Lune en signes

La Lune en signes montre dans quelle sorte d'énergie s'exprime, symboliquement, la personnalité profonde.

La Lune en signes à travers les émotions indéfinissables du *Dictionnaire des chagrins obscurs* de John Koenig

John Koenig est un auteur qui a créé ce génial lexique en ligne, via une chaîne YouTube et un site internet (https://www.dictionaryofobscuresorrows.com) : il y définit des termes pour décrire des émotions qui n'ont pas de nom, en utilisant des néologismes.

Lune en Bélier : *apomakrysménophobie* (nom)

La crainte que vos relations avec les gens ne soient finalement superficielles.

Votre Lune en Bélier est un diamant brut : son besoin fondamental, c'est de se sentir exister en étant guidée par les idées et les intuitions. Cela la pousse à vite créer des liens, à laisser sa spontanéité l'engager émotionnellement très intensément. Elle doit prendre quelques risques pour vibrer. Ce refus de la routine, de la superficialité, de la neutralité, c'est l'envie de ne vivre que des choses pures. Pour la nourrir, il lui faut de la franchise et de la candeur.

Lune en Taureau : *chrysalisme* (nom)

La tranquillité amniotique d'être à l'intérieur pendant un orage.

Votre Lune en Taureau est un cocon : être tranquille, voilà ce qu'elle recherche. Il lui faut toujours un moment de rumination pour métaboliser les émotions. Si on la brusque, elle se braque et se ferme à tout : ce qu'elle aime, c'est être dans sa bulle, entourée de ses objets fétiches, dans la stabilité matérielle. Les sens se réinitialisent, le corps s'épanouit au contact de tout ce qui peut les éveiller, et l'esprit peut fonctionner.

Lune en Gémeaux : *flashover* (nom)

Le moment où une conversation devient réelle et vivante.

Votre Lune en Gémeaux est un débat : elle n'aime pas la solitude de sa pensée, car celle-ci a tendance à mouliner en continu. Sa sensibilité s'exprime à travers le verbe : rien ne la stimule plus profondément que la confrontation avec la parole de l'autre et, si elle vient à être fructueuse et intéressante, elle l'apaisera. Mais votre capacité à vous exposer aux réalités du monde social peut la mener à déborder d'empathie, de tristesse ou d'anxiété : l'échange est son filtre.

Lune en Cancer : *rigor samsa* (nom)

Une sorte d'exosquelette psychologique qui peut vous protéger de la douleur et contenir vos angoisses.

La Lune en Cancer est un sismographe : c'est un peu la cheffe des émotions et c'est surtout elle qui gouverne votre signe. Pas facile de tempérer son hyperactivité ! Il lui faut développer, plus que toute autre, un grand sens de la sécurité pour ne pas être submergée et résister à l'envie de s'évader dans le n'importe quoi pour oublier qu'elle a si peu de répit. Bien intégrée, elle vous renforce et vous rend plus aguerri·e, plus conscient·e de sa valeur dans l'apprentissage de la vie : les émotions deviennent son superpouvoir.

Lune en Lion : *Mauerbauertraurigkeit* (nom)

L'envie inexplicable de repousser les gens, même les amis proches que vous aimez vraiment.

Votre Lune en Lion est une notice : elle ne vous laisse pas le droit à l'erreur, il lui faut se nourrir d'émotions nobles. Elle n'a pas le temps pour les sensations triviales ou les bassesses, car ce qui la transporte, c'est l'idée qu'elle a d'elle-même à travers ses rêveries. Son besoin de faire face à tout l'épuise parfois, car cette Lune de feu reprend souvent ses droits et brûle à votre place : en étant plus indulgent·e avec vous-même, vous apprenez à l'accepter.

Lune en Vierge : *mimeomie* (nom)

La frustration de savoir à quel point vous vous adaptez facilement à un stéréotype.

Votre Lune en Vierge est un secret : elle ne la ramène pas trop, elle n'en a pas besoin. Elle est très prudente, parfois trop. Elle ne se laisse pas embarquer dans n'importe quoi et se protège à l'extrême pour ne pas avoir à se confronter à trop d'émotions en même temps.

Ce travail en profondeur l'accapare et la pousse à être quelquefois soucieuse et appliquée : en ne laissant jamais rien dépasser, elle renvoie une image de contrôle qui camoufle vos tempêtes intérieures.

Lune en Balance : *anthrodynie* (nom)

Un état d'épuisement dû à la façon dont les gens peuvent être abjects les uns envers les autres.

Votre Lune en Balance est un miroir : elle peut être dans le mimétisme, car elle a conscience que, ce qu'elle traverse, les autres le traversent aussi. Les émotions n'ont rien d'anormal, elles sont constitutives de l'humanité. Il vous faut parfois la recentrer sur ce qui la fait rêver, sans tenir compte de ce qui l'entoure. Car en étant trop en connexion avec l'extérieur, elle se perd et finit par apprendre que son seul pouvoir est de mettre de l'ordre en elle-même.

Lune en Scorpion : *exulansie* (nom)

La tendance à renoncer à parler d'une expérience parce que les gens sont incapables de la comprendre.

Votre Lune est un radar : elle n'a pas le don de double vue, mais presque. Vos émotions sont une prescience, très proches de leurs fonctions premières liées à la survie. Ultra-lucide, cette Lune éclaire tout ce qui n'est pas joli-joli en vous, ce qui lui confère un grand discernement sur la nature humaine : elle a constamment l'impression d'avoir accès à des informations que les autres essaient de nier ou de cacher. Cela crée à la fois une très forte capacité d'empathie, et de méfiance.

Lune en Sagittaire : *kairosclérose* (nom)

Le moment précis où vous réalisez que vous êtes heureux·se.

Votre Lune est un livre qui entraîne votre esprit dans un vagabondage sans fin, menant parfois dans des sphères un peu trop métaphysiques pour votre bien. En accueillant ce qui vous traverse sans trop vous poser de questions, elle privilégie l'adaptation et l'enthousiasme, et cherche souvent la route la plus rapide pour s'exprimer. Lorsqu'elle arrive à bon port, dans les moments suspendus où elle est exactement à sa place, l'étincelle de joie pure survient.

Lune en Capricorne : *zielschmerz* (nom)

La crainte exaltante de poursuivre enfin le rêve de toute une vie.

Votre Lune est une boussole que vous utilisez un peu trop consciencieusement. Elle met les émotions en sourdine, de façon à ne pas se laisser emporter. Les sentiments ne sont pas là pour se balader et s'évaporer : elle fait le tri, afin de garder ce qui paraît essentiel pour vous aider à avancer. La peur de ne pas concrétiser vos buts la pousse à mettre beaucoup de choses de côté, qui, même si elles sont superflues, pourraient aussi la nourrir.

Lune en Verseau : *milieuer* (verbe)

Ressentir le plaisir tranquille d'être près d'un rassemblement, mais pas tout à fait dedans.

Votre Lune est un télescope qui vous pousse à regarder plus haut que le bout de votre nez : elle veut découvrir ce qui se cache derrière les étoiles. Ce qui se trame en bas ne la concerne guère : elle ne s'intéresse même pas à elle-même. Indulgente et détachée, elle accepte le monde des émotions pour ce qu'il est, sans en faire un fromage. Mais c'est précisément cette indépendance qui fait sa différence : elle est l'une des rares lunes à ne pas se plonger totalement en elle-même.

Lune en Poissons : *kenopsie* (nom)

L'atmosphère étrange et désolée d'un endroit qui est généralement plein de monde.

Votre Lune est un phare qui vous guide dans la nuit : c'est elle qui vous montre comment contourner les vagues de votre océan intérieur pour ne pas vous laisser engloutir. Le ressac permanent vous secoue un peu : elle est tributaire des fluctuations de l'eau et vous laisse parfois chamboulé·e. Souvent, elle vous donne l'impression d'être à l'extérieur de la réalité, de l'observer de loin et de n'en percevoir qu'une rémanence, un bruit résiduel qui vous berce et vous interroge.

Les maisons, ces décors en carton-pâte

Décors réels, lieux imaginaires : les maisons sont des petites cases de rien du tout sur votre thème, mais elles condensent un symbolisme infini. D'abord, car elles sont la toile de fond de ce qui s'y trame : encombrées par les planètes et les luminaires, qui y vivent leurs drames et leurs rebondissements, squattées par les signes qui y répandent leurs énergies, elles reçoivent aussi les rayons des aspects, ces petits segments qui envoient les messages plus ou moins bienveillants entre les planètes. Ensuite, elles sont elles-mêmes des lieux complexes, foisonnants, rassurants, sombres ou mystérieux, qu'il faut apprendre à connaître en eux-mêmes pour bien les explorer. Leur symbolisme va de la considération la plus triviale (*où est l'argent ?*) à la plus métaphysique (*quel est le lieu possible de ma sagesse ?*).

Être sa·son propre agent·e immobilier·ère avec les maisons

Ces douze sites symboliques représentent chacun une manière d'expérimenter la vie. Imaginez ces maisons comme les différents lieux de villégiature de l'existence : lors de vos premiers passages, elles doivent être agencées et décorées par vos soins. Au départ, vous vous contentez de vous y abriter. En mûrissant, vous utilisez les planètes qui y vivent pour les remplir et les meubler, afin de vous y sentir bien et d'y passer du bon temps. Quand vous finissez par y avoir beaucoup séjourné, vous êtes capable de balancer le superflu et d'y faire un tri pour ne garder que ce qui compte vraiment. Plus l'une de vos maisons compte de colocataires (les planètes), plus il s'y produit des choses, et plus la vie vous y accapare : l'énergie des signes est l'ambiance particulière de chacune de vos demeures, la façon dont vous vous y sentez.

Bâtissez votre personnalité

Vous êtes vivant·e et vous avancez

De la maison I à la maison III, vous apprenez symboliquement à appréhender la réalité : vous allez de la naissance à l'enfance.

Maison I, ou ascendant – la carte de Willy le Borgne (*Les Goonies*)

Cette carte, c'est ce qui lance une troupe d'adolescents à la recherche du trésor d'un pirate légendaire, pour sauver l'un des leurs de l'expulsion par des promoteurs immobiliers. En entreprenant ce voyage au creux de la Terre, le petit groupe apprend surtout à grandir et à se connaître : le trésor est une métaphore de leur personnalité qui se construit.

La maison I, c'est le lieu symbolique de votre départ et du but de votre voyage : la fin de votre route n'est qu'un prétexte pour apprendre sur vous-même. Ici, il y a votre première expérience : la naissance. Vous ne cesserez d'y retourner pour vous réengager dans le cycle du zodiaque. C'est une porte qui, à force de passages, finira par vous ouvrir le chemin sur vous-même.

Les étapes de la maison I

Dans la vie courante : l'image que vous renvoyez.
Dans votre esprit : la volonté de découvrir qui vous êtes.
Au delà de vous-même : la recherche du chemin vers votre Soleil.

Maison II – le sac de Mary Poppins (*Mary Poppins*)

La célèbre *nanny* au grand cœur ne se déplace jamais sans son sac à main magique, qui semble ne pas avoir de fond et contient à peu près tout ce dont elle a besoin : il symbolise son adaptabilité et ses capacités inépuisables.

La maison II, c'est le lieu symbolique de votre bric-à-brac existentiel, dans lequel vous devez mettre un peu d'ordre tout au long de votre vie. Y reposent vos ressources personnelles : vos dons, que les planètes apprennent à gouverner, à exploiter, à sublimer, pour en faire des qualités. Elles ne doivent pas être un fardeau : vous pouvez balancer quelques trucs à la poubelle si votre bagage devient trop lourd !

Les étapes de la maison II

Dans la vie courante : vos possessions matérielles.
Dans votre esprit : la volonté d'exploiter vos dons et vos facilités.
Au-delà de vous-même : la recherche de l'aisance en toute circonstance.

Maison III – n'importe quel moteur de recherche (Internet)

Dans le cocon de votre bureau, vous explorez le vaste monde à l'aide de cet outil ambivalent que représente Internet : vous pouvez tout découvrir de là où vous êtes. À la fois proches et lointaines, les contrées intellectuelles ou réelles que vous découvrez vous en apprennent de belles sur le monde.

La maison III, c'est le lieu symbolique où les planètes jouent un rôle d'adaptation : vous faites une mise à jour quotidienne de vos logiciels ! Elle représente votre environnement immédiat, journalier, connu, dans lequel vous êtes à l'aise pour aller fouiner et expérimenter sans prendre trop de risques. Votre curiosité y est sans limites, puisque tout vous est accessible !

Les étapes de la maison III

Dans la vie courante : vos proches, votre environnement immédiat.
Dans votre esprit : la volonté de comprendre le monde.
Au-delà de vous-même : la recherche de sens.

Vous allez évoluer

De la maison IV à la maison VI, vous apprenez symboliquement à comprendre qui vous êtes : vous allez de l'adolescence à l'âge adulte.

Maison IV, ou fond du ciel – le trou de hobbit (*Le Seigneur des anneaux*)

Les habitations des hobbits, créatures pétries d'habitudes et de joie de vivre, sont de véritables joyaux de confort : situées dans la Comté, cette région imaginaire luxuriante et paisible, elles symbolisent les origines et la douceur. Lors de son périple éprouvant et dangereux, Frodon, l'anti-héros du récit, ne cesse d'y penser comme à un eldorado rassurant et protecteur, lieu de retour à la normale, qu'il espère à tout prix retrouver.

La maison IV, c'est le lieu symbolique qui raconte votre stabilité, qu'elle soit corporelle ou psychologique ; c'est de là que vous venez, une retraite indispensable pour collecter les émotions, les souvenirs, les ressources que vous apportent vos racines.

Les étapes de la maison IV
Dans la vie courante : votre famille, votre foyer.
Dans votre esprit : la volonté de comprendre vos racines.
Au-delà de vous-même : la recherche de stabilité.

Maison V – le salon de Mozart (*Amadeus*)

Le compositeur de génie n'était pas des plus organisés : il composait là où il vivait, dans une pièce où il riait, mangeait et aimait. Mais c'était aussi cette souplesse qui lui permettait de donner le meilleur de lui-même et d'inventer des symphonies incroyables.
La maison V, c'est le lieu symbolique dans lequel vous pouvez tout créer, tant vous y êtes plein·e de confiance et de joie. Cet atelier est votre base féconde, une pièce dans laquelle vous pouvez vous isoler dans une grande maison pleine d'allées et venues. Elle contient vos aspirations et vos outils pour forger vos œuvres, qu'elles soient matérielles, relationnelles, intellectuelles ou spirituelles.

Les étapes de la maison V
Dans la vie courante : vos amours, vos aspirations.
Dans votre esprit : la volonté de créer.
Au-delà de vous-même : la recherche de la félicité.

Maison VI – l'institut Xavier, Manoir X (*X-Men*)

Les mutant·e·s sont des humain·e·s doté·e·s de gènes spéciaux qui leur confèrent des capacités extraordinaires : télépathe de génie, le professeur Xavier est un superhéros qui décide de créer un endroit consacré à ses pairs, à la fois pour leur permettre de maîtriser leurs pouvoirs et les mettre à l'abri de la persécution du genre humain. Son institut devient un refuge, mais aussi une base d'entraînement à la fois physique, intellectuel, moral et psychique.
La maison VI, c'est le lieu symbolique dans lequel vous prenez soin de vous, de votre corps et de votre esprit : ici, il y a tous les compléments qui peuvent vous servir à développer vos capacités, à prendre du recul, à vous reposer, ainsi que les outils pour vous exercer et les ressources intellectuelles pour mieux vous former.

Les étapes de la maison VI
Dans la vie courante : votre travail, votre quotidien.
Dans votre esprit : la volonté de vous améliorer.
Au-delà de vous-même : la recherche de votre propre perfection.

Confrontez-vous au monde

Vous allez découvrir les autres

De la maison VII à la maison IX, vous apprenez symboliquement à être dans le monde : c'est l'exploration de l'âge adulte.

Maison VII, ou descendant – *Central Perk* (*Friends*)

Les six trentenaires new-yorkais vivent sur le même palier, mais préfèrent souvent se retrouver dans un *coffee shop* en bas de chez eux. Ils y papotent, débattent, se heurtent aux autres : les personnages étrangers à leur petit groupe entrent et sortent de cet endroit et de leurs vies comme sur une scène de théâtre. Ce café symbolise la socialisation de ces jeunes adultes qui apprennent à se connaître et à mûrir à travers l'altérité.
La maison VII, c'est le lieu symbolique de la relation : elle est comme une grande place, une agora sur laquelle vont et viennent les individus et leurs problématiques. Ici, vous les croisez, vous vous confrontez à elles·eux, vous vous arrêtez pour discuter, vous passez en coup de vent, vous squattez pour faire la fête. C'est la version miniature du monde.

Les étapes de la maison VII
Dans la vie courante : vos relations.
Dans votre esprit : la volonté de vous adapter à l'autre.
Au-delà de vous-même : la recherche de l'adéquation à vos valeurs.

Maison VIII – la ville de Twin Peaks (*Twin Peaks*)

L'agent du FBI Dale Cooper se retrouve en mission dans cet endroit étrange après la mort d'une jeune lycéenne nommée Laura Palmer : il va y croiser des personnages plus atypiques et plus étranges les uns que les autres, qui tissent un canevas complexe. Mais c'est la

ville en elle-même qui tient le rôle principal : elle symbolise la psyché, un espace dont on ne semble pas pouvoir ressortir indemne et qui regorge de mystères.
La maison VIII, c'est le lieu symbolique qui abrite vos blessures, vos non-dits, vos crises, vos problèmes, vos fantasmes, tout ce dont vous héritez de manière biologique, matérielle, sociale, émotionnelle et spirituelle. Ici, les planètes recherchent la sérénité de la connaissance absolue : elles veulent se transformer en profondeur, faire mourir ce qui pèse pour renaître différemment.

Les étapes de la maison VIII
Dans la vie courante : votre sexualité, votre argent.
Dans votre esprit : la volonté de comprendre vos secrets et vos crises.
Au-delà de vous-même : la recherche de votre métamorphose.

Maison IX – la tour des Anges (*À la croisée des mondes*)
Située dans l'un des mondes d'un multivers imaginaire, la tour trône dans la ville de Cittàgazze et abritait autrefois une guilde de scientifiques, de philosophes et d'alchimistes. Ce groupe inventa le poignard subtil, un outil permettant d'ouvrir des fenêtres vers d'autres mondes, symbolisant le pouvoir de l'esprit sur la matière et le temps.
La maison IX, c'est le lieu symbolique de vos voyages, votre terminal personnel : ici, vos planètes peuvent partir vers les horizons qui leur chantent. Qu'elles aillent visiter d'autres contrées, réelles, imaginaires ou intellectuelles, elles le font avec l'envie de découvrir d'autres façons de vivre, de rêver, de penser, pour se remettre en question.

Les étapes de la maison IX
Dans la vie courante : les voyages, la découverte du monde.
Dans votre esprit : la volonté de connaissance supérieure et de décentration.
Au-delà de vous-même : la recherche de votre idéal.

Vous allez vous élever

De la maison X à la maison XII, vous apprenez symboliquement à dépasser vos désirs : c'est le temps de la sagesse.

Maison X, ou milieu du ciel – le temple du Graal (*Indiana Jones et la Dernière Croisade*)

Archéologue et aventurier, le Pr Jones Jr. se retrouve dans une quête éperdue pour trouver l'un des objets les plus mythiques qui soient : la dernière coupe dans laquelle aurait bu le Christ. Le Graal symbolise un objectif inatteignable : la sainteté. Le voyage pour le découvrir est un parcours à la fois mystique, initiatique et formateur, durant lequel on devient plus sage. Seuls les êtres au cœur pur peuvent boire à cette source et atteindre l'immortalité, qui n'est pas réelle, mais représente la capacité de s'élever spirituellement.
La maison X, c'est le lieu symbolique de votre réalisation personnelle, le point le plus haut de votre thème, l'endroit duquel les planètes ont une vue dégagée pour viser la grandeur : ici, elles travaillent à tout ce qui pourra vous aider à vous construire une place dans le monde, mais aussi, avec l'expérience, à comprendre ce que vous voulez vraiment.

Les étapes de la maison X
Dans la vie courante : la carrière, les aspirations.
Dans votre esprit : la volonté d'accomplissement.
Au-delà de vous-même : la recherche de votre sagesse.

Maison XI – Pandora (*Avatar*)

Lune orbitant autour de l'étoile Alpha Centauri, Pandora abrite des forêts immenses peuplées de toutes sortes de créatures et d'espèces incroyables : elle est habitée par les Na'vis, humanoïdes bleus qui vivent en harmonie totale avec leur environnement et peuvent se connecter mentalement à n'importe quel être vivant grâce à leur longue tresse. Lorsque des militaires humains tentent de piller leurs ressources pour sauver la Terre, le peuple se révolte. Jake, un ancien marine belliqueux, apprend à connaître la tribu Omaticaya et comprend l'importance de leur lutte pour la sauvegarde de leur arbre et de leur mode de vie.
La maison XI, c'est le lieu symbolique où les planètes peuvent aider à élaborer des projets et des relations selon des idéaux, à agir dans le monde pour le rendre meilleur, à exprimer la solidarité, à trouver sa place dans la société en y agissant avec les autres.

Les étapes de la maison XI
Dans la vie courante : les liens sociaux et amicaux.
Dans votre esprit : la volonté de protéger ce qui vous est précieux.
Au-delà de vous-même : la recherche d'un monde meilleur.

Maison XII – la maison des Maitland (*Beetlejuice*)

Gentil couple de jeunes mariés, les Maitland décèdent dans un banal accident de voiture et finissent par hanter leur propre maison. Lorsque de nouveaux habitants débarquent, ils n'ont qu'une obsession : les faire partir. Ils font alors appel à un revenant siphonné qui met le bazar dans cette après-vie. Mais surtout, ils apprennent à accepter la mort et à s'accommoder de leur sort, enfermés pour toujours dans cette demeure qui devient la scène d'un apprentissage profond et durable.
La maison XII, c'est votre espace sacré, dans lequel les planètes ont la lourde tâche de vous faire intégrer tout ce qui s'est passé dans les maisons précédentes. Dernier espace avant le recommencement du cycle, il est un lieu de réflexion solitaire sur la vie, la mort, le Mal, le Bien. C'est l'endroit où, en regardant le chemin accompli, vous réussissez à ressentir une vraie compassion pour vos semblables.

Les étapes de la maison XII
Dans la vie courante : les choses qui vous déstabilisent.
Dans votre esprit : votre résilience.
Au-delà de vous-même : votre dépassement à travers la compassion.

L'enchaînement des maisons

Chaque maison est un lieu d'apprentissage dans lequel les planètes « travaillent », et le passage de l'une à l'autre apporte son propre éclairage : c'est un éternel recommencement. Dans les maisons paires naissent les idées ; dans les maisons impaires, elles prennent leur dimension réelle.

La **maison I** vous pose la question : « Qui suis-je ? » Dans la **maison II**, vous commencez à y répondre en exploitant vos ressources. La **maison II** vous pose la question : « Comment exploiter mes dons ? » Dans la **maison III**, vous commencez à y répondre en explorant votre réalité immédiate.

La **maison III** vous pose la question : « Comment faire fructifier mes expériences ? » Dans la **maison IV**, vous commencez à y répondre en utilisant vos ressources émotionnelles.

La **maison IV** vous pose la question : « Comment grandir ? » Dans la **maison V**, vous commencez à y répondre en engendrant des choses dans le monde.

La **maison V** vous pose la question : « Comment œuvrer dans le monde ? » Dans la **maison VI**, vous commencez à y répondre en travaillant sur vous-même.

La **maison VI** vous pose la question : « Comment m'améliorer ? » Dans la **maison VII**, vous commencez à y répondre en apprenant à vous décentrer.

La **maison VII** vous pose la question : « Comment avoir des relations ? » Dans la **maison VIII**, vous commencez à y répondre en faisant face aux choses difficiles.

La **maison VIII** vous pose la question : « Comment gérer les crises ? » Dans la **maison IX**, vous commencez à y répondre en partant à la recherche de vos idéaux.

La **maison IX** vous pose la question : « Comment trouver du sens ? » Dans la maison X, vous commencez à y répondre en agissant dans le monde.

La **maison X** vous pose la question : « Comment m'élever ? » Dans la **maison XI**, vous commencez à y répondre en apprenant à coopérer.

La **maison XI** vous pose la question : « Comment aider la collectivité ? » Dans la **maison XII**, vous commencez à y répondre en faisant un travail d'introspection.

La **maison XII** vous pose la question : « Comment surmonter les épreuves ? » Dans la **maison I**, vous commencez à y répondre en apprenant à vous connaître.

LA LUNE EN SIGNES À TRAVERS

Bélier

SADE
SMOOTH OPERATOR

« Pas de place pour les débutants ou les cœurs sensibles – Quand les sentiments sont laissés au hasard – Pas de place pour une fin mais pour un commencement. »

Taureau

JIM MORRISON
GHOST SONG

« Réveille-toi – Secoue tes cheveux et tes rêves – Ma belle enfant, ma douce amie – Choisis le jour et le signe de ta journée – La divinité du jour s'offre à toi. »

Gémeaux

ELLA FITZGERALD
SUMMERTIME

« C'est l'été – La vie est facile – Les poissons bondissent – Et les nuages sont hauts. »

Cancer

JIMI HENDRIX
THE WIND CRIES MARY

« Est-ce que le vent se souviendra – Les noms qu'il a soufflés dans le passé ? – Et avec ce soutien, son grand âge et sa sagesse – Il murmure, "Non, ce sera le dernier". »

Lion

LANA DEL REY
MARINERS APARTMENT COMPLEX

« Ils ont pris ma gentillesse pour une faiblesse – J'ai fait une erreur, je le sais, mais, Jésus – Une fille ne doit-elle pas faire du mieux qu'elle peut ? »

Vierge

DAMSO
FESTIVAL DES RÊVES

« Ainsi soit-elle (oui) – Encore plus fort (plus fort) – De l'aube, du soir, d'la veille – L'espoir de jours heureux. »

LES CHANSONS DOUCES

Balance

DALIDA
LE TEMPS DES FLEURS

« C'était le temps des fleurs – On ignorait la peur – Les lendemains avaient un goût de miel. »

Scorpion

BARBARA
DIS QUAND REVIENDRAS-TU ?

« Le printemps, c'est joli pour se parler d'amour – Nous irons voir ensemble les jardins refleuris – Et déambulerons dans les rues de Paris. »

Sagittaire

RENAUD
MISTRAL GAGNANT

« À m'asseoir sur un banc cinq minutes avec toi – Regarder le soleil qui s'en va – Te parler du bon temps qui est mort et je m'en fous – Te dire que les méchants c'est pas nous. »

Capricorne

FRANK OCEAN
DEAR APRIL

« Pour moi peu importe – Ce qui fait de nous des êtres nouveaux – Permets-nous de traverser ces épreuves – Et réveille-nous à la fin du voyage. »

Verseau

JOHN FRUSCIANTE
HOPE

« Je ne me reconnaîtrais pas si vous étiez tous moi – Nous n'avons que ce que nous voyons – Il n'y a plus d'espoir – Il n'y a plus de rêves. »

Poissons

SZA
GOOD DAYS

« Dis-moi que je suis plus que mes peurs, que mes limites – Je disparais si tu me laisses - Je me sens comme (toute seule). »

CHAPITRE V

JOUEZ À LA VIE

La stratégie de l'existence

« Mais l'avenir est comme une toile roulée sur soi qui ne se découvre que par le déroulement des jours... »

Robert Merle, *En nos vertes années*

Votre vie est comme un jeu vidéo : en vérité, vous ratez beaucoup avant de saisir comment bien jouer. Évidemment, ce n'est pas linéaire, vous n'êtes pas dans *Mario Bros* : vous pouvez avancer, reculer, sauter, partir en diagonale, fuir sur les côtés, explorer le décor. Peu à peu, vous vous habituez aux pièges, vous apprenez à vous servir des manettes, vous apprivoisez le *gameplay*. Ce qui est marrant, c'est ce que vous faites en route : une fois votre mission achevée, vous avez envie de tout recommencer. Dans ce chapitre, vous comprendrez comment Mars vous indique les voies symboliques de l'existence et vous envisagerez le rôle prépondérant de l'ascendant dans la narration du thème.

Mars : l'inconscience peut être très pratique

Arrête de chouiner, la Lune !

Mars prend le contre-pied du satellite chéri de la Terre : là où la Lune donne tout ce qu'elle a pour seconder sa planète mère et maintenir son équilibre, l'astre rouge, lui, s'en désolidarise en sortant de son orbite, et entame son propre périple. Sa symbolique est aussi féroce que celle du luminaire argenté est douce : il peut profiter de toute la nourriture qu'elle a fournie pour accumuler l'énergie nécessaire à son action (et faire quelques bêtises).

Celui qui ouvrait les portes à coups de pied

Pour bien comprendre la place de Mars dans le système astro-philo, on peut commencer par lire le scénario de son épisode mythologique.

Alors, je vous l'accorde, Arès, dans la mythologie grecque, n'a pas une histoire complètement passionnante : en gros, c'est un dieu brutal et très belliqueux, aussi connu sous le nom de « Furieux » (tout un programme). Mû par une force destructrice démesurée, complètement dédié à son rôle sur le champ de bataille, il n'est pas pour autant un symbole de toute-puissance : certes, il est indomptable, mais il se prend quand même un tas de dérouillées par ses adversaires. L'une de ses opposantes, qui finit par le maîtriser, n'est autre qu'Athéna, sa sœur prodige, qui semble tout accomplir bien mieux que lui. Leur relation encombre le court mythe du dieu susceptible : comme le gros jaloux qu'il est, Arès va se plaindre à son père, Zeus, du traitement de faveur dont elle bénéficie. Pas facile d'agir dans le sillage de Mme Parfaite, qui, stratège et organisée, est capable de la même violence que lui, la pondération en plus. Mars, le pendant latin du dieu grec, est un petit condensé de ces deux représentations : la puissance d'Arès combinée à l'intelligence d'Athéna. Plus policé, il deviendra d'ailleurs une figure incontournable de la culture romaine, elle aussi très portée sur la bagarre : il reste le dieu de la violence et de la guerre, mais *est gardien de la paix avant tout* (si vous avez la référence, je vous fais un bisou).

Ce que vous apprend le mythe

Agir, c'est bien, mais avec un·e pilote à bord, c'est mieux

Comme vous ne vivez pas sur un champ de bataille dans la Grèce antique, vous devez prendre le mythe avec des pincettes et essayer de vous figurer en quoi celui-ci peut vous donner des billes pour exister dans un monde qui permet de se faire livrer pratiquement tout à domicile. Ce qu'il met en exergue, c'est le besoin de canaliser les impulsions brutales qui vous traversent, en les dirigeant afin qu'elles puissent vous servir à autre chose qu'à tout dégommer sur votre passage ou à houspiller les gens. La transformation d'Arès-Athéna en Mars narre ce passage de la violence aveugle à l'action réfléchie. Apprendre à se positionner sur le champ de bataille de la vie, c'est savoir doser sa force et user de tactique. Votre violence devient faculté de résistance et de protection : il n'y a pas d'équilibre dans votre vie sans affirmation de votre puissance, et celle-ci peut prendre la forme la plus douce comme la plus bruyante, c'est à vous de voir.

Utilisez le superpouvoir de Mars

N'analysez pas tout

Mars n'a quasiment pas besoin d'être personnifié, tant son énergie est pure : on peut se la représenter comme une force spontanée qui pousse dans une direction ou dans une autre, uniquement motivée par son besoin d'exister. Elle n'a pas de fin en soi, pas de but : c'est à vous de l'apprivoiser pour lui donner un sens. C'est elle qui symbolise l'action et qui remue tout le vivant sur la Terre. La canaliser, c'est indispensable pour ne pas faire complètement n'importe quoi, et c'est la base du contrat social. Mais la brider, c'est le meilleur moyen d'exploser comme une *piñata* de l'enfer en déversant un tas de bonbons devenus amers.

LA QUESTION À CENT BALLES

Mars est-elle une planète alpha ?

Planète rouge comme le sang, visible à l'œil nu, dans l'Antiquité elle a vite été associée à la guerre. Ce qui est très intéressant dans la dynamique Arès-Athéna, c'est celle de la violence aveugle comparée à la violence nécessaire : ici, comme toujours, la figure féminine est plus sage, plus mesurée. Les Romains, davantage binaires encore, octroient les qualités militaires d'Athéna à Mars. La déesse grecque, qui était capable d'une furie inouïe, devient Minerve, la patronne des artisans, carrément vidée de toute substance guerrière. Allez, hop, on dégage les femmes qui se battent ! Ce que vous aimez toutefois chez Mars, justement, ce n'est pas sa face Athéna, mais son côté Arès ; c'est son manque d'intelligence, la simplicité de sa brutalité et l'évidence de ses réactions. Athéna n'exprime pas l'inconscience, la force sauvage et la férocité de son frère, que les Grecs – et notre société – associent à la masculinité. Vous avez assez de recul aujourd'hui pour savoir que, peu importe la manière dont vous vous identifiez, vous êtes traversé·e par cette énergie désordonnée, à la fois cathartique et violente.

La grande leçon de Mars

Ignorer les obstacles, ça fait du bien

On vous a bien éduqué·e et vous savez dire « bonjour », « merci », « je vous en prie » ; vous faites de votre mieux pour ne pas couper la parole, ne pas manger la bouche ouverte ou ne pas marcher sur les pieds de vos semblables. Mais il arrive toujours un moment, malgré toutes ces précautions, où l'on se paie un peu votre tête, de manière délibérée ou non. C'est là que Mars intervient en étant elle-même, tout simplement. La planète ne le fait pas exprès : parfois, elle vous aide à piétiner purement et simplement ce qui se met en travers de votre route, par pure flemme d'élaborer un discours bien raisonné.

Comment regarder Mars dans votre thème (sans tout dégommer) ?

Taillez votre route

Là où se trouve Mars dans votre thème, il y a l'indication des possibles : c'est l'endroit d'où partent les impulsions, en vrac, dirigées dans des sphères différentes.

Apprivoisez les différents stades de Mars, ils ne mordent pas

Mars cavale au rythme de presque deux ans pour faire le tour du zodiaque, ce qui, symboliquement, raconte les différentes phases de l'expérience dans le monde.

Au début de la vie

Mars est hyper à l'aise dans l'enfance, car elle n'aime pas tellement les règles : c'est le moment où elle peut s'exprimer sans être trop bridée, même si l'éducation vient mettre le holà dans sa course.

Avec l'expérience

Mars apprend à se mettre en veilleuse et à mobiliser son énergie pour des choses subtiles : elle dynamise les aspects qui comptent dans la vie d'adulte, et ce ne sont pas toujours les plus marrants.

La finalité de Mars : vous libérer

En vérité, Mars est comme la substance qui fait fonctionner votre moteur : parvenir à la maîtriser, c'est utiliser ses impulsions erratiques pour les mettre au service de vos idées et de vos aspirations !

Où est allée se nicher votre Mars ?

Les fonctions de Mars

Dans la vie courante : la capacité d'action.
Dans votre esprit : la volonté de réalisation.
Au-delà de vous-même : la recherche de sa propre quête.

Mars en maisons

La maison dans laquelle se trouve Mars dans votre thème est le lieu symbolique dans lequel la planète exprime le plus la sexualité et les émotions fortes.

Mars en aspects

Les planètes en aspects avec Mars mettent symboliquement en exergue à travers leur tension, leur facilitation ou leur connivence, la façon dont s'exprime sa puissance d'émulation.

Mars en signes

Mars en signes montre dans quelle sorte d'énergie s'exprime symboliquement la volonté de conquête.

Mars en signes

à travers les films du Studio Ghibli

Mars raconte la pure énergie qui fait en sorte que le monde se meuve ; aveugle, comme l'inconnu du destin, elle est le principe même de toute chose existante : l'action. Dans chaque histoire contée de ces films, il y a l'essence d'un chemin.

Bélier : *Princesse Mononoké*

La quête : puiser dans sa force brute.

L'éveil et la révolte de la nature sont le centre de cette histoire : telle une manifestation de sa volonté de puissance, San, une jeune fille élevée par des loups au cœur d'une forêt pleine d'esprits, frise l'inconscience tant elle est courageuse. Elle ne connaît aucune loi à part celles qui régissent la création, et est prête à tout pour protéger sa liberté d'action. Elle est l'incarnation des énergies indomptées qui agissent dans le monde et qui dépassent la volonté de régulation de l'humanité. En Bélier, Mars est un flux continu d'énergie, qui se déverse sur le monde de manière un peu erratique, mais avec une spontanéité rafraîchissante. C'est l'expression de la planète à son niveau le plus pur, le plus évident : de celles qui font parfois faire des bêtises, mais aident aussi à se lancer dans de grandes choses.

Taureau : *Arrietty*

La quête : comprendre ce qui est précieux.

Arrietty fait partie de la tribu des Chapardeurs, de petits êtres qui résident sous le plancher des maisons et empruntent des objets aux êtres humains pour vivre. Elle est consciente de l'immense beauté du quotidien : son univers tourne autour des objets et de son cocon. Elle est capable de mesure et de parcimonie, mais veut à tout prix protéger le monde caché de la nature. En rencontrant Shō, un jeune adolescent venu se reposer dans la maison où elle loge, elle réalise que ce qui n'est pas matériel, l'amitié, a aussi une grande valeur. En Taureau, Mars fait des réserves de détermination, ramasse toute son énergie pour la canaliser vers des buts précis et tangibles. La planète s'exprime dans la dimension ronronnante de ses capacités motrices, de celles qui étendent l'action dans le temps et à travers une ténacité sans faille.

Gémeaux : *Le Château dans le ciel*

La quête : la volonté de progrès.

Sheeta et Pazu, deux orphelins, se fraient un chemin dans une réalité violente qui les met à l'épreuve. Ils sont parachutés sur Laputa, une cité légendaire convoitée par des militaires avides de pouvoir. La fillette possède un fragment de la pierre volante, prouvant qu'elle en est l'héritière, et le jeune garçon est le gardien de sa mémoire. Presque jumeaux, ils sont deux expressions d'une même nature. Débrouillards, malins, ils interrogent la question de la technologie et de sa capacité de destruction. En Gémeaux, Mars repousse l'immobilisme de toutes ses forces : il s'agit de suivre les impulsions de la curiosité et d'agir pour satisfaire les idées, pas d'attendre que la vie passe. La planète s'exprime avec versatilité, et son énergie est tournée vers l'envie de saisir l'instant.

Cancer : *Le Royaume des chats*

La quête : grandir.

Haru est une jeune fille qui ne se sent pas adaptée au monde, mais elle est pleine de bonne volonté malgré sa maladresse. Lorsqu'elle évite à un chat de se faire écraser par une voiture, elle entre en contact avec le monde inconnu des félins. Ceux-ci l'invitent à séjourner dans leur royaume et elle accepte de sortir de sa zone de confort pour l'explorer. À travers son incursion dans cet univers bizarre tout droit sorti de ses songes, elle comprend ce qu'elle ne veut pas, refuse ce qui la fait souffrir et apprend à dire non. En se confrontant à ses angoisses, elle mûrit. En Cancer, Mars est introvertie et on ne la fait pas sortir de ses gonds si facilement : ses impulsions sont pondérées, moulinées, avant de s'exprimer. Il s'agit avant tout de filtrer son énergie pour agir et de définir un champ de compétences qui permettra de ne pas se lancer dans des missions impossibles.

Lion : *Le Château ambulant*

La quête : affirmer sa personnalité.

Sophie est une jeune chapelière à la vie tranquille, quand elle rencontre Hauru, le prince d'un château qui se déplace dans les airs. Victime du sort d'une sorcière jalouse de sa relation avec le jeune homme, Sophie se transforme en vieille dame et devient la femme de ménage du château, côtoyant ainsi Hauru et Calcifer, la petite flamme magique qui l'aide à survivre. Avec Sophie, Hauru apprend à assumer ses erreurs et à se débarrasser de son narcissisme pour maîtriser un feu intérieur immense et puissant. Le film traite de cette révélation et du courage dont il fait preuve pour affronter sa nature. En Lion, Mars veut se dépasser : c'est une énergie passionnée, tout en volonté de se sublimer à travers de grandes ambitions. Il s'agit de trouver qui l'on est par ses créations dans le monde, et de s'y faire une place en n'ayant même pas besoin de jouer des coudes, tant la planète s'exprime avec autorité.

Vierge : *Mon voisin Totoro*

La quête : la guérison.

Mei et Satsuki, deux petites filles, déménagent à la campagne avec leur père, tandis que leur mère, très malade, séjourne dans un hôpital tout proche. En explorant leur vieille maison et ses alentours, elles entrent en contact avec les esprits de la nature, qui vont les aider à traverser ce moment difficile de leur existence : l'arrachement familial. En apprenant à la fois à accepter le réel et à convoquer leur imaginaire, elles prennent leurs angoisses en charge. En Vierge, Mars joue à cache-cache : c'est une énergie qui a besoin de buts et de labeur pour se déployer complètement. Il s'agit avant tout d'aller au-delà de soi pour trouver les moyens d'entreprendre et d'accueillir ce qui arrive : la planète s'exprime dans la parcimonie et la méthode, pour agir le plus efficacement possible.

Balance : *Le Voyage de Chihiro*

La quête : trouver sa voie.

Chihiro s'arrête sur la route qui la mène vers sa nouvelle maison avec ses deux parents : en pleine nature, ils découvrent un ancien parc à thème abandonné et s'y aventurent sans savoir qu'ils entrent dans un monde interdit. Séparée de sa mère et de son père, qui ont été transformés en porcs, elle va vivre dans un monde étrange dont les lois lui sont inconnues. Elle accepte la réalité avec philosophie, mais ne se départ jamais de sa volonté farouche de s'en sortir : grâce à sa détermination et à sa gentillesse, elle crée autour d'elle une cohésion qui n'existait pas. En Balance, Mars se met parfois en pause, souvent débordée par une réflexion intense : l'action est mûrie pour créer le moins de remous possible, et générer des liens et du sens. Cela n'empêche pas les impulsions de s'exprimer entièrement, car l'intelligence va vite ! Il s'agit de trouver une voie qui permette l'épanouissement et le compromis.

Scorpion : *Souvenirs de Marnie*

La quête : révéler les choses cachées.

Anna est une enfant adoptée : asthmatique, elle est envoyée, un été, à la campagne pour se reposer. Lors de ses balades autour de son village, elle trouve la maison des marais, une bâtisse inhabitée dont les locaux se méfient. Contre toute attente, elle y rencontre Marnie, une jeune fille de son âge qui semble y vivre. Toutes deux tissent des liens d'amitié qui permettent à Marnie de parler de ses souffrances. En exorcisant les choses oubliées, Anna perçoit ce que personne ne peut voir : le passé. Elle fait le lien entre le monde perdu des souvenirs et les secrets de sa famille, et finit par découvrir que Marnie est sa grand-mère. En Scorpion, Mars a le courage de tout affronter : son énergie est tenace et difficile à tarir. Il s'agit de tirer profit du moindre sursaut de volonté pour renaître malgré les difficultés. La planète s'exprime en affirmant l'opiniâtreté et un sens du danger hors du commun.

Sagittaire : *Kiki la petite sorcière*

La quête : conquérir l'indépendance.

Kiki est une jeune fille de treize ans qui se trouve à un moment charnière de sa vie : en effet, c'est à cet âge que, dans sa famille, on commence son apprentissage de sorcière. Elle part s'établir pour une année dans une nouvelle ville, afin de parfaire son initiation. Inventive, elle se met en cheville avec une boulangère pour s'occuper de son service de livraison rapide, puisqu'elle se déplace en balai volant. Elle veut s'élever, au sens propre comme au sens figuré : elle apprend chaque jour et fait face aux problèmes pratiques de sa vie, tout en visant le mieux. Infatigable et déterminée, elle positive et illumine le quotidien de ceux qu'elle croise. En Sagittaire, Mars se déploie pleinement et sans chichis : elle s'exprime dans sa dimension aventurière et allergique à l'ennui. Elle motive une action honnête envers soi-même et envers les autres, tournée vers la nouveauté et les sensations fortes.

Capricorne : *Le Tombeau des lucioles*

La quête : l'acceptation.

Seita, un adolescent, et Setsuko, sa petite sœur de quatre ans, dont le père est parti à la guerre, se retrouvent orphelins lorsque leur mère meurt dans le bombardement de leur ville par les forces armées américaines en 1945. Le film retrace leur errance et leurs épreuves dans un Japon ravagé par le conflit. Récit sur le sens du devoir et la lourdeur du contexte matériel et politique, il n'épargne ni la dure réalité de la mort ni celle des erreurs humaines. Il symbolise les forces qui dépassent l'individu et l'amour dont l'être humain est capable dans l'adversité. En Capricorne, Mars circonscrit son énergie pour aller à l'essentiel : elle s'exprime avec densité et puissance. Elle motive la maîtrise et l'action continue, de celles qui nécessitent un énorme labeur et un engagement total.

Verseau : *Nausicaä de la vallée du vent*

La quête : conquérir la liberté.

Nausicaä est une princesse née dans un royaume paisible et pacifiste, dans lequel régnait un équilibre parfait entre l'humanité et la nature, jusqu'à ce que son père soit assassiné et qu'elle soit faite prisonnière par des membres d'un empire qui souhaitait s'étendre.

À la fois ultra-empathique et très responsable, l'héroïne assume des tâches qui la dépassent. Elle impulse la révolte et vise ses idéaux sans faiblir : améliorer l'humanité, créer l'Équilibre, renforcer le Bon et le Beau. En Verseau, Mars exprime une énergie indépendante et vive, qui puise dans une volonté de liberté totale. Difficile à endiguer, ce dynamisme ne connaît pas de limites intellectuelles ou physiques : c'est en se taillant un chemin personnel et en ne tenant compte que d'elle-même que cette planète est le plus efficace.

Poissons : *Ponyo sur la falaise*

La quête : libérer l'amour.

Brunehilde est un petit poisson à visage humain, créé par un magicien réfugié au fond des océans et obsédé par le mal que l'humanité fait subir à la nature. Un jour, elle part à l'aventure et se perd : elle atterrit sur un rivage où elle rencontre Sōsuke, un garçonnet qui vit en haut de la falaise. Il la rejette à l'eau, mais pas avant de lui avoir donné un nom : Ponyo. La créature marine ne cessera de vouloir le retrouver et se transformera même en fillette pour le rejoindre. Ponyo symbolise l'océan comme grand Tout, à la fois source de vie et début du monde. Telle l'unique cellule fondatrice du vivant, elle est, par sa candeur et sa vivacité, l'image de l'Amour universel, indivisible et sans contrepartie. En Poissons, Mars a besoin d'emmagasiner l'énergie pour la sublimer : elle se déploie non pas dans la puissance, mais dans l'abnégation. C'est à l'intérieur du soi que la planète travaille le plus, pour aider à se forger une route à travers les aléas du monde.

L'ascendant, cet inconnu familier

J'aime beaucoup l'idée de l'ascendant et, à vrai dire, c'est la partie de mon thème que je préfère. Pourquoi ? Parce que le Soleil, s'il s'exprime au plus profond de vous, est presque intouchable. L'ascendant est votre compagnon de route, votre guide, un visage familier sur le chemin compliqué de la vie. Il est l'outil le plus cool de votre thème, car il est l'un des chemins possibles vers une conscience plus fine de ce qui vous anime (mais pas le seul). C'est le Soleil qui se lève dans votre thème, l'éveil pur et simple, et aussi la façon dont sa lumière est projetée dans le monde. La maison I vous donne une indication, à travers les planètes qui y ont élu domicile, de la manière dont vous pouvez travailler sur vous-même.

Le chemin vers vous

Si votre Soleil s'exprime spontanément dans un signe sans avoir à bosser, le signe de l'ascendant, lui, est à conquérir, et c'est du boulot. Mais comme tout ce qui n'est pas acquis et doit être appris, la valeur de ce savoir est beaucoup plus profonde.
Par exemple : le Soleil en Capricorne assume ses responsabilités naturellement ; l'ascendant en Capricorne doit apprendre à les circonscrire.

Jouez à votre ascendant : les signes à travers les jeux vidéo

Comme dans ces narrations contemporaines dont vous êtes la·le héros·héroïne, l'ascendant permet de réfléchir au personnage que vous incarnez pour avancer dans la vie. Il est à la fois un masque et un vecteur, le vaisseau qui vous emmène vers les étapes de votre thème.

Ascendant Bélier – *Red Dead Redemption*

Lors de la conquête de l'Ouest, un hors-la-loi repenti est forcé de chasser ses anciens camarades. Né dans des conditions plutôt difficiles, John Marston est vite plongé dans la dure réalité du monde : dès l'enfance, il évolue parmi des malfrats et apprend très tôt à tirer son épingle du jeu. À l'âge adulte, il est un bandit confirmé. Arpentant les contrées sauvages d'une Amérique encore inexplorée, il doit défricher son propre chemin. En ce sens, il incarne l'énergie du Bélier en maison I : pour devenir soi, il faut avancer coûte que coûte et écouter ses intuitions. Pas de temps pour les considérations philosophiques, plutôt un appétit sans limites pour la réalisation de son destin.

Ascendant Taureau – *Animal Crossing*

Le jeu consiste principalement à se construire un petit monde sympa sur une île déserte, en créant un environnement adapté à ses besoins et à ses aspirations : tous les personnages œuvrent en ce sens. Il est question non de gagner, mais de réussir à faire exactement ce qui convient : que ce soit cuisiner, papoter, jardiner ou collectionner des choses inutiles, l'essentiel est de se sentir bien. Cet objectif de vie tranquille met en exergue l'énergie du Taureau en maison I : axée sur la beauté du quotidien, avec la volonté d'entreprendre ce que l'on souhaite. Chaque personnage agit selon ses besoins, avec la certitude tranquille de son indépendance.

Ascendant Gémeaux – *The Last of Us Part II*

Ellie et Abby habitent un monde ultra-violent gangrené par des zombies, dans lequel les êtres humains sont en position de faiblesse. Ennemies, elles sont confrontées à la même réalité, sous un prisme opposé : chacune veut se venger de l'autre. Le jeu propose d'incarner tour à tour les deux personnages, et permet de vivre des événements identiques à travers les émotions de ces héroïnes, ce qui plonge le joueur dans un vrai conflit intérieur : qui a raison ? Qui a tort ? C'est toute l'énergie des Gémeaux en maison I : aller vers soi passe par une exploration quasi exhaustive du monde et un questionnement sans fin. Comme dans le jeu, la réalité est bien trop complexe pour prendre parti : elle demande surtout de l'adaptation et de l'objectivité.

Ascendant Cancer – *Celeste*

Le but du jeu est d'aider Madeline, une jeune fille forte et déterminée, à gravir le mont Celeste. Sous une apparente simplicité, son expédition est initiatique. Madeline souffre de dépression. Durant son ascension, elle rencontre Badeline, son avatar pragmatique et torturé, qui l'empêche de suivre son cœur. Madeline met en évidence l'énergie du Cancer en maison I, tournée vers une tâche très difficile : devenir soi, contre vents et marées. La jeune fille, qui a changé de genre, essaie d'atteindre le haut de la montagne d'émotions et de questionnements intérieurs qui doit être traversée pour avancer et défricher son chemin.

Ascendant Lion – *Assassin's Creed Valhalla*

« Comment conquérir son identité ? » interroge le jeu. La narration s'attache au destin d'un personnage dont on peut choisir le genre, Eivor, un·e Viking né·e dans la joie et l'amour, attendu·e et respecté·e par son père, chef de clan. Après le massacre de sa famille, elle·il se retrouve dépossédé·e de tout pouvoir : dorénavant, il s'agit de faire ses preuves individuellement et d'accepter d'aller rejoindre les troupes de sa tribu comme simple soldat·e, afin de montrer ses vraies capacités. Toutes les qualités acquises par sa lignée lui confèrent une aura naturelle : son épreuve ultime raconte l'envie de prouver sa valeur aux autres, mais surtout à elle·lui-même, en dehors de ses facilités, et de transformer son autorité innée en générosité.

Ascendant Vierge – *Luna, The Shadow Dust*

Le jeu est un *point-and-click*, un genre qui se joue sur ordinateur : il demande patience, capacité de contemplation et sens de l'observation. Dans un monde plongé dans l'obscurité, un petit garçon et son chat gravissent les étages d'une tour. Il s'agit de réussir à grimper au sommet, afin de rétablir la lumière : chaque pièce présente une énigme à résoudre. La pureté du personnage, sa candeur et sa ténacité symbolisent l'énergie de la Vierge en maison I : pour devenir soi, il faut décortiquer chacune des étapes de l'existence avec humilité et labeur. La beauté des graphismes et les détails impressionnants des tableaux racontent la précision et le sens de l'engagement de l'ascendant en Vierge.

Ascendant Balance – *Life Is Strange*

Max est une jeune femme qui retourne dans sa ville natale pour suivre un cursus de photographie à l'université : plutôt introvertie, elle se focalise sur ses études, mais prend conscience qu'elle a le pouvoir de remonter le temps immédiat et de changer le cours des choses. Elle utilise cette faculté afin de sauver son amie d'enfance, Chloe, et toutes deux enquêtent sur la disparition étrange d'une autre étudiante. Pour avancer dans son aventure, elle doit surtout apprendre à communiquer et à soutirer à autrui des informations valables : le fait qu'elle puisse revenir en arrière et « rejouer » les événements la pousse à chercher l'action parfaite. Ce travail relationnel symbolise l'énergie de la Balance en maison I : pour devenir soi, il faut passer par les autres et trouver sa place parmi elles·eux. En se frayant un chemin dans la vie sociale et en affinant sa façon d'interagir avec ses pairs, Max raconte la quête de l'ascendant en Balance.

Ascendant Scorpion – *Afterparty*

Lola et Milo, deux potes marginaux, s'ennuient ferme à la soirée de fin du lycée. Sans savoir comment cela est arrivé, ils se réveillent peu après en enfer : ils ont une nuit pour battre Satan à un jeu de boisson, afin de s'en échapper. Élucider le mystère de leur damnation, interroger les personnages locaux de ce monde étrange afin de comprendre le sens de la vie, de la mort, de l'addiction ou du Mal, voilà leurs tâches. Avec leurs sarcasmes, leur imperméabilité à la peur et leur curiosité pour les choses difficiles, ils mettent en valeur l'énergie du Scorpion en maison I : pour devenir soi, il faut traverser le pire, se confronter à ce qui met mal à l'aise, à ce que personne ne veut regarder en face. En affrontant littéralement Satan, la figure ultime de ce qu'il y a de mauvais dans l'humanité, Milo et Lola racontent la quête de l'ascendant Scorpion.

Ascendant Sagittaire – *Tomb Raider*

Fille d'un archéologue renommé et issue d'une famille noble de la société anglaise, Lara Croft a choisi d'abandonner sa vie toute tracée d'héritière pour suivre sa propre voie, celle d'une aventurière intellectuelle, capable de jouer de la détente et d'escalader des montagnes à mains nues, tout en étant experte en langues mortes et en prophéties méconnues. Le jeu permet d'explorer le monde entier selon deux axes, l'implication physique et l'exercice de l'intelligence, mais aussi de retourner dans le bon vieux manoir familial pour panser ses blessures. En ce sens, il résume l'énergie Sagittaire en maison I : pour devenir soi, il faut être capable de se battre pour un idéal intellectuel et moral, tout en aimant garder sa place sociale et douillette dans le monde.

Ascendant Capricorne – *The Legend of Zelda, Ocarina of Time*

Link, le héros de tous les épisodes du jeu, est un jeune garçon qui vit dans un village peuplé d'enfants et qui va être désigné pour combattre les forces du Mal. Son objectif ? Empêcher le méchant de s'emparer d'une relique sacrée appelée « Triforce », symbolisant la Force, la Sagesse et le Courage. Pour cela, il lui faut se faire aider par la princesse Zelda, qu'il devra inévitablement finir par délivrer d'une tour où elle est emprisonnée. Après de nombreuses épreuves et revers de fortune, il réussit sa mission et est renvoyé en enfance par Zelda. Le jeu met en exergue l'énergie du Capricorne en maison I : pour devenir soi, il faut accepter les épreuves et ne pas se plaindre (Link ne parle pas), atteindre les sommets, devenir sage, pour revenir dans la pure joie de l'enfance.

Ascendant Verseau – *Horizon Zero Dawn*

Dans ce monde postapocalyptique du IIIe millénaire, les machines ont pris le pouvoir, et l'être humain vit sans technologie. Aloy est une orpheline rejetée par sa tribu et éduquée par un paria qui lui apprend à survivre. Mais la jeune femme ne veut pas se contenter de cela : elle part en expédition pour percer le mystère de ses origines et, surtout, comprendre comment l'humanité en est arrivée là. Seule à s'intéresser à la science et à la technique derrière la puissance de ses ennemis, elle se bat contre une intelligence artificielle redoutable, dont elle-même est issue, afin de sauver la vie sur terre. Le jeu met en exergue l'énergie du Verseau en maison I : pour devenir soi, il faut à la fois une bonne dose de solitude et de pensée originale, et la volonté d'œuvrer pour le bien commun.

Ascendant Poissons – *Final Fantasy VII*

Dans un univers imaginaire, un groupe de justiciers de l'écologie se bat contre Shinra, une entreprise malfaisante qui détient les pouvoirs militaire, politique et économique. L'entreprise puise dans les tréfonds de la Terre, nommée Gaia, afin d'en extraire de l'énergie : elle pille la Rivière de la vie, son âme, et la détruit à petit feu. Bien décidée à vivre en harmonie avec la nature et à briser l'hégémonie de Shinra, la petite armée menée par Cloud Strife, un mercenaire silencieux, doit user de cohésion et de magie pour parvenir à ses fins. En ce sens, elle symbolise l'énergie des Poissons en maison I : pour devenir soi, il ne faut pas hésiter à se plonger dans la diversité du monde et à accueillir tout ce qui en vient.

PRATIQUE

Comment regarder l'ascendant dans votre thème ?

Dans la maison I, il peut y avoir plusieurs planètes ou aucune : c'est un lieu intéressant à observer, car il indique à la fois une position de départ, mais aussi un retour permanent vers soi-même. C'est un endroit symbolique de maîtrise de votre image, de votre façon d'être au monde et d'agir, et également de progresser pour atteindre votre Soleil.
Vous avez compris ce que représente l'énergie de votre ascendant en signes : maintenant, vous allez pouvoir chercher où se trouve la planète maîtresse de celui-ci, pour déterminer en quel lieu ce chemin est le plus représentatif du thème.
Ici, je vous rappelle les maîtrises planétaires : Bélier/Mars, Taureau/Vénus, Gémeaux/Mercure, Cancer/Lune, Lion/Soleil, Vierge/Mercure, Balance/Vénus, Scorpion/Pluton et Mars, Sagittaire/Jupiter, Capricorne/Saturne, Verseau/Uranus, Poissons/Neptune.

Le maître de l'ascendant en maisons à travers les arcanes du tarot de Marseille Camoin-Jodorowsky et Marianne Costa

Le maître de votre ascendant est en maison I – le Bateleur
Ce que nous dit Marianne Costa, dans sa conférence *Promenade dans le tarot, À la découverte des arcanes majeurs*, c'est que le Bateleur, à la fois encombré et réjoui par sa jeunesse, regarde vers l'avenir : tout est une question de décisions et de prises de risque.

Il est en délibération avant d'entamer l'action et se demande quelle voie emprunter pour devenir quelqu'un, de quels outils se saisir afin de s'armer dans sa quête et lesquels abandonner sans le regretter. Le chiffre un est celui de la totalité qui ne se connaît pas et existe pour elle-même : il est nécessaire à tout début, mais pas suffisant. *Le chemin symbolique de l'ascendant dans cette maison est celui du discernement des potentialités* : si l'on veut pouvoir avancer, il faut vaincre la peur de se tromper et faire des choix, ne jamais stagner, quitte à revenir sur ses pas, quitte à tout recommencer.

Le maître de votre ascendant est en maison II – la Papesse

Ce que nous dit Marianne Costa, c'est que la Papesse est une figure de connaissance : elle représente la gestation et l'application, elle protège ce qui est dans l'œuf placé derrière elle et surveille, retranchée dans sa pureté, le bon déroulement du cours des choses. Le chiffre 2 est celui de la première division et de la première différenciation : c'est le monde qui émerge, dans sa promesse de prolifération et de richesses. *Le chemin symbolique de l'ascendant dans cette maison est celui de l'acquisition et de l'accumulation* : il ne s'agit pas forcément de gagner beaucoup d'argent ou de posséder plus de gadgets inutiles que les autres. Plus l'ascendant aide à développer les dons et les capacités, plus il permet de se comprendre et de s'épanouir dans la sécurité.

Le maître de votre ascendant est en maison III – l'Impératrice

Ce que nous dit Marianne Costa, c'est que l'Impératrice, belle et créative, est la première moitié du couple formé avec l'Empereur, l'arcane suivant. Figure d'exaltation, elle règne à la fois sur la nature et sur l'intellect, et maîtrise toutes les manifestations du réel. Le chiffre 3 est celui de la réflexivité, comme une tierce personne qui regarde un couple de l'extérieur, mais c'est aussi celui de l'instabilité, puisqu'il n'est pas symétrique : il raconte la complexité. *Le chemin symbolique de l'ascendant dans cette maison est celui de la découverte* : ici, il défriche, explore, ouvre différentes routes pour tous les possibles. Il apprend à se connaître à travers sa propre expérience et celle des autres.

Le maître de votre ascendant est en maison IV – l'Empereur

Ce que nous dit Marianne Costa, c'est que l'Empereur, figure de solidité et de concrétisation, symbolise la richesse matérielle et morale. Il incarne la loi et la sécurité garanties par des règles universelles transmises de génération en génération. Le chiffre 4 est celui de la stabilité, comme les quatre pieds d'une chaise sur laquelle se reposer, et une base, comme le carré : il est celui des lois de la nature (quatre vents, quatre saisons, quatre points cardinaux, quatre éléments, etc.). *Le chemin symbolique de l'ascendant dans cette maison est celui de la sécurité, réelle ou mentale* : il s'agit toujours de retomber sur le sentier qui mène aux souvenirs et aux racines. C'est en s'exprimant dans l'intime qu'il prend toute sa mesure et sa densité.

Le maître de votre ascendant est en maison V – le Pape

Ce que nous dit Marianne Costa, c'est que le Pape, figure pleine de promesses, désigne l'avenir. Il est la première évocation collective, qui représente la hiérarchisation des valeurs, mais aussi sa relativité. Le chiffre 5 est celui de la prise de risque, car on sort de la stabilité du 4 pour recréer quelque chose : il raconte l'idée de centre qui irradie vers l'extérieur. *Le chemin symbolique de l'ascendant dans cette maison est celui de la réalisation personnelle* : il aide à concevoir toutes sortes de choses, de l'amour à la famille en passant par les œuvres, pour apporter de la joie au monde et à soi-même. Il s'agit surtout d'apprendre à apprécier ce que l'on est à travers ce que l'on fait.

Le maître de votre ascendant est en maison VI – l'Amoureux

Ce que nous dit Marianne Costa, c'est que l'Amoureux, arcane complexe où les figures se bousculent sur la Terre comme dans le ciel, représente la prise de conscience de l'importance de l'épanouissement personnel et du fait que l'existence dans le monde est un travail à temps plein. Le chiffre 6 est celui de la prolifération et de la multiplication : il raconte la perfection en puissance, la symétrie du Bien et du Mal. *Le chemin symbolique de l'ascendant dans cette maison est celui de la découverte de soi* : plus il se plonge dans l'amélioration du quotidien, plus il entre en contact avec ses qualités. Il s'agit de réussir à sublimer les petites choses (en apparence) pour atteindre la joie de vivre et avancer lentement, mais sûrement, vers les grands accomplissements.

Le maître de votre ascendant est en maison VII – le Chariot

Ce que nous dit Marianne Costa, c'est que le Chariot, dirigé par un prince auréolé de gloire, est une allégorie de l'action. Le personnage, qui porte sur ses épaules deux figures, l'une souriante, l'autre grimaçante, est littéralement entre le Bien et le Mal, mais avance quand même. Il fait fi de son *ego* pour agir dans le vrai monde sans chercher l'absolu. Le chiffre 7 est celui de l'harmonie et de la régulation : c'est le moment de l'interaction avec ce qui existe en dehors de soi et de la volonté de s'accorder. *Le chemin symbolique de l'ascendant dans cette maison est celui du dépassement de soi* : plus il entre au contact de l'altérité, plus il s'efface pour accepter le monde tel qu'il est, plus il révèle paradoxalement ses potentialités et apprend à se connaître.

Le maître de votre ascendant est en maison VIII – la Justice

Ce que nous dit Marianne Costa, c'est que la Justice, figure humaine et allégorique, celle d'un espace d'immobilité et de repos, synthétise les vertus de la retenue et de l'acceptation. Elle irradie vers une sphère métaphysique, celle de la sagesse, qui nécessite un labeur intellectuel et psychique. Le chiffre 8 est celui de la maturation et de l'infini : il se rapporte à la transformation de la matière qui se recycle. *Le chemin symbolique de l'ascendant dans cette maison est celui de l'endurance* : plus il se heurte aux difficultés et traverse des périodes de crise, plus il affine sa perception du monde et de soi-même. En surmontant ces écueils, il aide à trouver ce qui compte vraiment et touche à la sérénité.

Le maître de votre ascendant est en maison IX – l'Hermite

Ce que nous dit Marianne Costa, c'est que, figure solitaire, le vieil homme fait office de guide, car il éclaire la route de la connaissance et donne de vraies billes pour apprendre à vivre : tourné vers le passé, il sait d'où il vient et offre son dos à l'avenir, acceptant par là même l'idée de l'inconnu et des dangers qu'il implique. Le chiffre 9 est le dernier avant l'émergence des nombres : c'est un moment de détachement et de séparation. *Le chemin symbolique de l'ascendant dans cette maison est celui de l'évasion* : plus il s'échappe dans des contrées intellectuelles ou des lieux inexplorés, plus il aide à se forger une solide conscience de ce qu'il peut apporter au monde. C'est dans l'ailleurs que se construisent l'image de soi et le sens du destin.

Le maître de votre ascendant est en maison X – la Roue de fortune

Ce que nous dit Marianne Costa, c'est que ce tableau surréaliste, illustré par une roue dont le mécanisme est posé sur l'eau, qui symbolise les fluctuations de l'existence, représente la fin ou le début d'un nouveau cycle, la permanence du monde et l'impermanence de la vie. Le nombre 10 est total, suffisant : il raconte une nouvelle unité, une élévation vers l'abstraction. *Le chemin symbolique de l'ascendant dans cette maison est celui de la ténacité* : plus il prend de responsabilités et d'engagements malgré la réalité, ses difficultés et ses incertitudes, plus il circonscrit ce qui lui est essentiel. C'est dans ce travail de dépassement que s'accomplit le pouvoir sur soi et sur les événements.

Le maître de votre ascendant est en maison XI – la Force

Ce que nous dit Marianne Costa, c'est que cette figure humaine est aussi une vertu cardinale : elle est représentée en train de maîtriser un fauve tout en donnant une impression de curiosité tranquille à son égard. Elle n'a pas peur, car elle a déjà traversé les dix premières étapes de l'existence : elle est à la fois enthousiaste et sage, forte de son expérience et capable de se réengager dans l'avenir en domptant les forces brutes qui l'habitent. Le nombre 11 est celui de la rupture du cycle, de la réinitialisation : il raconte la capacité de se réinventer. *Le chemin symbolique de l'ascendant dans cette maison est celui de la décentration* : plus il s'engage dans le collectif, plus il aide à percevoir ce qui fait sa différence. C'est dans l'action et le don de soi que se révèle la beauté de son abnégation et de sa vision.

Le maître de votre ascendant est en maison XII – le Pendu

Ce que nous dit Marianne Costa, c'est que, si ce personnage renversé est serein malgré sa position inconfortable, c'est qu'il n'a rien à craindre : immobile, il symbolise une pause, un moment où l'on ne doit rien choisir, rien faire, rien accomplir. C'est une suspension, un lieu de méditation et de retour sur soi. Le nombre 12 est celui de l'achèvement : il raconte le recommencement perpétuel. *Le chemin symbolique de l'ascendant dans cette maison est celui de la renaissance* : c'est dans le secret et le silence que s'effectuent les plus grandes transformations. Plus il s'engage dans l'exploration intérieure, plus il se sent en adéquation avec lui-même et emprunte la route de la vérité – sa vérité.

MARS EN SIGNES À TRAVERS

Bélier

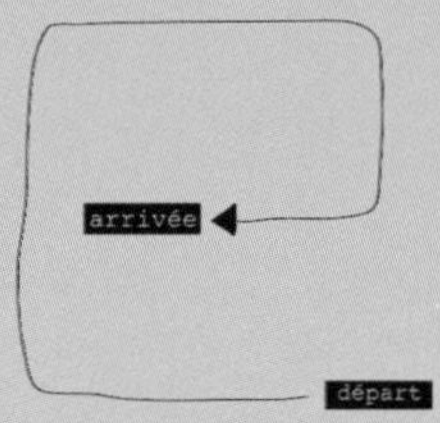

Taureau

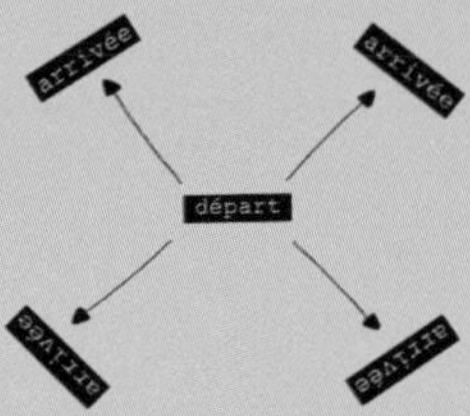

Gémeaux

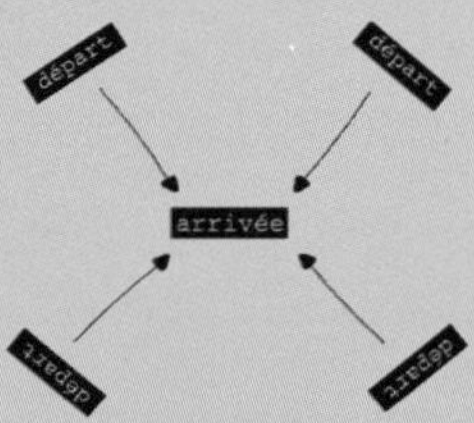

Cancer

Lion

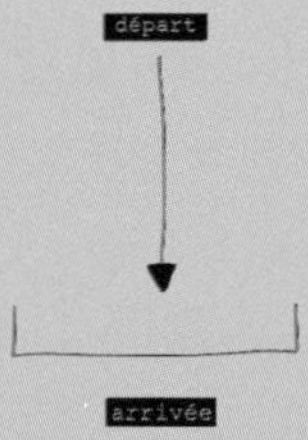

Vierge

LES CHEMINS DE LA VIE

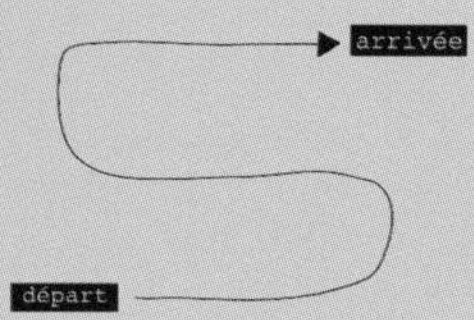

Balance

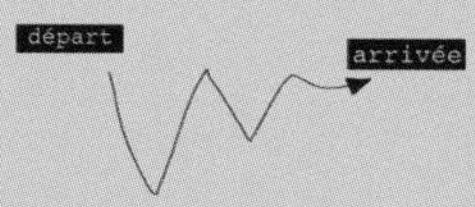

Scorpion

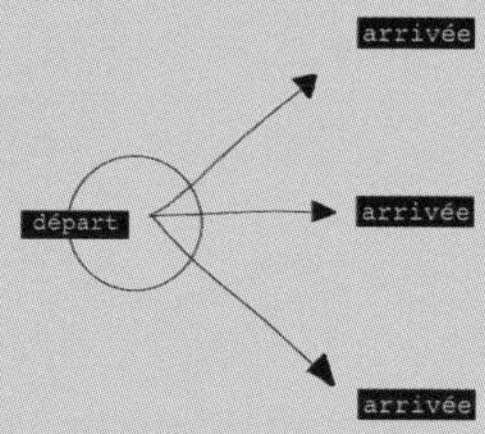

Sagittaire

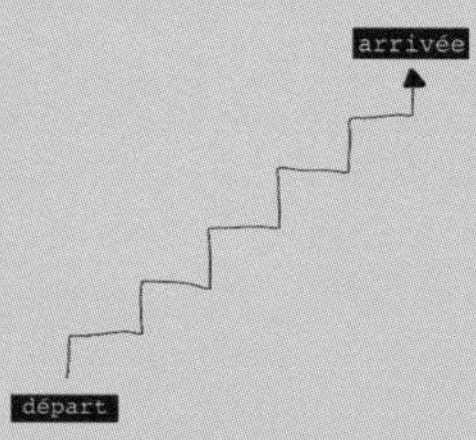

Capricorne

Verseau

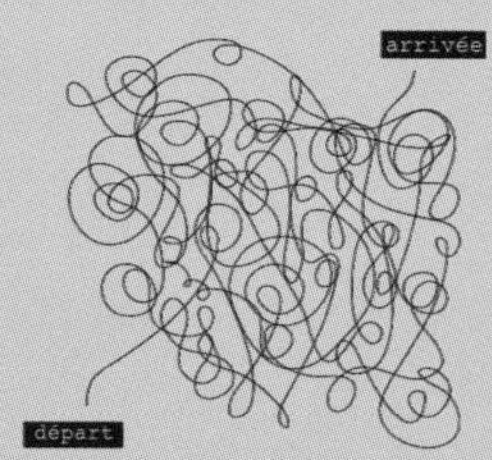

Poissons

CHAPITRE VI

PIMPEZ VOTRE CERVEAU

Prendre de la hauteur, ça fait du bien

« Le véritable lieu de naissance est celui où l'on a porté pour la première fois un coup d'œil intelligent sur soi-même : mes premières patries ont été des livres. »

Marguerite Yourcenar, *Mémoires d'Hadrien*

Le monde des idées n'est pas une illusion : ce sont elles qui mettent la réalité en forme. Avoir la tête dans le guidon, c'est inévitable, mais il faudrait essayer de voir l'image d'ensemble, afin de ne pas vivre l'existence comme une succession d'événements sans queue ni tête. Pour cela, néanmoins, il faut se la donner un peu, et prendre le temps de réfléchir. En apprenant, vous faites émerger une satisfaction que vous ne trouverez nulle part ailleurs : celle de vous découvrir des capacités cognitives insoupçonnées. Cette joie vous permet aussi de revenir vers vous pour comprendre où les choses ont cafouillé, où vous vous êtes trompé·e, à la fois pour vous éviter de souffrir de nouveau et pour apporter la meilleure partie de vous-même au monde. Dans ce chapitre, vous appréhenderez le rôle symbolique de Jupiter dans cette idée d'expansion et de joie de la connaissance et vous envisagerez les axes dans leur dimension métaphysique.

Jupiter : la pensée ne pense jamais trop

Il serait temps de réfléchir, Mars !

Ah ! Jupiter, qui sait si bien nous faire prendre des vessies pour des lanternes ! Oui, car elle est paradoxale, cette planète. Son credo, c'est un peu : « Faites ce que je dis, ne faites pas ce que je fais. » Elle est à la fois celle qui empêche les astéroïdes de s'écraser sur les astres qui la précèdent et celle qui tient beaucoup de place. Elle arrive après Mars, qui distribue l'énergie comme des petits pains : son truc à elle, c'est de la canaliser pour la redistribuer.

Celui qui voulait avoir raison

Pour bien comprendre la place de Jupiter-Zeus dans le système astro-philo, on peut commencer par lire le scénario de son épisode mythologique.

Zeus est un enfant chéri : issu d'une relation dysfonctionnelle entre Cronos et Rhéa, qui ne cessent de se prendre la tête, il est surprotégé par sa mère. On la comprend un peu : Cronos a la nette tendance à dévorer ses enfants, car il se défie d'eux. Quand on considère qu'il a lui-même coupé les parties génitales de son père, Ouranos, cette paranoïa revêt tout son sens. Né dans le secret pour que son père ne le découvre pas, et abreuvé de nectar et d'ambroisie par sa grand-mère Gaia, Zeus grandit comme un enfant roi, ignorant des traumatismes intergénérationnels qui pèsent sur ses épaules. Lorsque Cronos s'aperçoit de son existence, le jeune homme se rend compte que tout n'est pas si facile et surtout qu'il a un tas de frères et de sœurs prisonniers de l'estomac paternel. Zeus drogue Cronos, qui régurgite tout le monde : c'est son premier exploit. Ensuite, il ne cessera de prouver à son père qu'il est le plus fort : d'abord lors de la Titanomachie, épisode de cent ans durant lequel il se bat contre les Titans et pendant la Gigantomachie, autre guerre menée cette fois contre les Cyclopes, qui détiennent la foudre. Lorsqu'il finit par vaincre le dernier *big boss*, Typhon, un démon pas commode, Zeus gagne ses galons de maître du monde. Puis il s'octroie les pleins pouvoirs, distribue des « ministères » à ses frères et sœurs (les Enfers pour son frère Hadès, les mers et les océans pour Poséidon, par exemple), et décide de mettre de l'ordre dans l'Univers, car c'est quand même bien la pagaille. Après qu'il eut dompté la foudre, son pouvoir ne sera plus remis en question, même s'il hérite des névroses paternelles : il ne cesse de faire des enfants, mais se méfie d'eux comme de la peste.

Ce que vous apprend le mythe

Devenir adulte, c'est naze, mais inévitable

Zeus consacre son existence à essayer de dépasser son histoire familiale pour exercer le pouvoir, et pourtant elle le rattrape constamment : en ce sens, il ressemble à tout bon vieux parent qui se respecte. Comment devenir la figure d'autorité en étant soi-même un·e enfant qui n'a pas réglé ses traumatismes ? Comment éduquer ses enfants sans devenir un·e despote ? Il suffit de lire les mythes : Zeus en fait des tonnes pour garder l'autorité, pousse des gueulantes, punit tout le monde, est complètement arbitraire parce qu'il ne sait plus quoi tenter, et finit par lâcher l'affaire. Du classique, quoi. Il passe son temps à créer des règles qu'il ne respecte pas, et s'épuise à mettre chacun au pas. Coincé entre son père, Cronos-Saturne qui l'observe, et son fils, l'Apollon-Soleil, qui brille deux fois plus que lui, il perpétue une chaîne de surveillance intrafamiliale : il est littéralement entre la limite et le pouvoir absolu. En cela, elle s'apparente beaucoup à la pensée qui cherche à repousser les frontières comme à établir des structures.

Utilisez le superpouvoir de Jupiter

Visez la Lune (parce que ça ne vous fait pas peur)

Ce qui est cool avec Jupiter, c'est qu'elle fait un peu ce qu'elle veut : avec elle, vous êtes maître·sse à bord, et prêt·e à accomplir ce qui vous chante. Votre optimisme n'y a pas de limites ; d'ailleurs le terme, étymologiquement, implique de « tout faire ». Dans ces dispositions, il est toujours plus facile de se projeter vers de grandes choses et de se dire que tout est envisageable ! Cette force mobilise le Bon en vous, et vous pousse à imaginer des projets qui sont irréalisables, mais dont la seule pensée vous galvanise. « C'était impossible, alors elle·il l'a fait » : voilà votre credo sous l'égide de la prolifique Jupiter.

LA QUESTION À CENT BALLES

Jupiter est-elle la planète du YOLO ?

Oui et non. Comme vous l'avez vu, Zeus-Jupiter fait bien ce qui lui chante : il prend ce qu'il veut, de toute façon, c'est lui qui commande. Mais il y a un côté très puéril dans son attitude : tromperies, coucheries, coups de colère, mauvaise foi, tout y passe. Ses responsabilités lui pèsent et il a surtout envie de s'éclater et de profiter des plaisirs terrestres. Constamment travaillé par la question de son pouvoir, il penche plutôt d'un côté ou de l'autre de la balance : être celui qui s'amuse ou celui qui dirige le monde. En ce sens, il représente les forces qui se lâchent en vous lorsque vous retirez votre masque de respectabilité et de responsabilité : c'est l'énergie incontrôlable de la fin de semaine, quand vous pouvez utiliser votre temps à faire n'importe quoi. Zeus-Jupiter est l'adulte en vous qui a compris son autorité et reste néanmoins l'enfant qui aspire à construire des cabanes dans sa chambre et à grimper aux arbres : vous avez maintenant le droit d'entreprendre ce que vous voulez sans avoir vos parents sur le dos, mais vous avez quand même des obligations (oui, je sais, c'est nul).

La grande leçon de Jupiter

Trouver sa joie

Parfois, vous éprouvez l'irrépressible envie de chasser votre dahu. Cet animal fantastique, que l'on ne sait pas décrire et que l'on poursuit malgré tout, c'est la joie. Mettre un mot sur un sentiment intangible est le propre de la nature humaine, même si cela ne rend pas forcément les choses plus claires : il y a pléthore d'ouvrages qui essaient de décortiquer ce concept. Je vous épargnerai en vous donnant une définition, certes moins brillante que celles de Spinoza et d'Aristote, mais plus rapide : la joie est une émotion qu'il est bon de transformer en sentiment. Il faudrait pouvoir comprendre la mécanique de votre réjouissance pour en faire non plus un accident, mais une récurrence ! C'est le travail de Jupiter, qui cherche sans relâche à percer ce mécanisme.

Comment regarder Jupiter dans votre thème (sans excès de confiance) ?

Circonscrire la pensée

Dans le grand bazar de l'existence, il y a une chose à laquelle vous pouvez vous accrocher en toute circonstance : c'est votre pensée. C'est l'élément le plus libre de votre être : ici, pas de barrières, pas d'injonctions. Comme Jupiter-Zeus, elle commande et met au jour : le nom du dieu détenteur de tous les pouvoirs signifie « lumière ». Sa foudre, c'est celle qui vous traverse lorsque vous comprenez : elle vous illumine et vous secoue. Dans sa volonté d'ordonner et de hiérarchiser, le dieu entame un travail qui n'avait pas été accompli depuis les grandes figures chaotiques des premiers âges : celui de la mise en place d'un système qui permet de créer du sens là où il n'y en avait pas.

Apprivoisez les différents stades de Jupiter, ils ne mordent pas

Beaucoup plus lente que les planètes qui la précèdent, elle fait le tour du zodiaque en douze ans environ, ce qui raconte, symboliquement, les différentes phases de la pensée qui se construit.

Au début de la vie

Jupiter, c'est un peu l'enfant *big boss* qui veut tout, tout de suite : un petit être qui n'a pas encore compris qu'il faut prêter ses jouets et que tout le monde n'a pas à lui obéir.

Avec l'expérience

En grandissant, Jupiter prend conscience que toutes ses idées fulgurantes ont déjà été pensées avant elle et qu'il existe des personnes plus expérimentées et plus sages : elle commence à travailler pour faire son trou dans le monde, construire une pensée originale et se hisser au niveau des figures qu'elle admire.

La finalité de Jupiter : vous encourager

Jupiter est la reine de la démesure sous contrôle : avec elle, vous apprenez à vouloir l'impossible tout en créant les conditions pour atteindre ce qui peut l'être. C'est la planète qui ose chercher sa place dans la société !

Où est allée se nicher votre Jupiter ?

Les fonctions de Jupiter

Dans la vie courante : le besoin de jubiler.
Dans votre esprit : la volonté de s'élever.
Au-delà de vous-même : la recherche d'un idéal.

Jupiter en maisons

La maison dans laquelle se trouve Jupiter dans votre thème est le lieu symbolique dans lequel la planète exprime le plus la pensée, la sociabilité et la capacité de trouver une place dans le monde.

Jupiter en aspects

Les planètes en aspects avec Jupiter mettent symboliquement en exergue, à travers leur tension, leur facilitation ou leur connivence, la façon dont s'exprime l'appétit de vivre.

Jupiter en signes

Jupiter en signes montre dans quelle sorte d'énergie s'exprime symboliquement le rayonnement de l'autorité et de l'enthousiasme.

Jupiter en signes

à travers les personnages optimistes du cinéma

Jupiter raconte la force qui pousse à se lancer dans le monde : il faut quand même une bonne dose d'inconscience pour aller mettre les pieds dans ce grand capharnaüm, tout en essayant de s'y faire une place et de profiter de la vie au passage. La joie, l'humour et le courage de certains caractères de fiction résument parfaitement cette dynamique.

Jupiter en Bélier : Han Solo (*Star Wars*)

« Vous savez, parfois, je m'étonne moi-même. »

Cabotin solitaire uniquement préoccupé par ses petites affaires illégales et son vaisseau spatial, Han, flanqué de son fidèle Wookie, est toujours en alerte : il connaît la galaxie sur le bout des doigts et compte sur son charme et son humour pour se sortir de la plupart des situations scabreuses dans lesquelles il s'est fourré. En participant malgré lui à un combat contre le Mal, il se révèle être loyal, courageux et plein de ressources. Sa décontraction et ses intuitions géniales en font un leader qui ne s'évertue pas à conquérir le pouvoir, plus chef de bande que figure autoritaire. Il incarne Jupiter en Bélier avec panache : sa bonté d'âme, alliée à son énergie constante, donne envie à ses camarades de le suivre à peu près partout. Dans sa course sans fin, il cherche son bonheur sans le savoir et y parvient sans trop d'efforts, avec sa candeur et sa foi aveugle en lui-même.

Jupiter en Taureau : The Dude (*The Big Lebowski*)

« Je ne peux pas m'inquiéter pour ce truc. La vie continue, mec. »

Chômeur quadragénaire, Jeffrey Lebowski ne veut pas de femme, pas d'enfants et surtout pas de travail. Perpétuellement affublé de son peignoir, de son short et de ses claquettes, il fait ses courses avec des lunettes noires et partage son temps entre la fumette et le bowling. Après un quiproquo improbable durant lequel il est pris pour un millionnaire homonyme, il se retrouve, avec ses amis, dans un sac de nœuds délirant, aux prises avec des malfrats psychopathes, sans se départir un instant de son flegme ni de son peignoir. « The Dude », car c'est son surnom, incarne Jupiter en Taureau de la plus belle des manières : ses ressources intérieures lui permettent de faire face à n'importe quoi. Paradoxalement, sa volonté de confort le pousse à accomplir des choses incroyables. Il veut qu'on le laisse tranquille et il est prêt à tout pour cela.

Jupiter en Gémeaux : Elle Woods (*La Revanche d'une blonde*)

« Objection ! »

Gémeau autoproclamée, Elle est une riche héritière californienne qui décide de rentrer à Harvard pour poursuivre le petit copain qui l'a plaquée. Ne correspondant pas aux critères de l'université avec ses talons hauts, ses brushings façon Barbie et ses robes à paillettes, elle est cordialement méprisée par ses camarades. Mais sous ses apparences superficielles, Elle est brillante : elle finira par prouver à tou·te·s que l'on a le droit d'aimer le maquillage tout en gagnant des procès médiatiques. Elle incarne la confiance aveugle de Jupiter quand elle est en Gémeaux : son intelligence et sa capacité à rebondir semblent sans limites.

Jupiter en Cancer : Russell (*Là-Haut*)

« Mais il faut bien que je vous aide à traverser quelque chose ! »

Jeune scout en mission dans Manhattan, Russell doit se rendre utile. Pas de chance, il tombe sur Carl, un vieillard grincheux et triste qui lutte contre la destruction de sa maison et ne sort jamais de chez lui. Lorsque celle-ci s'envole, le garçonnet est encore à l'intérieur : il va vivre une aventure hors du commun avec son nouvel ami. Russell incarne l'énergie de Jupiter en Cancer : une gentillesse qui ne se rend pas compte d'elle-même. Sa foi en Carl est aveugle : le petit garçon ne cesse jamais de solliciter ce qu'il y a de bon en son compère et, sans le savoir, grâce à sa candeur et à son enthousiasme, l'aide à sortir de sa dépression.

Jupiter en Lion : Deloris Van Cartier/sœur Clarence (*Sister Act*)

« Les gens aiment aller au cinéma, et ils aiment aller au casino, mais ils n'aiment pas aller à l'église. Pourquoi ? Parce que c'est rasoir. Mais on pourrait changer tout ça, vous voyez ? »

Chanteuse de piano-bar à la langue bien pendue, Deloris gravite dans le monde étrange de la nuit à Reno, sorte de sous-Las Vegas : témoin involontaire du meurtre de son amant, elle se met la mafia locale à dos et prend la fuite. La police décide de la protéger en la cachant dans un couvent catholique. Forcée de se grimer en sœur, Deloris ronge son frein, bridée par les règles sans fin de ses hôtes. Son franc-parler et son caractère affirmé vont bousculer les habitudes de ce petit monde fermé : elle finit par monter une chorale de gospel archicool avec des religieuses pas très dégourdies. Sœur Clarence incarne Jupiter en Lion dans sa version la plus pure : son assurance et sa foi en elle-même lui permettent de soulever des montagnes. Elle inspire la joie et la confiance chez les autres, qui s'en remettent à elle pour les emmener là où elles n'auraient jamais pensé aller.

Jupiter en Vierge : Falkor (*L'Histoire sans fin*)

« N'abandonne jamais, c'est la chance qui te trouvera. »

Créature quasi divine et éthérée, Falkor est un dragon porte-bonheur, clairement issu de la mythologie chinoise. Il aide Atreyu, l'avatar romanesque de Bastien, un petit garçon happé par l'histoire qu'il est en train de lire. La pureté de son âme et de sa vision du monde encourage le héros dans sa quête : le dragon lui indique la voie à suivre et le sauve à plusieurs reprises. Falkor incarne Jupiter en Vierge dans sa dimension de service à l'autre, de protection physique : il est celui qui connaît l'ordre du monde imaginaire, dans lequel Bastien et Atreyu ne se repèrent pas. C'est dans l'abnégation et l'organisation que cette Jupiter se déploie.

Jupiter en Balance : Fievel Souriskewitz (*Fievel et le Nouveau Monde*)

« En Amérique, il n'y a pas de chats ! »

Fievel vit en Russie avec sa famille. C'est la fin du XIXe siècle et les souris y sont persécutées par les chats. Pleins d'espoir, ses parents décident d'émigrer vers l'Amérique, persuadés que les félins n'y existent pas. Lors de la traversée en bateau, Fievel tombe à l'eau et réussit à survivre : il erre dans New York, y apprenant que la pauvreté et la violence règnent en maîtresses et que les chats sont à chaque coin de rue. En cherchant inlassablement ses proches, il noue des amitiés, découvre la vie et révèle son courage. La petite souris incarne Jupiter en Balance dans son aspect le plus social. Fievel est capable de rallier beaucoup de gens autour de lui et, grâce à la sympathie qu'il attire, permet des mouvements collectifs inspirés et positifs.

Jupiter en Scorpion : Inigo Montoya (*Princess Bride*)

« Bonjour, mon nom est Inigo Montoya. Tu as tué mon père, prépare-toi à mourir. »

Oui, alors comme ça, tout de suite, Inigo n'a pas l'air super optimiste. C'est qu'il est passé par des phases pas très cool dans sa vie, notamment la mort de son père, un maître de l'escrime qu'il admirait plus que tout et qui lui a appris le maniement des armes. Devenu mercenaire, il arpente la campagne et enquête inlassablement, flanqué d'un géant pas malin, afin de trouver l'assassin de son père, un mystérieux homme à six doigts, et de se venger de lui. Très amical et doté d'un charme magnétique, il a pourtant dédié sa vie à une obsession. Inigo incarne le côté absolu d'une Jupiter en Scorpion, qui exprime sa force de caractère à travers les épreuves et ne fonctionne qu'à la passion. Elle balaie ce qui est sans importance pour ne s'intéresser qu'à la vérité profonde des choses.

Jupiter en Sagittaire : Joie (*Vice-Versa*)

« Je voulais juste qu'elle soit heureuse… »

Joie est un personnage qui vit dans la tête de Riley, avec Tristesse, Colère, Dégoût et Peur. Depuis sa naissance, elle l'aide à appréhender la vie, et toutes deux forment une équipe de choc. Mais quand la petite fille approche de l'adolescence, les autres personnages émotions dérèglent son humeur : Joie se retrouve complètement débordée. Il lui faut apprendre à déléguer et comprendre que Riley ne peut vivre dans la béatitude perpétuelle : pour devenir adulte, elle doit s'habituer à tous les contrôler. Ce personnage-émotion incarne parfaitement Jupiter en Sagittaire : n'oublions pas que, dans ce signe, la planète est à la maison ! C'est une double dose d'enthousiasme et d'optimisme qui se déploie donc : Joie veut à tout prix kiffer, quitte à nier l'existence de la difficulté. Elle voit tout en très, très grand et ne fonctionne qu'au bonheur.

Jupiter en Capricorne : Chris Chambers (*Stand by Me*)

« Et alors ? Tout le monde est bizarre. »

Aux États-Unis, dans les années 1960, une bande de quatre jeunes ados, désœuvrés et délaissés par leur famille, part en expédition pour localiser le corps d'un petit garçon disparu. Leur voyage sera l'occasion d'échanger sur leur quotidien, leurs peines, et de comprendre la profondeur de leur amitié. Chris est la figure charismatique de la troupe. Il est plus sage, plus expérimenté, plus abîmé aussi. Son père, alcoolique et violent, lui mène la vie dure. Malgré cela, il trouve les mots justes pour rassurer chacun de ses camarades et la bienveillance pour les apaiser. Il incarne Jupiter en Capricorne avec force : ni expansive ni béate, elle distille une pensée et une gentillesse profondes et réfléchies, inspirées par les aléas de l'existence.

Jupiter en Verseau : Gandalf (*Le Seigneur des anneaux*)

« Du désespoir ou de la folie ? Pas du désespoir, car celui-ci n'appartient qu'à ceux qui voient la fin indubitable. Ce n'est pas notre cas. »

Gandalf est un magicien à la fois mystique et terre à terre : très attaché aux plaisirs simples de la vie, mais happé par ses incommensurables pouvoirs, il se débat pour guider une bande de hobbits insouciants et inexpérimentés dans un combat sans pitié entre le Bien et le Mal. Débonnaire, il fait preuve d'une indulgence et d'un respect sans faille pour les plus petits que lui. C'est qu'il envisage clairement les possibles et ne doute pas de la force contenue dans les choses ordinaires. Il incarne Jupiter en Verseau dans sa facette collective : capable d'inspirer de grandes choses aux autres, elle reste solitaire et indépendante. C'est une figure de ralliement, qui protège sa différence avec force, mais la diffuse dans le monde pour le rendre plus intéressant. Son flegme rassure tout un chacun : il semble porteur d'un message secret, d'une promesse de vie meilleure.

Jupiter en Poissons : Yoda (*Star Wars*)

« Plus petits en nombre nous sommes, mais plus grands en esprit. »

Maître Jedi incontesté et figure la plus respectée du Conseil, Yoda est un être exceptionnel, car sa connaissance de la Force, un champ d'énergie présent chez tous les êtres vivants, est quasi sans limites. C'est dans son métabolisme que se trouve sa puissance : sa Force est en affinité avec un taux très élevé de micro-organismes dans son corps. Elle n'est pas domination, mais adéquation totale avec ce qui l'entoure. Menacé, comme tous les Jedi, de se laisser déborder par ses pouvoirs, il a dépassé ses peurs grâce à son humour, son détachement et sa capacité de méditation. Yoda incarne la compassion totale de Jupiter en Poissons : il peut indiquer la voie à ses semblables car, dans l'acceptation de son imperfection, il a atteint une sagesse joyeuse, juvénile et toujours curieuse. Loin d'apparaître comme le vieux patriarche assis en haut de sa montagne, il est un camarade, un mentor, une béquille : sans jugement, accueillant et doux, il apporte sa bonté au monde.

PRATIQUE

Les axes ne sont que des philosophes en goguette

Une compréhension globale

Les axes aident à la caractérisation d'ensemble du thème : ils mettent en lien les signes et les maisons opposés, pour souligner les grands courants contraires de l'existence. Dans leur dynamique, il y a l'idée d'un équilibre des forces devant s'accomplir pour la bonne marche physique, émotionnelle et intellectuelle. Les deux extrémités de chacun de ces six segments sont indissociables : le courage du Bélier n'a aucun sens sans la pondération de la Balance, le sens du devoir du Capricorne ne peut exister sans la capacité d'autoprotection du Cancer, l'individuation de la maison I n'aboutit à rien sans la rencontre de l'altérité en maison VII. Il s'agit, pour chaque signe et chaque maison symétriques, d'intégrer les valeurs et les qualités de l'autre en trouvant un équilibre au centre de la roue métaphorique du thème. Comme pour les grands courants de la pensée métaphysique, ils soulèvent les questions les plus générales qui soient, afin d'entrer en résonance avec les individus et leurs interrogations très personnelles.

Les axes selon les courants philo

Bélier-Balance : existentialisme-structuralisme

La partie Bélier de l'axe est existentialiste.

La pensée existentialiste établit un postulat qui paraît basique : avant d'étudier scientifiquement les êtres, peut-être faudrait-il se poser la question de l'existence en elle-même. Personne n'est ni bon ni mauvais par essence : c'est la volonté qui façonne la personnalité. En ce sens, ce courant correspond à la symbolique Bélier, signe gouverné par Mars la faiseuse de trajectoires, et parle du moi : comme elle, l'existentialisme raconte ce qui est en jeu dans l'action individuelle, quand les êtres changent de chemin, exercent leur liberté, se transforment et transforment le monde.

La partie Balance de l'axe est structuraliste.

L'idée principale du structuralisme est que l'individu est soumis à un enchevêtrement de systèmes et que la réalité n'est qu'un faisceau de relations : il y a des structures inconscientes partout, qui précèdent le sujet en lui-même. En ce sens, ce courant correspond à la symbolique Balance, signe gouverné par Vénus l'ordonnatrice, qui met au jour l'architecture du monde réel et symbolique et en crée de nouvelles : comme elle, le structuralisme parle du *nous* et des grandes lignes de force qui sous-tendent toutes les interactions humaines, en passant par le langage ou toute autre forme de relation.

La dynamique Bélier-Balance raconte le passage du moi au nous, de la pulsion de vie à la prise en compte de la réalité sociale : elle apporte une vision claire de l'évolution d'un sujet de l'individualisation à la coopération.

Taureau-Scorpion : matérialisme-déconstructionnisme

La partie Taureau de l'axe est matérialiste.

La pensée matérialiste n'admet qu'une réalité : celle de la matière. Tout le reste n'est qu'illusion et empêche de penser clairement. La pensée même n'est que le résultat de la substance : il n'y a pas d'esprit. Il est donc plus avisé d'essayer d'atteindre la sagesse en vivant dans le présent : l'épicurisme, une doctrine matérialiste, préconise de trouver dans les plaisirs simples le but même de la vie. En ce sens, ce courant correspond à la symbolique Taureau, signe gouverné par Vénus la sensuelle, qui révèle le principe de réalité : comme elle, le matérialisme raconte le besoin de s'accrocher aux choses tangibles pour penser, sans se perdre dans des considérations métaphysiques insensées.

La partie Scorpion de l'axe est déconstructionniste.

Plus « grille de lecture » que méthode philosophique, le déconstructionnisme engage à une analyse critique des réalités et à une non-hiérarchisation des savoirs. En examinant les contresens et les postulats non exprimés de chaque pensée, le mouvement oblige à en regarder les écueils et les omissions en face, et à ne pas nier les erreurs de toute structure. En ce sens, ce courant correspond à la symbolique Scorpion, signe gouverné par Pluton la métamorphe, qui astreint à la prise de conscience : comme elle, le déconstructionnisme raconte l'urgence de la lucidité et de la mise en lumière des problématiques cachées, voire niées pour des raisons de confort psychologique, social ou politique.

La dynamique Taureau-Scorpion raconte le passage de la construction à la déconstruction, de la pulsion sensuelle à la pulsion sexuelle, de la sécurité à l'insécurité, de l'appétit de vivre à celui de se métamorphoser : elle apporte une vision claire de l'évolution d'un sujet, de l'étincelle de la vitalité à celle de la mort.

Gémeaux-Sagittaire : phénoménologie-idéalisme

La partie Gémeaux de l'axe est phénoménologiste.

En essayant d'analyser l'expérience vécue, la phénoménologie s'intéresse à la réalité en tant qu'émettrice de manifestations, mais c'est le sujet qui les appréhende, et donc, il y a autant d'occurrences que d'individus. Cela forme une sorte d'*a priori* collectif sur lequel se fonde la pensée. En ce sens, ce courant correspond à la symbolique Gémeaux, signe gouverné par Mercure la curieuse, qui pousse à explorer toutes les facettes du monde : comme elle, la phénoménologie raconte le besoin de tenir compte de la réalité en dehors du strict prisme scientifique et en tant que matière pure de la pensée.

La partie Sagittaire de l'axe est idéaliste.

L'idéalisme est un mouvement de pensée attaché à la considération que les réalités ne sont que le produit de l'esprit, et que l'être humain les façonne à travers ses représentations mentales. La prééminence des idées sur tout le reste érige la théorie en maîtresse, bien supérieure aux expériences individuelles. En ce sens, ce mouvement correspond à la symbolique Sagittaire, signe gouverné par Jupiter l'expansive, qui exacerbe l'envie d'explorer le monde des idées : comme elle, l'idéalisme raconte le désir de ne s'attacher qu'à la beauté des productions de l'esprit et de ne tendre qu'à la perfection de l'intelligence.

La dynamique Gémeaux-Sagittaire raconte le passage des idées concrètes à l'abstraction, de la réalité immédiate à la réalité élargie du monde, de la question « Comment ? » à la question « Pourquoi ? » : elle apporte une vision claire de l'évolution d'un sujet du particulier vers le général.

Cancer-Capricorne : romantisme-rationalisme

La partie Cancer de l'axe est romantique.

Mouvement transdisciplinaire, le romantisme met l'imagination, le rêve et les émotions au centre de la pensée, considérant qu'ils sont, eux aussi, une façon noble d'appréhender le réel et les idées. Explorer l'inconscient et se servir du symbole pour penser permet également d'accéder à la vérité. En ce sens, ce courant correspond à la symbolique Cancer, signe gouverné par une Lune rêveuse, qui nourrit l'esprit avec les réflexions intimes et les émotions secrètes : comme elle, le romantisme s'attache à remettre l'irrationnel à sa place analogique et féconde, afin de voir le monde sous un prisme différent.

La partie Capricorne de l'axe est rationaliste.

Seule la raison peut établir et connaître la vérité : la logique, les liens de cause à effet sont les axes principaux de la pensée rationaliste. L'expérience n'est pas nécessaire pour exercer l'intelligence, l'esprit possédant *a priori* ses propres principes : la raison est suprême et doit aider à maîtriser les passions, afin d'exercer au mieux son humanité. En ce sens, ce courant correspond à la symbolique Capricorne, signe gouverné par Saturne la sérieuse, qui repousse les limites de l'abnégation et du contrôle de soi : comme elle, le rationalisme s'attache à circonscrire l'essentiel tout en rejetant les pensées vaines et les émotions invalidantes.

La dynamique Cancer-Capricorne raconte le passage de la subjectivité à l'objectivité, du rêve à la réalité, du cocon familial à l'accomplissement dans le monde, de la dépendance affective à la rationalité émotionnelle : elle apporte une vision claire de l'évolution d'un sujet de l'enfance à la vieillesse.

Lion-Verseau : individualisme-mouvement libertaire

La partie Lion de l'axe est individualiste.

Le mouvement individualiste (à ne pas confondre avec l'égoïsme) pose les bases de la société moderne en affirmant que l'individu prime sur le groupe et que ses droits et ses devoirs sont fondamentaux : il fonde la propriété privée et les différents questionnements autour de la conscience de soi. En ce sens, ce courant correspond à la symbolique Lion, signe gouverné par le Soleil tout-puissant, qui pousse à s'affirmer et à imposer ses valeurs : comme lui, l'individualisme s'attache à définir les grands principes de l'existence en tant que personne pensante et agissante, afin d'en protéger la survie, les aspirations et les droits élémentaires.

La partie Verseau de l'axe est libertaire.

Le mouvement libertaire fait primer la liberté individuelle sur les structures autoritaires et sur la prévalence de l'État : l'organisation sociale est gérée en autonomie par les citoyen·ne·s ou les individus, qui coopèrent et s'associent sur la base de la volonté, afin de fonctionner en autogestion. Les moyens de production ne sont pas détenus par des organismes tiers et l'on refuse la domination et l'exploitation de la force de travail. En ce sens, ce courant correspond à la symbolique Verseau, signe gouverné par Uranus la disruptive, qui met en jeu les questions de la différence et de la désobéissance : comme elle, le mouvement libertaire s'attache à penser la disposition de soi-même et les visions d'une société vraiment libre.

La dynamique Lion-Verseau raconte le passage de l'ordre à la révolution, de l'amour de soi à l'amour de l'humanité, de l'affirmation à la remise en question : elle apporte une vision claire de l'évolution d'un sujet de l'ego au partage.

Vierge-Poissons : humanisme-nihilisme

La partie Vierge de l'axe est humaniste.

La pensée humaniste place l'être humain au cœur de tout questionnement : au centre de chaque conscience individuelle, elle est le ciment de la société. Sa finalité est l'accomplissement et l'épanouissement de chacun·e grâce aux facultés humaines, dont personne ne doit être exclu. Héritière de la tradition d'analyse critique des textes anciens, elle érige la capacité de penser au-dessus de tout. En ce sens, le courant humaniste correspond à la symbolique Vierge, signe gouverné par Mercure l'intellectuelle, qui ouvre la voie de la critique et de l'analyse objective : comme elle, l'humanisme s'attache à pointer ce qui fait les particularités, la beauté et la divinité des êtres humains, en les encourageant et en les développant.

La partie Poissons de l'axe est nihiliste.

La pensée nihiliste relativise la hiérarchie des valeurs : il n'y a ni bien ni mal, la morale est donc inutile et les faits ne s'accordent pas à leur idéalisation. On ne peut atteindre la vérité, puisqu'elle n'existe pas : la vie est absurde, il faut l'accepter comme elle est, sans s'accrocher à des choses intangibles. En ce sens, le courant nihiliste correspond à la symbolique Poissons, signe gouverné par Neptune la flexible, qui pousse à accueillir en vrac et sans aucun jugement tout ce qui est : comme elle, le nihilisme s'attache à faire le deuil de la structure pour plonger dans la réalité telle qu'elle est, c'est-à-dire multiple, protéiforme, complexe et amorale.

La dynamique Vierge-Poissons raconte le passage du tri au mélange, de la morale à la compassion, de la rationalité à la souplesse : elle apporte une vision claire de l'évolution d'un sujet du souci de soi à l'adaptation au monde.

L'axe des maisons

Les maisons fonctionnent selon le même mouvement de va-et-vient, irriguant leur opposée de leurs problématiques et de leurs solutions : comme pour les signes, c'est dans l'équilibre de leurs forces que se trouve la bonne marche du thème.

En **maison I**, vous découvrez qui vous êtes ; en **maison VII**, vous découvrez les autres : en découvrant les autres, vous comprenez qui vous êtes.

En **maison II**, vous apprenez à comptabiliser les dons dont vous avez hérité ; en **maison VIII**, vous découvrez les problématiques et les crises dont vous avez hérité. Les crises vous aident à utiliser vos dons et vos capacités.

En **maison III**, vous explorez ce qui vous entoure et apprenez à vous adapter ; en **maison IX**, vous explorez les contrées lointaines du monde ou de l'esprit et apprenez l'abstraction. Celle-ci vous permet de mieux comprendre ce qui vous entoure immédiatement.

En **maison IV**, vous puisez dans vos racines et dans la sécurité de votre foyer pour mûrir ; en **maison X**, vous vous lancez dans le monde et ses incertitudes. Votre rôle social vous aide à apprécier là d'où vous venez.

En **maison V**, vous apprenez à créer des choses personnelles ; en **maison XI**, vous apprenez à les partager. La satisfaction des liens d'amitié vous pousse à vous dépasser individuellement.

En **maison VI**, vous apprenez à prendre soin de vous et à vous améliorer ; en **maison XII**, vous prenez le temps de méditer sur votre vie. La sagesse que vous avez acquise vous permet de vous améliorer.

JUPITER EN SIGNES À TRAVERS

Bélier

FRANTZ FANON

Milieu du Ciel en Bélier

« Je dois me rappeler à tout instant que le véritable saut consiste à introduire l'invention dans l'existence. Dans le monde où je m'achemine, je me crée interminablement. »

Peau noire, masques blancs

Taureau

BELL HOOKS

Jupiter en Taureau

« L'amour est profondément politique. Notre révolution la plus profonde viendra lorsque nous comprendrons cette vérité. »

The Will to Change : Men, Masculinity, and Love

Gémeaux

HANNAH ARENDT

Pluton et Lune noire en Gémeaux – Maison XII

« C'est dans le vide de la pensée que s'inscrit le mal. »

Les Origines du totalitarisme, Tome III : Le système totalitaire

Cancer

MARY SHELLEY

Ascendant Cancer

« Sa souffrance était aussi celle de l'innocence qui, semblable à un nuage qui passe sur beauté de la Lune, la cache un instant, mais ne peut en ternir l'éclat. »

Frankenstein ou le Prométhée moderne

Lion

ALEXIS DE TOCQUEVILLE

Soleil et Mercure en Lion

« Pense-t-on qu'après avoir détruit la féodalité et vaincu les rois, la démocratie reculera devant les bourgeois et les riches ? »

De la démocratie en Amérique Tome I

Vierge

ÉDOUARD GLISSANT

Soleil en Vierge

« Agis dans ton lieu, pense avec le monde. »

Philosophie de la relation : Poésie en étendue

LES PHILOSOPHES DU ZODIAQUE

Balance

MICHEL FOUCAULT

Soleil et Lune noire en Balance - Maison XII

« L'homme est une invention dont l'archéologie de notre pensée montre aisément la date récente. Et peut-être la fin prochaine. »

Les Mots et les Choses

Scorpion

PAUL B. PRECIADO

Jupiter en Scorpion conjoint à Vénus

« Je suis le monstre qui vous parle. Le monstre que vous avez construit avec vos discours et vos pratiques cliniques. »

Je suis un monstre qui vous parle

Sagittaire

BARUCH SPINOZA

Soleil en Sagittaire

« La joie est le passage de l'homme d'une moindre à une plus grande perfection. »

Éthique

Capricorne

GILLES DELEUZE

Soleil, Mercure et Jupiter en Capricorne

« Il n'y a de bonne raison que contingente, il n'y a d'histoire universelle que de la contingence. »

Qu'est-ce que la philosophie ?

Verseau

ANGELA DAVIS

Soleil et Lune en Verseau – Maison X

« La justice est indivisible. Une injustice commise quelque part est une menace pour la justice dans le monde entier. »

Une lutte sans trêve

Poissons

FRIEDRICH NIETZSCHE

Jupiter en Poissons

« La douleur est aussi un plaisir, la malédiction est aussi une bénédiction, la nuit est aussi un soleil, – allez-vous-en ou bien apprenez-le : le sage est aussi un fou. »

Ainsi parlait Zarathoustra

CHAPITRE VII

FAITES FACE AUX OBSTACLES

La réflexion sur soi-même, un instrument du libéralisme ?

« Un bonheur que rien n'a entamé succombe à la moindre atteinte ; mais quand on doit se battre contre les difficultés incessantes, on s'aguerrit dans l'épreuve, on résiste à n'importe quels maux, et même si l'on trébuche, on lutte encore à genoux. »

Sénèque, ***La Vie heureuse***

Lorsque l'on écrit sur la notion d'individualité, on prend invariablement le risque de tomber dans l'individualisme : on ne peut pas nier que, depuis l'émergence du système politique et économique dans lequel nous vivons, la belle question du moi est devenue (comme à peu près tout) un enjeu financier. Ce système voudrait opposer le concept de singularité à celui de conscience collective, comme si les groupes n'étaient pas composés d'individus. Mais la philosophie a toujours dit « je » pour parler du « nous ». La réflexion sur soi, séculaire et fondamentalement importante, du « connais-toi toi-même » de Socrate en passant par les visées politiques autour des identités et l'éclosion de la parole des minorités, a lentement été édulcorée pour correspondre à une injonction au bien-être qui n'a rien à voir avec un questionnement philosophique. Or, comme l'affirme Aristote, « l'homme est un animal politique » : tout est un enjeu, et chaque individu, à son échelle, agit dans et sur le monde. Il n'y a donc pas, à part pour les ermites, de moyen d'échapper à son existence dans la société, qu'on le veuille ou non, et l'objet de l'astro-philo n'est certainement pas de céder aux sirènes de la « vie meilleure », qui n'a pas de sens dans un monde malade, ni de jouer des coudes en espérant mieux s'en sortir que les autres. Dans ce chapitre, vous comprendrez que Saturne raconte justement le contraire, en mettant en exergue la finitude de la condition humaine à travers le labeur de l'existence, et vous découvrirez la valeur symbolique des rétrogradations, qui représentent un retour vers soi, sans volonté de « performer » le bonheur.

Saturne : *aka* « I'll be Back »

Tu peux la fermer, Jupiter ?

Après la démesure de Jupiter, Saturne fait office de barrière avant l'inconnu des trois dernières planètes : elle incarne le principe de réalité, qui ramène à la modération et à la retenue. Saturne et ses anneaux de glace pulvérisent tout ce qui pourrait s'approcher, au contraire de la géante Jupiter, qui a absorbé tous les débris de l'espace pour les incorporer et faire concurrence au Soleil.

Celui qui se tapait le sale boulot

Pour bien comprendre la place de Saturne dans le système astro-philo, on peut commencer par lire le scénario de son épisode mythologique.

Divinité primordiale, Cronos n'est pas un dieu de l'Olympe, mais un Titan. Fils des deux grandes forces qui régissent le monde, il a un rôle très ingrat dans la mythologie grecque. En effet, c'est lui qui, à la demande de sa mère, Gaia (la Terre), s'oppose à son père Ouranos (le ciel), qui ne cesse de solliciter sa femme pour procréer. Le jeune Cronos, que son paternel a enfermé avec ses frères et sœurs dans le sein de leur mère, doit lui trancher les parties génitales, afin de stopper sa course effrénée à la reproduction. Devenu maître de son destin, il suit néanmoins les traces d'Ouranos en procréant beaucoup, tout en se méfiant de sa descendance : pour éviter les problèmes, il dévore purement et simplement ses enfants, Hestia, Déméter, Héra, Hadès et Poséidon (allez, hop ! c'est réglé). Mais c'est compter sans la ruse de Rhéa, qui lui cache le sixième, un certain Zeus. Celui-ci finira par vaincre son vieux père et l'enverra dans le Tartare, sorte de prison métaphysique où l'on paie pour ses fautes à travers des châtiments sans fin, et dans lequel il rejoindra les Cyclopes et les Hécatonchires, ainsi que les autres méchant·e·s de la mythologie.

Ce que vous apprend le mythe

Il faut savoir dire stop

Je vous l'accorde : Cronos-Saturne ne respire pas la joie de vivre et n'inspire pas particulièrement la sympathie. Mais c'est justement ce qui fait toute sa valeur : le personnage mythologique est, à lui seul, l'expression du principe de limitation, nécessaire au bon fonctionnement de toute chose. Quand il met un terme à la délirante omnipotence de son père, il pose un principe : on ne peut pas être dans l'expansion totale, il faut parfois s'arrêter pour prendre conscience de ce qui a été produit. Dans le processus, il se libère et délivre ses frères et sœurs du ventre de leur mère. En accomplissant un acte extrêmement difficile, il prend son indépendance et appréhende sa propre puissance. Comme bon nombre de dieux et de déesses, il se laissera déborder par celle-ci : son excès à lui est dans la volonté de contrôle. Il souffrait beaucoup de la démesure d'Ouranos, mais fera souffrir les autres avec la démesure de sa mesure : figure terrifiante de la rationalité qui tourne sur elle-même, il finira par dévorer ce qu'il a engendré, ses enfants, par peur de se voir dépassé par leur réalité. Sa progéniture représente la vie même, ses imperfections, ses incertitudes, ses imprévus. En les ingurgitant, Cronos avale littéralement les problèmes, les fait siens, quitte à avoir de terribles maux d'estomac. C'est l'écueil de la planète : pousser au sacrifice du bien-être pour satisfaire la volonté de maîtrise.

LA QUESTION À CENT BALLES

Saturne est-elle aussi barbante qu'elle en a l'air ?

Saturne est une incomprise cosmique : toutes les analogies qui l'accompagnent – la limitation, le labeur, la culpabilité, le dépassement de soi – lui confèrent une aura de respectabilité, certes, mais en gros, ce n'est pas celle que l'on choisirait pour aller faire la java dans l'espace. Alors, oui, Saturne a beaucoup de boulot : elle se coltine tout ce que les autres planètes ne savent ou ne veulent pas faire, et ce n'est pas la partie la plus marrante de la vie. Mais il ne faut pas oublier que, derrière son maintien, se cache une facilitatrice qui permet de toucher à ce qui dépasse : les planètes invisibles. Si vous n'êtes pas prêt·e à entamer le voyage dans cette sphère de votre système, Saturne vous protège en jouant son rôle de limitatrice. Lorsque vous vous sentez disponible et assez fort·e pour mener votre vaisseau jusqu'aux tréfonds de la galaxie, la planète devient une porte, un passage : elle vous aide à continuer votre chemin, mais pas n'importe comment. Il a fallu de l'effort et de l'abnégation, les valeurs qu'elle porte, pour arriver jusque-là. Saturne est donc le plus fermé et le plus ouvert des astres. Il symbolise toute la puissance du travail sur soi, qui mène à une félicité que l'on retrouve difficilement ailleurs.

Utilisez le superpouvoir de Saturne

Armez-vous contre la positivité toxique (tout en restant sympa)

Ce qui est pratique avec Saturne, c'est qu'elle n'a pas besoin de mettre du sucre pour faire passer la pilule : son champ d'action, c'est le domaine de la difficulté. La planète n'a pas le temps pour les faux-semblants et le charabia qui consiste à suggérer que, si l'on se dit chaque matin que tout va bien se passer, les choses vont s'arranger par enchantement. Elle représente de grands principes de la condition humaine : solitude, culpabilité, dépassement de soi. On ne peut pas éviter la souffrance, et il faut accepter sa réalité, parfois taboue dans une société qui fonctionne sur la vente de méthodes miracles pour « être heureux·se ». Avec Saturne, le temps de la prise de conscience arrive, le besoin de se confronter à ce qui n'est pas tout rose émerge, et la volonté de prendre ses responsabilités, vis-à-vis des autres et de soi-même, se fait sentir. Ce n'est pas toujours une partie de plaisir, mais cela permet de ne pas tomber dans les écueils de ce que j'appelle la « réussite intérieure », sorte d'injonction à surjouer le bonheur pour donner de la valeur à sa vie publique et à s'imposer des émotions que l'on ne ressent pas vraiment.

La grande leçon de Saturne

Même vos limites ont des limites

Alors, bon, bien sûr, on peut être très reconnaissant·e envers Saturne de son rôle symbolique de garde-fou : dans la limite, il y a nécessairement ce qui fait grandir. Mais point trop n'en faut : il s'agit de trouver le juste équilibre entre stagnation et dépassement. Si l'immobilité a parfois du bon, car elle permet le retour sur soi, l'analyse, la réflexion, elle ne doit pas devenir paralysie totale. La planète peut se transformer en tyran obsessionnel, qui empêche d'aller dans un sens ou dans l'autre, juste par principe. Il faut calmer un peu la machine à dire non, et apprendre à la faire fonctionner à bon escient. Car si Saturne vous fait sortir de l'inconscience, elle engage aussi, quand elle est sage, à dépasser le périmètre de sécurité qu'elle a elle-même instauré, en vous confiant les clés de votre résilience.

Comment regarder Saturne dans votre thème (sans vous mettre la pression) ?

Pointez la résilience

Là où se trouve votre Saturne, il y a la notion de *responsabilité*, mot dont la racine s'apparente à l'objet d'un « contrat » : la planète symbolise toutes les promesses sur l'honneur que vous passez avec vous-même et avec les autres, qu'elles soient énoncées ou pas. Dans son lieu, elle déploie les idées de structure et de construction, ainsi que la volonté de créer des bases solides en affrontant tout ce qui pourrait vous déstabiliser. Son credo : il vaut mieux aller au-devant de ce qui peut éventuellement faire mal plutôt que de se laisser surprendre par la douleur. C'est donc un endroit de prise de conscience, de courage et parfois de retranchement, car il y a de la solitude dans les épreuves. Mais sa valeur est inestimable : là où la planète réside, vous avez l'occasion d'aller au-delà de ce que vous prenez pour des règles immuables, et de déconstruire vos certitudes.

Apprivoisez les différents stades de Saturne, ils ne mordent pas

La planète fait le tour du zodiaque en vingt-neuf ans, ce qui, symboliquement, raconte les grandes phases de prise de conscience de l'existence, de l'enfance à la vieillesse.

Au début de la vie

Saturne qui émerge est comme le petit enfant qui apprend à dire non et comprend le pouvoir de ce mot : il est dépassé par sa capacité de résistance et ne sait pas encore comment faire face à la moindre contrariété, en utilisant son droit de veto un peu n'importe comment.

Avec l'expérience

En grandissant, Saturne s'habitue à trier, à élaguer, à chercher l'essentiel, car elle n'a plus de temps à perdre avec le superflu. Forte des expériences, elle se focalise sur la croissance, avec pour objectif d'apprendre à chaque étape de son développement.

La finalité de Saturne : vous aider à mûrir

Le gros boulot symbolique de Saturne est de vous accompagner tout au long de l'existence pour vous aider à comprendre les leçons que vous pouvez en tirer. C'est dans vos tiraillements intérieurs et les épreuves que la planète révèle sa puissance d'abnégation et sa ténacité.

Où est allée se nicher votre Saturne ?

Les fonctions de Saturne

Dans la vie courante : les responsabilités.
Dans votre esprit : la recherche de la résilience.
Au-delà de vous-même : la volonté de sagesse.

Saturne en maisons

La maison dans laquelle se trouve Saturne dans votre thème est le lieu symbolique dans lequel la planète exprime son énergie de sérieux, de dévotion aux objectifs et de construction.

Saturne en aspects

Les planètes en aspects avec Saturne mettent symboliquement en exergue, à travers leur tension, leur facilitation ou leur connivence, la façon dont s'articulent les résistances.

Saturne en signes

Saturne en signes montre dans quelle sorte d'énergie s'exprime, symboliquement, la réaction face à l'adversité.

Saturne en signes

à travers les personnages fort·s des séries

Saturne raconte la faculté de surmonter la solitude, la culpabilité, la peur, les blocages, pour aller voir ce qui se passe derrière les murs que l'on a construits autour de soi : certain·s personnages de fiction synthétisent ce principe de résilience de manière subtile et inspirante.

Saturne en Bélier : Buffy Summers (*Buffy contre les vampires*)

« Être fort·e, c'est se battre. C'est dur et ça fait mal, et c'est tous les jours. C'est ce que nous devons faire. »

Buffy est une lycéenne presque comme les autres : la jeune fille est une tueuse de vampires, et la lourde charge qui pèse sur ses épaules est purement et simplement de nettoyer le monde de ces indésirables jusqu'à sa mort. Alors qu'elle souhaite seulement vivre une vie normale et devenir pom-pom girl, cette jeune fille populaire doit arpenter la nuit, armée d'un pieu, pour mettre la pâtée aux méchant·e·s. D'une ténacité physique et mentale exceptionnelle, elle réussit le tour de force de mener ces deux tâches de front. Paradigme de l'adolescence et de ses luttes, elle incarne, à travers ses aspects négatifs, une Saturne en Bélier manichéenne, qui pousse à avancer coûte que coûte, à n'importe quel prix. Le sens des responsabilités, très prégnant, l'autodiscipline et le besoin d'extérioriser sa force l'isolent mentalement et pèsent sur ses relations avec les autres. Mais elle parvient également à faire figure de leader : lorsqu'elle maîtrise ses capacités, elle apporte sa maturité et son expérience au monde.

Saturne en Taureau : Ron Swanson (*Parks and Recreation*)

« J'aime dire non, ça diminue leur enthousiasme. »

Ron est le boss taciturne du département des parcs et jardins d'une petite ville américaine. Accro aux traditions et à ses libertés individuelles, il symbolise l'Amérique conservatrice avec un tel excès qu'il en devient comique. Figure du tonton bougon qui dit non à tout, il adore la viande, déteste les bobos et ne veut surtout pas feindre d'aimer son travail. Il fait office de garde-chiourme pour tou·te·s ses employé·e·s, à la fois impassible et solide comme un roc, mais prêt à leur délivrer des vérités métaphysiques et des preuves de tendresse lorsqu'il se laisse aller par mégarde. À travers ses aspects négatifs, Ron incarne une Saturne en Taureau entêtée et tout en retenue, poussée à l'extrême. Il dévoile cependant peu à peu son sens aigu de la loyauté et une gentillesse profonde, qui ne se déploie qu'avec le temps. En cela, il montre ce que Saturne peut donner : un engagement total envers les personnes et les choses appréciées, une capacité à sans cesse se reconstruire.

Saturne en Gémeaux : Kalinda Sharma (*The Good Wife*)

« Personne ne dit jamais la vérité. Jamais. »

Kalinda est un mystère ambulant : enquêtrice privée pour une prestigieuse firme d'avocats, elle est d'une efficacité redoutable, mais ne dévoile jamais rien d'elle-même. Déterminée et sans aucune barrière morale, elle est prête à tout pour dénicher des informations et fait preuve d'une ingéniosité hors du commun quand il s'agit de tirer les vers du nez aux gens. Le secret, dans ses relations ou son travail, est sa manière d'opérer, et son indifférence pour l'engagement la dote d'un pouvoir d'attraction quasi irrésistible, d'autant plus qu'elle n'en joue pas. À travers ses aspects négatifs, Kalinda incarne une Saturne en Gémeaux détachée et dans le refus de la sentimentalité. Mais par le biais de ses missions et de ses relations, elle montre que la planète, en assumant totalement son besoin de connaissance et de réflexion, prend ses engagements moraux et amicaux très au sérieux.

Saturne en Cancer : Tony Soprano (*Les Soprano*)

« Vous me demandez ce que je ressens. Je vous le dis, et maintenant vous allez me torturer avec ça. »

Big boss d'une branche ultra-violente de la mafia du New Jersey, Tony est un dur à cuire qui aimerait bien mener son entourage à la baguette, mais se trouve complètement débordé par la vie. Perturbé par des enfants qui deviennent ados, mis à l'épreuve par une femme compliquée, harcelé par une mère envahissante et parasité par des acolytes stupides, il se découvre des failles psychologiques qu'il ne soupçonnait pas. Las, il finit par admettre une dépression galopante et va voir une psychanalyste, qui le pousse à se reconnecter avec ses émotions (beurk) : il entame un cheminement laborieux qui l'aide à se décentrer tout en restant le même malfrat autoritaire. À travers ses aspects négatifs, Tony incarne une Saturne en Cancer repliée sur elle-même et dans la difficulté à exprimer les émotions, traversée par une fragilité due aux blessures d'enfance. Mais dans son travail sur lui-même, il apprend à se débarrasser de ses peurs et développe le courage d'explorer en profondeur ses fêlures et ses lieux d'anxiété pour mieux les surmonter.

Saturne en Lion : Cookie Lyon (*Empire*)

« Tout le monde n'est pas fait pour la rue. C'est pour ça que l'on a inventé les trottoirs. »

Cookie sort de prison après y avoir passé dix-sept ans pour trafic de drogue et pris sur elle de sauver son mari, qu'elle a aidé à monter un label de hip-hop grâce à son argent et à son sens des affaires. Lâchement abandonnée par sa famille, elle revient en force en vue de conquérir ce qui lui appartient : la moitié de l'entreprise et l'amour de ses trois fils. Ambitieuse et sans fard, Cookie, qui n'a pas la langue dans sa poche, manifeste un sens aigu du style et du drame. Elle qui a fait preuve d'une générosité sans limites envers les siens repart bille en tête pour reprendre les rênes de sa vie. À travers ses aspects négatifs, Cookie incarne une Saturne en Lion très manichéenne et absolue, qui supporte mal que les choses ne fonctionnent pas selon son bon vouloir, et se comporte de manière possessive à l'excès. Mais en apprenant à moins s'écouter et à assouplir ses principes rigides, elle montre à quel point elle sait servir ses aspirations, voir en grand et tout structurer pour atteindre ses objectifs.

Saturne en Vierge : Dwight Schrute (*The Office*)

« Avant de faire quoi que ce soit, je me demande : « Est-ce qu'un idiot ferait ça ? » Et si la réponse est oui, je ne le fais pas. »

Commercial dans une petite entreprise de papier américaine, Dwight, descendant d'une famille amish, est également propriétaire d'une ferme, shérif volontaire, *nerd* à plein temps et lanceur d'alerte. Sa personnalité aussi décalée qu'obsessionnelle est source de bien des tracas pour ses collègues. Il ne supporte pas l'irrationalité, le désordre et l'inefficacité, est d'une lucidité folle mais d'une candeur désarmante, et prêt à tout pour prouver sa valeur au travail, quitte à faire des choses complètement démentes. Incisif et inadapté socialement, il ne cherche ni à plaire ni à se contenter de peu. À travers ses aspects négatifs, Dwight incarne la dimension tatillonne et ambitieuse d'une Saturne en Vierge qui sait accepter les responsabilités. Mais lorsqu'il apprend à ne pas se laisser envahir par la peur de ne pas satisfaire ses propres exigences et qu'il se connecte avec les autres, il en vient à exploiter une rigueur d'analyse et un engagement dans la vie sociale qui lui permettent de devenir une figure de conseil et de partage de connaissances.

Saturne en Balance : Fleabag (*Fleabag*)

« Les gens font des erreurs. C'est bien pour ça qu'il y a des gommes au bout des crayons. »

Éprouvée par le deuil de sa mère et de sa meilleure amie, avec qui elle tenait un café autour de la thématique des cochons d'Inde, Fleabag se retrouve avec une dépression et la gestion d'un commerce sur les bras. Incapable de faire face, elle se réfugie dans les relations sexuelles et un humour décapant qui lui sert de protection contre l'autojugement. Elle s'adresse directement aux spectateur·rice·s pour leur faire part de ses doutes et de ses réflexions, sans essayer de tricher. Magnanime, elle accepte les défauts d'un père amorphe, d'une sœur névrosée et d'un beau-frère exécrable, et tente désespérément de naviguer entre eux. À travers ses aspects négatifs, elle incarne une Saturne en Balance indécise, peu sûre de sa valeur, qui pousse parfois à faire les mauvais choix en se coltinant des gens pénibles. Mais en gardant sa légèreté et sa lucidité, elle atteint aussi une sagesse sociale, une indifférence pour le ridicule qui l'amène à une conscience stable d'elle-même et des autres.

Saturne en Scorpion : Arabella (*I May Destroy You*)

« Tout est normal et rien ne l'est. »

Arabella est une jeune femme brillante et bien dans sa peau : cette autrice londonienne a le vent en poupe, des ami·e·s fidèles et une personnalité magnétique. Mais un événement traumatique va bouleverser le cours de sa vie. D'abord refoulé, il revient hanter son esprit et maltraiter son corps, en ne cessant pas de la rappeler à l'ordre. En la forçant à faire face, dans un processus douloureux de prise de conscience, il la pousse à recouvrer l'empire sur elle-même. Acculée, Arabella plonge dans sa mémoire afin d'y dénicher la clé de sa souffrance et lutte pour survivre durant cette période extrêmement difficile. À travers ses aspects négatifs, elle incarne une Saturne en Scorpion complexe, tout en maîtrise de soi et en lucidité pessimiste. Mais comme Arabella, la planète peut atteindre une lumière particulière en traversant les épreuves les plus éprouvantes, pour accéder à une nouvelle façon de fonctionner et de s'envisager.

Saturne en Sagittaire : Omar Little (*The Wire*)

« Omar n'a pas peur. »

Omar est un électron libre, un bandit des grands chemins né dans la peau d'un dealer de Baltimore, gay et balafré. Sans foi ni loi, mais doté d'une éducation stricte et d'une éthique bien personnelle, il vole ostensiblement les caïds les plus redoutables, les délestant de leurs stocks de drogue : Omar n'a peur de rien, ni de la violence ni d'affirmer son identité dans un milieu où la masculinité est un enjeu complexe. Cabotin, il annonce son arrivée en sifflotant, avant de tirer sur tout ce qui bouge avec des armes lourdes : il est la Némésis du monde du crime organisé, le grain de sable qui n'obéit à aucune règle. À travers ses aspects négatifs, il incarne la démesure d'une Saturne en Sagittaire, qui se méfie des structures et explose toutes les limites sur son chemin. Mais la planète peut atteindre un niveau de morale supérieur en faisant ce que personne d'autre n'ose entreprendre : elle va dans des contrées inexplorées et pousse à se dépasser complètement.

Saturne en Capricorne : Miranda Hobbes (*Sex and the City*)

« Je ne peux pas dire « je t'aime ». Ce n'est pas dans mon ADN. »

Miranda est une avocate à la tête dure, qui ne supporte ni les jérémiades ni les effusions sentimentales. Pragmatique, elle ne craint pas d'affirmer sa personnalité, au risque de déplaire : la solitude ne la rebute pas, car elle préfère de loin sa propre compagnie à celle d'un·e éventuel·le partenaire envahissant·e. Son obsession de la réussite et de l'indépendance, son cynisme et sa lucidité l'épuisent parfois, l'empêchant de dévoiler son besoin de tendresse en tenant les autres à bonne distance dès qu'elle sent qu'elle perd le contrôle. À travers ses aspects négatifs, elle incarne une Saturne en Capricorne intransigeante, qui n'accepte pas l'erreur. Très à cheval sur le principe de réalité, elle espère pourtant expérimenter le moins d'obstacles possible et imposer son rythme aux événements. Un brin dans un délire de toute-puissance, elle se méfie d'à peu près tout. Mais lorsqu'elle affine sa personnalité, elle allie deux atouts de taille : la sagesse et la détermination. Sans se départir de sa force mentale, elle consent à s'ouvrir aux émotions inconnues et devient quasi invincible.

Saturne en Verseau : Huey Freeman (*The Boondocks*)

« Que savez-vous de ma vision ? Ma vision bouleverserait votre monde, déchirerait vos illusions et ferait s'écrouler le sanctuaire de votre propre ignorance autour de vous. »

Jeune garçon afro-américain de dix ans, Huey vit avec son frère Riley et leur grand-père au sein d'un quartier populaire de Chicago. Ils déménagent vers une banlieue chic du sud des États-Unis et commencent une vie dans un environnement riche et très peu divers. Toutefois, Huey est un enfant précoce, qui perçoit toutes les failles de la société américaine. Il ne supporte pas les injustices et se considère comme un révolutionnaire (le personnage est d'ailleurs prénommé comme le militant des Black Panthers, Huey P. Newton).

Orateur brillant et esprit impitoyablement acéré, le garçon n'est pas là pour rigoler, mais pour ouvrir les yeux de ses semblables. À travers ses aspects négatifs, Huey incarne une Saturne en Verseau cynique et misanthrope, tellement détachée des passions terrestres et investie dans ses idées qu'il lui est difficile de se connecter simplement aux autres. Pourtant, si la planète réussit à être moins intransigeante, elle peut amener à agir de manière efficace et collective dans le monde, en créant des structures de pensée riches et solides, ainsi que des moyens de les mettre en œuvre.

Saturne en Poissons : Annalise Keating (*How to Get Away with Murder*)

« Nous avons tou·te·s fait des choses terribles. Les pires choses, tou·te·s autant que nous sommes. »

Personnage éminemment compliqué, Annalise est une avocate accomplie et une professeure de droit respectée, qui exerce un pouvoir charismatique sur ses étudiant·e·s. Déterminée, elle semble balayer tous les obstacles sur son passage, mais doit composer avec sa fragilité intérieure, qui la dévore depuis toujours : en proie à un passé très douloureux, elle oscille entre sa face publique et sa face privée, qui s'opposent et dont les frontières finissent par devenir poreuses. À la fois idéaliste et manipulatrice, généreuse et impitoyable, Annalise crée des catastrophes qu'elle répare avec sang-froid, dans un cycle qui semble sans fin. À travers ses aspects négatifs, elle incarne une Saturne en Poissons solitaire, qui envisage la vie comme une longue succession d'épreuves nécessitant un retour constant sur soi-même. Mais lorsqu'elle réussit à concilier ses deux faces, l'une diabolique et l'autre divine, elle accepte l'imperfection inévitable de son humanité et atteint un niveau de conscience supérieur.

La rétrogradation, cette force cachée

Ce qui n'existe pas vraiment

Ce que l'on appelle « rétrogradation des planètes » est une illusion d'optique qui est due au fait que nous les observons du point de vue de la Terre. Ce phénomène très fréquent donne l'impression qu'elles reviennent sur leurs pas dans leur course autour du Soleil, mais cela n'est fondé sur aucune réalité ! Sur le plan symbolique, la rétrogradation signifie simplement l'inhibition des fonctions archétypales d'une planète et la réflexion à leur propos.

Un enseignement essentiel

Dans un thème, une rétrogradation raconte un point symbolique d'achoppement, une capacité en suspens, une qualité qui est sous-jacente et ne demande qu'à éclore. À l'opposé, lorsque les planètes sont dites « directes » dans le thème, elles symbolisent des manières d'être naturelles et qui s'expriment spontanément. Dans ce mouvement illusoire de recul, les planètes symbolisent une retenue, un labeur qui permet de repartir sur de nouvelles bases : elles travaillent pour achever ce qui paraît simple à toutes les autres. Elles ont le mérite de réussir sans profiter de facilités : comme tout ce qui requiert un effort, leurs leçons sont intéressantes et d'autant plus précieuses qu'elles ont besoin de temps pour être élaborées.

Les rétrogradations dans votre thème

Mercure rétrograde

Mercure représente les fonctions archétypales de développement de l'intelligence, les manières de la communiquer et la perméabilité de celle-ci aux influences diverses du monde. Lorsqu'elle est rétrograde, elle raconte symboliquement une grande intériorisation de la réflexion, qui peine à s'exprimer : Mercure cherche ses mots et explore ses maux. Il y a une lenteur dans le souci de ne pas extérioriser le tout-venant, une réticence aussi à dévoiler ses pensées, à la fois par volonté de les affiner, et par crainte d'être mal compris·e ou de mal les dire. Elle peut rester longtemps en retrait, par réflexe et par souhait de perfection, admirant Mercure directe, qui n'hésite pas à prendre la parole et pour qui l'articulation de la réflexion et de sa communication ne présente aucun problème. C'est en comprenant que sa vérité est dans le dialogue intérieur que la planète se révèle. La parole devient puissante et profonde, sans superflu ni cabotinage.

Vénus rétrograde

Vénus représente les fonctions archétypales de créativité, d'amour absolu et de sens du Beau. Lorsqu'elle est rétrograde, elle raconte symboliquement le doute de soi quant aux aspirations dans ces domaines, la volonté de rester en retrait et de ne pas s'engager à la légère, que ce soit dans une relation ou dans un projet. Il n'y a pas de dilettantisme dans sa façon d'envisager les sentiments, qui se doivent d'être nobles sous peine d'être dévalorisés : la retenue des émotions et la peur de ne pas être à la hauteur l'empêchent, dans un premier temps, de réaliser ses envies et la paralysent parfois. Elle admire la Vénus directe, qui ne ressent aucune gêne à se lancer dans ses projets ou à aimer sans condition. C'est en comprenant que sa vérité réside dans l'amour de soi qu'elle se révèle et, lorsque le bon projet ou des personnes adéquates se présentent, elle prend tout son sens.

Mars rétrograde

Mars représente les fonctions archétypales d'appétence pour la vie, la volonté d'agir et l'énergie au sens large du terme. Lorsqu'elle est rétrograde, elle raconte symboliquement le blocage qui l'empêche de s'affirmer et de mener sa barque comme elle l'entend. Toute son activité est canalisée, voire bridée, ce qui lui donne une impression de dépossession et l'oblige, à terme, comme pour un cheval trop longtemps enfermé dans un enclos, à ruer dans les brancards. C'est dans le désordre et le manque de logique qu'elle s'exprime, car elle a le sentiment de ne jamais pouvoir agir au moment adéquat : sa sensation de « mal faire » la paralyse. Elle admire la Mars directe, qui se lance tête baissée dans la vie et déploie son énergie naturellement.

C'est en comprenant que le fait de ronger son frein et de contenir sa volonté d'entreprendre lui permet de se gouverner qu'elle se révèle. L'action réfléchie et sûre devient son mode opératoire.

Jupiter rétrograde

Jupiter représente les fonctions archétypales de réalisation sociale et de recherche d'idéaux. Lorsqu'elle est rétrograde, elle raconte symboliquement les difficultés à trouver sa place et à se forger des certitudes. La planète, dans sa localisation habituelle, bien ancrée dans le monde et très au fait de son fonctionnement, se sent en retrait, étrangère à la réalité. Elle réprime la joie d'exister là où elle se situe, mobilisée par des considérations conceptuelles ou effrayée par l'inconnu. Elle admire la Jupiter directe, qui sait d'instinct comment se positionner et attraper le bonheur où il est. C'est en apprenant à accepter ce qui l'entoure et en profitant de ce qui est à sa portée que l'astre transforme sa frilosité en force et révèle sa capacité d'expansion : elle s'autorise à viser haut et à voir grand, au-delà des limites de son environnement.

Saturne rétrograde

Saturne représente les fonctions archétypales d'obligation, de temps et de discipline. Lorsqu'elle est rétrograde, elle raconte symboliquement le développement trop prégnant de ces fonctions. La planète vit la culpabilité constante de ne pas assez se protéger et est poussée dans ses retranchements, dans l'extrême solitude du repli sur elle-même. Elle transforme les aspects bénéfiques du sérieux et de la détermination en manque de souplesse ou en peur de ne pas être à la hauteur. Elle admire la Saturne directe, qui prend les rênes de ses responsabilités sans paniquer. C'est en comprenant que les limites doivent se tourner vers elle-même et non vers les autres que la planète se révèle et développe une grande résistance à l'adversité.

Uranus rétrograde

Uranus représente les fonctions archétypales de liberté et d'innovation. Lorsqu'elle est rétrograde, elle raconte symboliquement un certain désordre de la pensée, une complication dans le cours de la vie intérieure. La planète alterne entre anarchie, éparpillement et sentiment d'être un outsider, un électron libre qui ne trouve pas de point d'ancrage. En oscillant entre la volonté de faire, d'apporter son aide au monde, et la peur du conformisme, elle se perd. Elle admire l'Uranus directe, qui ne craint pas de confronter sa différence avec le groupe et se sent très à l'aise dans sa recherche constante d'indépendance. C'est en comprenant que cette liberté ne doit pas être cherchée dans la société, mais qu'il lui faut s'épanouir dans l'esprit, que la planète se révèle : la vérité devient un absolu intérieur qui n'a pas besoin de la validation d'un tiers.

Neptune rétrograde

Neptune représente les fonctions archétypales de compassion, d'imagination et d'utopie. Lorsqu'elle est rétrograde, elle raconte symboliquement le refuge dans les illusions, l'incapacité de faire face aux réalités de la vie. La planète navigue constamment entre une sorte de brouillard de déni et l'absence de limites. En se perdant dans les méandres de ses aspirations artistiques floues et de situations fantasmées, elle dilue son pouvoir de vision, de sensibilité à tout ce qui ne touche pas aux choses matérielles. Elle admire la Neptune directe, qui sait maîtriser naturellement ses illuminations spirituelles en les canalisant dans des réalisations concrètes ou en apportant sa compassion aux autres. C'est en comprenant que cette capacité compassionnelle doit avant tout se tourner vers elle-même et utiliser cette sensibilité à l'univers des images mentales pour se développer que la planète se révèle.

Pluton rétrograde

Pluton représente les fonctions archétypales de passion, de métamorphose et de crise. Lorsqu'elle est rétrograde, elle raconte symboliquement la volonté de pouvoir sur soi due à des peurs profondément ancrées, résurgences de traumatismes, de deuils ou d'un sentiment d'abandon. La planète creuse l'inconscient afin de mettre tous ces aspects à nu, fouillant les diverses mémoires pour frénétiquement tenter de ne pas se laisser manipuler par les autres. La peur de la faiblesse est sa hantise, car elle vit dans l'angoisse de céder à ses pulsions. Elle admire la Pluton directe, qui sait utiliser et transformer ses obsessions en force pour prendre le pouvoir dans la vie réelle. C'est en comprenant que son règne ne peut se faire que dans une mutation profonde qui oblige à ne jamais tricher envers soi-même qu'elle se révèle.

La vie, c'est des problèmes

Saturne traîne une symbolique de pesanteur, d'épaisseur, de puissante matérialité du temps, qui s'étire et aide à porter tous les bagages de la vie. Il faut vous l'imaginer comme une zone qui irradie dans le thème, attirant à elle les astres avec qui elle est en communication. La planète n'est pas un point anodin, puisqu'elle matérialise la difficulté : cette difficulté, vous le savez, prend bien des visages selon la réalité de chacun·e et peut polluer de nombreux aspects de l'existence.

Dire que les problèmes aident à grandir et donnent de bonnes leçons est à peu près aussi péremptoire qu'affirmer que le bonheur n'est qu'une question de volonté. Il n'y a pas de vérité dans la souffrance : c'est la nuit que tous les chats sont gris, l'endroit qui peut faire basculer dans le vide. Mais on ne peut nier que, dans l'acte même de vieillir, il y a forcément de la peine, que l'on s'efforce tant bien que mal de gérer, de comprendre, d'éviter. À l'évidence, en apprenant de ses erreurs, on en commet de nouvelles : la vie est un cycle sans fin de désagréments. Bien négociée, Saturne peut prendre l'aspect d'une matriarche ou d'un patriarche qui en a vu d'autres et ne plus représenter la difficulté en elle-même, mais le point duquel il est possible de la dénouer. Que vous nommiez Saturne « solitude », « culpabilité » ou « autolimitation », peu importe. C'est à vous de la circonscrire, avec vos mots et votre interprétation.

Saturne est-elle la dépression ?

Je refuse de parler de tout ce qui touche à la maladie mentale avec trop de légèreté. J'évoquerai ici la dépression, puisque c'est une affection dont je souffre depuis l'enfance et que j'apprends chaque jour à apprivoiser, et que c'est celle qui me semble revenir le plus dans les analyses à la petite semaine, tant le terme lui-même est galvaudé. Je ne trouve pas de point symbolique dans le thème qui puisse évoquer cette paralysie de l'esprit, puisqu'elle est le vide : il faudrait que sa géométrie matérialise un vortex, une zone en creux, un endroit où il n'y a rien. Or, je suis ici dans une démarche de mise en forme vénusienne, d'évocation archétypale, de création de lien fécond, qui se sert de l'imagination et l'enfante, représentant tout le contraire du trou noir de la souffrance mentale.

Circonscrire, dans le thème, les tourments qui causent de graves troubles, de ceux qui plongent dans un tunnel sans fin de grisaille, d'irréalité, créant une prison mentale de laquelle on ne peut s'échapper, poussant à des extrémités douloureuses, sans expertise thérapeutique ni vérité médicale, est un exercice délicat. Je crois que cela est vrai pour tout ce qui concerne la maladie, les troubles du corps ou de l'esprit : le thème, dans sa dimension narrative, peut aider à les évoquer, servir de support de parole inédit, mais ne contient aucune vérité, aucune essence.

SATURNE EN SIGNES À TRAVERS

Bélier

SERJ TANKIAN (System of a down)
CHOP SUEY

« Mon Père, entre tes mains, je remets mon esprit – Mon Père, entre tes mains – Pourquoi m'as-tu oublié ? »

Taureau

OTIS REDDING
A CHANGE IS GONNA COME

« C'est dur de vivre – Et j'ai peur de mourir – Je ne sais pas ce qu'il y a là-haut – Au-dessus des nuages. »

Gémeaux

BILLIE HOLIDAY
STRANGE FRUIT

« Un fruit étrange pousse dans les arbres du Sud – Du sang sur les feuilles et à la racine – Des corps noirs qui se balancent dans la brise – Un fruit étrange pend dans les branches des peupliers. »

Cancer

OXMO PUCCINO
L'ENFANT SEUL

« Personne ne guérit de son enfance – Même un torse poilu ne peut oublier sa vie de gosse du divorce, rossé par son beau-père – L'enfant seul, c'est toi, eux, lui, elle. »

Lion

BOOBA
B.B

« On m'a retrouvé, j'étais cassé, baby – Y a quelques bricoles à faire – La carapace est intacte, le cœur est accidenté – Zéro nuance de Grey – Tout est noir, je les hais, de loin ou de près. »

Vierge

BRUCE SPRINGSTEEN
MY FATHER'S HOUSE

« La nuit dernière, j'ai rêvé que j'étais un enfant – Là où les pins sont grands et sauvages – J'essayais de retrouver le chemin de la maison dans la forêt – Avant que la nuit tombe. »

LES CHANSONS TRISTES

Balance

BEYONCÉ
HALO

« Partout où je regarde maintenant – Je suis entourée par ta lumière – Bébé, je peux voir ton auréole – Tu sais que tu es mon sauveur. »

Scorpion

AMY WINEHOUSE
YOU KNOW I'M NO GOOD

« Je me suis menti à moi-même – Comme je l'avais prévu – Je t'ai prévenu que j'étais problématique – Tu sais que je ne vaux rien. »

Sagittaire

LADY GAGA
MILLION REASONS

« Je m'incline pour prier – J'essaie d'améliorer le pire – Seigneur, montre-moi le chemin. »

Capricorne

ROBERT SMITH (The Cure)
A FOREST

« Tout à coup, je m'arrête – Mais je sais qu'il est trop tard – Je suis perdu dans la forêt – Tout seul. »

Verseau

NINA SIMONE
LILAC WINE

« Lorsque je pense trop – Je fais des choses que je ne devrais jamais faire – Je bois bien plus que de raison – Parce que cela me ramène à toi. »

Poissons

KURT COBAIN (Nirvana)
SOMETHING IN THE WAY

« Et les animaux que j'ai capturés – Sont tous devenus mes compagnons – Je me nourris d'herbe – Et des gouttes d'eau qui tombent du plafond. »

CHAPITRE VIII

COLORIEZ EN DEHORS DES CASES

La déconstruction a du bon

« Alexandre le Grand passe devant le tonneau où vit Diogène et lui dit : "Demande-moi ce que tu veux, je te le donnerai." Diogène lui répond : "Ôte-toi de mon soleil." »

Les opinions, c'est marrant : on peut les collectionner, en changer, ne pas les vérifier, voire en discuter. Moi-même, j'en ai plein. Je préférais le temps d'avant Internet, où je pouvais passer des heures à débattre avec mes proches sans avoir à écourter la discussion en allant sur Google. Google a tué le fun de la mauvaise foi qui permet de se disputer avec les gens que l'on aime sur des sujets pourris. Ce qui est moins marrant, c'est quand le cercle de proches se transforme en un forum mondial où toutes les inepties qui nous viennent à l'esprit deviennent des phrases définitives : l'impératif qui consiste à exprimer la pensée sans la construire est devenu un sport de combat. Mais nous savons bien que la raison ne fonctionne pas sur le mode des cent quarante signes : les nouveaux philosophes qui dégainent plus vite que leur ombre sur les réseaux sociaux ne rassurent personne. J'estime qu'il y a une urgence à toujours observer d'où l'on parle, à considérer ce que nous croyons et pensons avec encore plus d'acuité que tout le reste, à demeurer vigilant·e·s à l'égard de nos propres réflexes. Entendons-nous bien : il ne s'agit pas ici de relativisme absolu, qui laisse la place aux *fake news* et autres théories du complot dans un mécanisme de pensée-opinion épuisant et stérile. Dans ce chapitre, vous comprendrez que la symbolique d'Uranus parle justement de ce besoin de décentration, qui permet de garder une pensée en alerte. J'évoquerai également les principaux écueils et malentendus qui traversent l'astro-philo : c'est nécessaire pour en avoir une vision claire et juste.

Uranus : la pichenette déroutante

Arrête de suivre les règles, Saturne !

Après la planète de la mesure, Uranus arrive, sens dessus dessous : sa rotation atypique lui permet de se démarquer des autres. Ses caractéristiques scientifiques symbolisent la révolte, l'excentricité qui vient nécessairement après de trop longues restrictions. Elle raconte un moment de cassure, de changement de rythme, propre à toute évolution.

Celui qui n'en faisait qu'à sa tête

Pour bien comprendre la place d'Uranus dans le système astro-philo, on peut commencer par lire le scénario de son épisode mythologique.

Il est important de comprendre le symbolisme d'Ouranos, qui n'est pas seulement un créateur d'étoiles, mais surtout un esprit démiurge, créé par Gaia, la Terre, pour la recouvrir complètement et l'aider à la création. Elle enfante ce principe égal à elle-même, le ciel, qui la féconde pour engendrer la vie : il représente la création, la prolifération des principes et des réalités. L'étymologie de son nom peut être rapprochée de « pleuvoir » mais aussi d'« uriner » : il pisse littéralement la vie et finit par épuiser les ressources de sa compagne, lasse de sa suractivité. Ouranos ne connaît pas la limite : il n'est pas une personne, mais une force brute qui ne demande qu'à se déployer. Sa démesure n'a d'égale que sa largesse d'esprit : rien ne l'arrête, rien ne le contraint, rien ne l'empêche d'exposer sa grandeur et sa puissance d'engendrement. Chaque étoile est une idée nouvelle, chaque manifestation du réel est un concept inédit : il invente de la matière pour penser. C'est un merveilleux cadeau métaphysique, mais c'est aussi le fruit d'une sorte de frénésie mortifère, incontrôlable, sans véritable but. Lorsque Cronos y met un terme, il oblige son père à la parcimonie, lui signifiant que son délire de génération sans frein est une chimère : Ouranos ne peut remplir indéfiniment le monde.

Ce que vous apprend le mythe

Vos limites définissent votre liberté

Oui, les deux concepts sont profondément corrélés : auriez-vous besoin de conquérir votre liberté si la contrainte n'existait pas ? Probablement pas : cet état vous serait naturel et ne nécessiterait pas d'être mis en mots, puisqu'il n'aurait pas conscience de lui-même. La question de la liberté se pose avec Uranus-Ouranos, car le dieu vit dans cette absence totale de réflexivité : libre, car il est un principe, pas un individu. Le désir des autres n'existe pas, puisque les autres *n'existent pas* : il englobe tout, *il est* les autres ! Avant d'être rappelé à l'ordre par Saturne-Cronos, il est dans l'expansion totale de sa volonté : son fils symbolise le principe de réalité qui vous force à tenir compte de la matérialité du monde, que vous soyez d'accord ou pas. Cette réalité à la fois injuste, bancale et indispensable pour expérimenter la confrontation, met chaque individu à l'épreuve. Chaque être doit faire l'expérience de ses propres restrictions pour comprendre où se niche son besoin de liberté.

LA QUESTION À CENT BALLES

Uranus est-elle un aller simple pour le génie ?

Uranus-Ouranos, le ciel, engendre des étoiles, ses enfants, à tour de bras et ne sera calmé que lorsque son fils Saturne-Cronos lui coupera les parties génitales pour empêcher une telle prolifération. Cette progéniture, elle, symbolise les illuminations qui fleurissent çà et là dans votre esprit et ne se fixent que si vous y prêtez attention. Il y a des milliers d'étoiles-idées dans votre système. Lesquelles vont s'éteindre, lesquelles vont le plus briller ? Certes, Uranus-Ouranos ne tourne pas comme les autres planètes et apporte la petite brise révolutionnaire qui vous libère après tout le boulot imposé par Saturne. Mais ce n'est pas parce que l'on fait les choses différemment que c'est forcément bien : marcher sur la tête n'est pas une fin en soi, il faut un peu de substance pour que ce soit intéressant. Alors, oui, il importe de sortir des cases pour penser et avoir des idées qui n'ont pas déjà été éprouvées en long en large et en travers. Mais ces dernières ne servent à rien si elles se perdent dans le vent !

Utilisez le superpouvoir d'Uranus

Osez l'utopie

Tourner à l'envers (la planète) ou n'en faire qu'à sa tête (le dieu) revient à dépenser un paquet d'énergie pour ne pas suivre un chemin tout tracé. Autant que cela serve à voir les choses sous un autre angle pour apporter de la nouveauté au monde. La valeur intrinsèque de la planète est la puissance de son « courant » symbolique, qui traverse tout ce qu'elle touche : elle exalte les idées, les émotions, les attitudes, pour les pousser à leur paroxysme, et les faire éclater. Ce qui en résulte, c'est la perception de ce qui reste *après* que la situation a changé : c'est la prise de conscience que le monde ne s'est pas écroulé, que la rupture et l'imprévu peuvent mener à réaliser des choses qui paraissaient impossibles, qu'il est désormais envisageable de voir plus grand, d'aller plus loin, hors de sa zone de confort. Dès lors, tout est permis : on se rend compte que rien n'est figé et qu'il est possible de rêver autrement et d'agir pour l'obtenir.

La grande leçon d'Uranus

Mettez à jour vos logiciels

On pourrait confondre l'archétype de la planète avec le bouton *reset* des ordinateurs, qui les pousse au redémarrage en effaçant les nouvelles données. Or il n'en est rien. Si je devais continuer dans la métaphore informatique, et je vais le faire, je dirais qu'elle symbolise plutôt une *update*, qui permet aux logiciels et à l'interface de s'améliorer tout en gardant la même structure. Uranus arrive après Saturne, la faiseuse de règles, et permet d'entrevoir la mécanique narrative qui s'opère ici : pour penser différemment, l'excentrique (Uranus) doit monter sur la tête du sage autoproclamé (Saturne), pointer ce qu'il ne voit pas ou ne veut pas voir, afin de lui démontrer qu'une autre voie est possible. Mais sans règles, l'original·e n'a rien à dépasser : elle·il doit les connaître, les comprendre, avant de se révolter contre elles. Sans Saturne, elle·il n'a personne sur qui se hisser pour regarder plus loin, plus haut. Uranus vous encourage à améliorer votre système et à opérer des changements, mais pas à faire table rase : il lui faut un socle si elle veut pouvoir exercer sa vision.

Comment regarder Uranus dans votre thème (sans tout remettre en question) ?

Inversez la vapeur

Là où se trouve Uranus dans votre thème, tout est à l'envers : la planète retourne les valeurs pour en extraire le contresens. Elle met un bon coup de pied dans les principes de la maison ou du signe pour les déstabiliser, change la donne, décale le point de vue et permet symboliquement de briser des schémas, de s'affranchir des habitudes, de prendre le contre-pied de la norme. C'est donc un endroit où les choses diffèrent de ce qu'elles semblent être, où les évidences n'en sont pas, où le haut est en bas, où la gauche est à droite. C'est le moment de regarder les planètes qu'elle touche avec un autre filtre, de renverser la signification de son placement pour accéder à un sens inédit.

Apprivoisez les différents stades d'Uranus, ils ne mordent pas

La planète fait le tour du zodiaque en quatre-vingt-quatre ans, ce qui, symboliquement, raconte des changements collectifs qui coïncident avec le cours individuel de l'existence (la vie n'est pas terminée, si l'on a de la chance) : c'est l'alliance de la communauté et du personnel.

Au début de la vie

Uranus, c'est celle qui apprend à dire non simplement pour voir comment on réagit autour d'elle. Quand elle prend la mesure de ce pouvoir de déstabilisation, elle en use et en abuse, et ne perçoit pas encore les conséquences de celui-ci.

Avec l'expérience

À mesure que la personnalité s'affirme et se définit, Uranus raconte la capacité de voir les choses sous un autre angle, de se décentrer pour apprendre et mûrir.

La finalité d'Uranus : vous permettre de changer

Car il n'y a que les imbéciles qui ne changent pas d'avis ou ne changent pas tout court, non ? En brisant les règles, en symbolisant les modifications brusques et inattendues, la planète raconte l'adaptation perpétuelle aux aléas de l'existence, et la faculté d'engendrer soi-même le revirement.

Où est allée se nicher votre Uranus ?

Les fonctions d'Uranus

Dans la vie courante : la façon de se démarquer.
Dans votre esprit : la recherche de décentration.
Au-delà de vous-même : la volonté de liberté.

Uranus en maisons

La maison dans laquelle se trouve Uranus dans votre thème est le lieu symbolique dans lequel la planète exprime sa capacité d'initier le changement.

Uranus en aspects

Les planètes en aspects avec Uranus mettent symboliquement en exergue, à travers leur tension, leur facilitation ou leur connivence, la façon dont s'expriment l'esprit de contradiction et la décentration.

Uranus en signes

Uranus en signes montre dans quelle sorte d'énergie s'exprime, symboliquement, l'énergie de rébellion et d'originalité.

Uranus en signes

à travers les récits de science-fiction

Parce qu'elle symbolise le petit pas de côté qui oblige à voir les choses sous un autre angle, Uranus interroge symboliquement ce qu'il y a de plus complexe et de plus précieux en vous : votre humanité. Dans son processus de remise en question des idées, des certitudes, des appartenances et des réflexes, elle met paradoxalement en valeur ce dénominateur commun, ce qui fait socle, ce qui constitue la base de tout : vous faites partie de ce grand groupe à la fois tout-puissant et intrinsèquement fragile. Les dystopies et les uchronies sont les récits d'anticipation qui racontent des utopies qui tournent mal ou le léger décalage dans le passé, qui rend l'avenir complètement différent : en cela, elles parlent de ce petit caillou uranien, qui fait dévier la route toute tracée que vous avez élaborée dans votre esprit.

Uranus en Bélier : *La Planète des singes* (Pierre Boulle)

« Vous voyez bien que l'esprit peut se perdre, comme il peut s'acquérir. »

Ulysse Mérou, un jeune journaliste, se lie d'amitié avec un éminent professeur, qui l'embarque dans une expédition scientifique à travers l'espace pour approcher l'étoile Bételgeuse. Lors de ce voyage, ils découvrent une planète très ressemblante à la Terre et décident de s'y poser. Mais celle-ci est dirigée par un peuple de grands singes à l'intelligence surdéveloppée, qui a établi une société inique au sein de laquelle les êtres humains sont considérés comme des animaux. Capturé et observé telle une curiosité, Ulysse entame un échange avec cette communauté sidérée par ses facultés intellectuelles. « *Qu'est-ce qui fait ma particularité ?* » interroge le récit. C'est également la question que pose Uranus en Bélier, curieuse et intuitive, qui renverse la notion d'individualité. Elle n'a pas peur d'exister dans toute sa différence, de l'affirmer, de la revendiquer. Elle circonscrit la notion d'individu au sein du groupe, la capacité de résister à la norme, de défricher les idées, d'initier le changement.

Uranus en Taureau : *Les Dépossédés* (Ursula K. Le Guin)

« Rien n'est à toi. »

Plus utopique que dystopique, le roman raconte la coexistence de deux planètes jumelles, Urras et Anarres, sur lesquelles vit le même peuple : les Cétiens. Urras ressemble beaucoup à la Terre tandis qu'Anarres est beaucoup moins hospitalière. C'est cette dernière qui a été désignée par les États libéraux urrastis pour accueillir des révolutionnaires bien décidé·e·s à faire valoir leurs vues anarcho-syndicalistes. Anarres devient donc le lieu de leur non-État, sans gouvernement, lois ni institutions, et surtout, sans propriété privée : on y coopère pour produire selon son désir, on s'échange les objets et les lieux de vie, les adjectifs possessifs n'existent plus, l'autorité parentale et les relations amoureuses sont repensées afin de correspondre à la même idée. Deux cents ans après la migration des ancêtres de la population anarchiste d'Anarres, Shevek, un physicien curieux résidant sur cette planète, essaie de promouvoir ses théories et de rapprocher les deux peuples, mais s'aperçoit vite des limites de la société, censée être libertaire, dans laquelle il évolue. « *Peut-on vraiment se détacher de la possession ?* » interroge le récit. C'est également la question que pose Uranus en Taureau, qui retourne les valeurs de confort du signe : peut-on accéder à la stabilité quand on vit sa liberté ? Le matériel est un moyen et non une fin en soi : c'est le dépassement de la contrainte qui compte.

Uranus en Gémeaux : *Kallocaïne* (Karin Boye)

« Les paroles et les actions naissent des sentiments et des pensées. Comment les individus pourraient-ils encore les garder pour eux ? Chaque camarade-soldat n'est-il pas la propriété de l'État ? »

Dans une société totalitaire dirigée par une administration obsédée par la traque des traîtres au régime, tout est mis en place pour que les individus soient étroitement surveillés : micros et caméras dans les lieux d'intimité, dénonciations, délations, la surveillance est totale. Dans ce contexte, Leo Kall, un chimiste au service de l'État, met au point une drogue, la kallocaïne, qui servira de sérum de vérité pour extraire les pensées de ses concitoyen·ne·s, aidant les dirigeants à pourchasser la moindre dissidence, même nichée au creux de l'esprit. Mais Leo change : sa relation avec sa femme lui ouvre des perspectives, un sursaut d'humanité qui bouleverse tout. « *Ma pensée peut-elle se détacher de mes émotions ?* » interroge le récit. C'est également la question que pose Uranus en Gémeaux, qui symbolise l'esprit débridé, ne s'accordant aucune limite, aucun répit. Il est impossible d'empêcher la pensée, de contraindre l'esprit : les images déboulent sans crier gare, les analogies se font malgré soi. C'est ce que symbolise cette Uranus en Taureau : le cerveau ne s'arrête jamais, et il mouline des émotions incontrôlables.

Uranus en Cancer : *Les Fils de l'homme* (P. D. James)

« L'homme est diminué s'il vit sans connaître son passé ; mais sans espoir d'avenir, il n'est plus qu'une bête. »

En 2021, la race humaine est en train de s'éteindre. Et pour cause : depuis 1995, toute la population dotée de spermatozoïdes est devenue infertile. Theo Faron, un professeur d'université, est approché par une bande de dissidents dont l'objectif est de destituer le despote en place, Xan, qui n'est autre que son cousin. Profitant du désintérêt général pour la politique, celui qui s'est proclamé « gardien » de l'Angleterre gouverne, à l'aide d'un conseil de cinq individus, de façon éminemment non démocratique. Dans un pays où les tests gynécologiques sont obligatoires, où les personnes âgées sont encouragées à se suicider à soixante ans, où la génération des derniers-nés forme une caste privilégiée, peu de citoyen·ne·s se révoltent. Theo, lui, va se trouver pris dans un tourbillon auquel il ne s'attendait plus. « *Comment vivre sans racines ?* » interroge le récit. C'est également la question que pose Uranus en Cancer, humaniste, très détachée de ses émotions, qui renverse l'idée de famille. Elle cherche à réinventer les notions de transmission et à transcender ses héritages.

Uranus en Lion : *L'Incivilité des fantômes* (Rivers Solomon)

« Les gens ne savent pas que faire de moi, et cela me plaît. Je ne veux pas être scrutable. »

Aster vit dans un immense vaisseau spatial qui sillonne l'espace depuis des siècles et cherche un nouveau berceau pour ce qui reste de l'humanité. Durant ce laps de temps, une organisation s'est établie, injuste et violente. Les différents ponts du *Matilda*, qui vont de A à Z, racontent la division de la société : dans les étages supérieurs, les Hauts-Pontiens, riches, blancs, puissants ; dans les étages inférieurs, les Bas-Pontiens, noirs, relégués au domaine agricole et opprimés par des règles iniques et une milice perverse. Aster vit la double oppression liée à sa transidentité : neuro-atypique, elle fonctionne dans un monde qui ne la laisse pas exister. Pourtant, elle se met au service des autres, utilisant ses dons de guérisseuse pour soigner les habitant·e·s des Bas-Ponts. Mais en exhumant les écrits de sa mère décédée, elle est bouleversée. Sa quête d'identité commence et, avec elle, la recherche d'une libération individuelle qui mène à celle des autres. « *L'originalité fonde-t-elle ce que je suis ?* » interroge le récit. C'est également la question que pose Uranus en Lion, qui découvre que les graines de la révolte sont déjà en elle : c'est la personnalité même qui, en s'affirmant, proclame la liberté, car le seul fait de vivre naturellement sa différence dans un monde normatif la propulse au rang de dissidente. En allant jusqu'au bout de son rayonnement, elle entraîne le monde.

Uranus en Vierge : *Auprès de moi toujours* (Kazuo Ishiguro)

« Votre vie doit maintenant suivre le cours qui lui a été fixé. »

Kathy est une jeune femme qui accompagne les patient·e·s dans le processus d'un don d'organe. Alors qu'elle est auprès d'une vieille amie, Ruth, qui passe pour la troisième fois par cette opération, elle se remémore, petit à petit, son enfance et son adolescence à ses côtés dans le pensionnat de Hailsham, niché en pleine campagne anglaise, à l'abri de tout. Avec leur camarade Tommy, elles ont été éduquées dans l'idée que leur vie, leur bien-être et leur santé étaient extrêmement précieux. En effet : ce sont des clones destinés à servir de réserve d'organes pour d'autres, et la société semble dans l'acceptation de cette barbarie. Les clones ont une fin programmée, peu importent leurs aspirations, leurs rêves, leurs espoirs : ils concourent au bien commun, dont on ne connaît pas les tenants et les aboutissants. « *Comment me rendre utile au monde ?* » interroge le récit. C'est également la question que pose Uranus en Vierge, qui est à la fois sacrificielle et indépendante. Oscillant entre la rébellion et la résignation, elle raconte l'implication totale dans sa tâche, mais aussi le doute, l'envie de briser des schémas dont elle ne sait pas si elle les a imposés ou pas, pour définir ses exigences envers elle-même.

Uranus en Balance : *La Cinquième Saison* (N. K. Jemisin)

« Être utile aux autres ne veut pas dire la même chose qu'être leur égal·e. »

Sur une planète fracturée, la Terre, ou peut-être pas, un seul immense continent, le Fixe, est soumis à de multiples tremblements de terre et surtout à une cinquième saison appelée « hiver nucléaire », pouvant s'étendre sur des années, durant laquelle le soleil est obstrué et les pluies acides ravagent tout. Les humain·e·s qui survivent se sont organisés en communautés s'apparentant à des castes, fondées en premier lieu sur l'essentialisation de leurs tâches. Parmi elles·eux, les « orogènes » se démarquent : ces êtres peuvent influer sur les énergies telluriques et provoquer des catastrophes comme les empêcher. La plupart ne maîtrisent pas ce pouvoir et sont chassé·e·s sans pitié par la population. Mais les dirigeants de l'empire du Sanze, installé au cœur du continent, décident que, plutôt que de les exterminer, il vaut mieux les recueillir pour les formater et se servir de leur puissance. À l'aube d'une cinquième saison, trois femmes orogènes sont soumises alors à des destins différents : chacune joue un rôle prépondérant et décisif dans le cours de l'histoire. « *Comment garder l'équilibre dans un monde malmené ?* » interroge le récit. C'est également la question que pose Uranus en Balance : comme les orogènes, elle peut être créatrice de chaos, mais aussi aider à maintenir le continent en place.

Uranus en Scorpion : *L'Aveuglement* (José Saramago)

« Il y a en chacun de nous une chose qui n'a pas de nom, et cette chose est ce que nous sommes. »

Sans que l'on sache pourquoi, une épidémie de cécité frappe la société : la population entière devient aveugle. Après avoir été parquées dans un asile et avoir vécu sous le joug d'une milice qui les a asservies, les premières personnes touchées sont relâchées dans la nature, se rendant compte que leur condition est désormais générale. Seule est épargnée la femme d'un ophtalmologiste, qui va guider ce petit groupe à travers un monde où tout n'est plus que chaos. La loi du plus fort règne, toutes les exactions sont permises, et personne n'est à l'abri du viol, du meurtre et de la déchéance. La question de la survie devient la seule qui soit importante et l'instinct remplace la civilité. « *Quelle est la part de noirceur en moi ?* » interroge le récit. C'est également la question que pose Uranus en Scorpion, qui symbolise la puissance de l'introspection et de la vision. Comme la « femme du docteur », dotée de la vue dans un monde d'aveugles, mais qui plonge dans l'obscurité de sa propre psyché face à la barbarie humaine, elle raconte le voyage dans les ténèbres.

Uranus en Sagittaire : *Hunger Games* (Suzanne Collins)

« En sombrant dans le sommeil, j'essaie de m'imaginer un monde sans Jeux, sans Capitole. Un endroit pareil à la prairie de la berceuse que j'ai chantée pour Rue quand elle est morte. »

Panem est ce qui reste de l'Amérique du Nord qui, après avoir été frappée par une apocalypse, est devenue un régime totalitaire. Elle est divisée en douze districts, qui ont chacun un domaine spécifique de production destinée à alimenter le Capitole, siège du gouvernement et métropole toute-puissante. Katniss Everdeen vit dans le district douze, le plus pauvre, celui qui produit du charbon. À l'aube de ses seize ans, elle doit participer à la Moisson, un tirage au sort qui désigne deux adolescent·e·s de chaque district, appelé·e·s « tributs », pour concourir dans un jeu télévisé cruel. Au cours de celui-ci, les participant·e·s sont amené·e·s à s'entre-tuer afin de gagner la première place. Cet affrontement a été orchestré dans le but de terroriser la population et la forcer à rester tranquille. Mais Katniss, idéaliste et généreuse, ne l'entend pas de cette oreille. Elle lance malgré elle, un mouvement de révolte générale. « *Quelles sont mes valeurs ?* » interroge le récit. C'est également la question que pose Uranus en Sagittaire, qui veut sans cesse repousser ses limites. Comme Kat-niss, elle refuse d'obéir à des règles qui lui paraissent insensées, quitte à instaurer un chaos provisoire. Ce qu'elle cherche, c'est une vie en adéquation avec ses principes.

Uranus en Capricorne : *Les androïdes rêvent-ils £de moutons électriques ?* (Philip K. Dick)

« Un androïde, dit-il, ne se soucie pas de ce qui arrive à un autre androïde. C'est l'une des indications que nous cherchons. »

En 1992, après qu'une guerre nucléaire a tout ravagé, une politique de colonisation de Mars a été mise en place. Chaque être humain qui y émigre se voit doté d'un androïde destiné à le servir. Les personnes dont le patrimoine génétique a été altéré par les radiations n'ont pas le droit de se reproduire ni de quitter la Terre, où la vie, entre les poussières radioactives et les émotions programmées par un orgue spécial, n'est pas fun. C'est là que vit Rick Deckard, un chasseur de primes qui accepte la mission d'éliminer six androïdes dissidents échappés de Mars, réfugiés sur Terre pour se soustraire à leur condition. Lui qui ne possède qu'un mouton électrique espère, avec l'argent gagné, pouvoir faire plaisir à sa femme en achetant une bête de chair et de sang : la plupart des espèces ont été décimées et la compagnie des animaux est très recherchée. Lors de son opération, il se trouve confronté à des doutes existentiels sur son empathie et son humanité. « *Quelle est la part d'inhumain en moi ?* » interroge le récit. C'est également la question que pose Uranus en Capricorne, qui raconte la détermination obsessionnelle pour atteindre ses buts, et le détachement émotionnel qu'elle nécessite. Comment concilier la démesure de la volonté rationnelle avec la réalité physique du corps, qui ressent malgré lui ? Au contact d'êtres sans empathie, Rick sonde la sienne. Comme lui, qui désespère du contact avec la nature, cette Uranus cherche le soulagement de l'équilibre.

Uranus en Verseau : *V for Vendetta* (Alan Moore, David Lloyd)

« Vous pensiez me tuer ? Sous cette cape, il n'y a ni chair ni sang. Seulement une idée. »

Dans les années 1980, une troisième guerre mondiale éclate, annihilant le monde sous des impacts nucléaires. L'Angleterre, qui échappe aux bombardements, vit au rythme du dérèglement climatique, et s'adapte en se laissant gouverner par un parti fasciste qui commet toutes les exactions possibles pour contraindre le peuple. De l'épuration ethnique à la surveillance généralisée, des lois racistes et homophobes en passant par l'établissement d'une milice toute-puissante, rien n'est épargné à la population. Dans ce contexte de soumission, une figure dissidente émerge : elle se fait appeler V et avance masquée, bien décidée à faire payer les dirigeants toxiques, violents et hypocrites qui se la coulent douce au plus haut de l'État. Probablement passé·e par l'un des camps de concentration du régime, torturé·e et soumis·e à des expérimentations, V, dont l'identité est inconnue, voit ses capacités augmentées : cela l'aide dans sa quête de vengeance. Sans aucune hésitation, V fait sauter le Parlement, dégomme les tenants d'un pouvoir illégitime et sème le chaos. « *Comment me mettre au service de l'humanité ?* » interroge le récit. C'est également la question que pose Uranus en Verseau, qui vit puissamment son engagement dans ses idées. Comme V, peu importe qui se cache derrière le masque indifférent et détaché : seuls la vérité et son dévoilement comptent.

Uranus en Poissons : *La Parabole du semeur* (Octavia E. Butler)

« Tout ce que tu touches, / Tu le changes. / Tout ce que tu changes, / Te change. / La seule vérité permanente / Est le Changement. »

En 2024, la société capitaliste est poussée à son extrême après un changement climatique catastrophique : écarts de revenus hallucinants, toute-puissance des entreprises qui abolissent les lois sur le travail, désengagement total de l'État, la population doit survivre dans un monde chaotique. Lauren, une jeune fille de quinze ans, vit avec sa famille dans une communauté isolée derrière des murs, à l'abri de la violence endémique des rues, de la drogue et de la faim. Mais elle sait que leur temps dans ce petit coin retiré est compté. Elle commence à écrire son journal, dans lequel elle relate sa vision du monde et les événements auxquels elle est confrontée. Hyper empathique, Lauren est connectée aux sensations de ses semblables et cela l'aide à envisager le monde très différemment. Elle élabore une croyance, qu'elle baptise « Semence de la Terre », fondée sur l'idée du caractère divin du changement perpétuel. Réfractaire aux notions de pureté ou de perfection, la jeune fille veut développer l'espoir d'une religion qui façonnera continuellement sa conception de Dieu. « *Y a-t-il du sacré en moi ?* » interroge le récit. C'est également la question que pose Uranus en Poissons, qui étend la conscience métaphysique. Lauren, évocation prophétique dont le journal pourra être interprété comme un texte fondateur, est une figure christique, elle-même étroitement liée au Poisson (note : la parabole du semeur est une allégorie des agissements de Jésus dans l'un des Évangiles). L'espoir, le sacrifice et la conscience de l'autre sont au cœur de ce placement.

Les trucs à déconstruire en astro-philo

Non, vos images mentales ne viennent pas des étoiles : tout un corpus intrafamilial, sociétal et politique les détermine. L'imagination est-elle vraiment libre ? J'aurais tendance à dire que non : culture et acculturation mènent la danse et, si les symboles sont remaniés, régurgités, transcendés, ils charrient des visions formatées. Mais « c'est le jeu, ma pauvre Lucette », cela est vrai dès que l'on vit en société : si vous n'êtes pas une essence, mais le produit de nombreuses influences et réalités matérielles que vous comprenez ou qui vous dépassent, votre pensée l'est aussi.

Le fait que l'astro-philo utilise la symbolique gréco-romaine (enfin, plus gréco- que romaine, les futurs Italiens ayant quand même largement pompé la foisonnante et très complexe mythologie de leurs voisins pour en faire la base d'une pensée toute militaire) est déjà un indicateur : des mythologies, il en existe des centaines, toutes plus analogiques les unes que les autres. En considérer une en particulier est un choix, et tous les choix sont, à terme, politiques : on peut préférer s'en emparer plutôt que de s'aventurer vers des concepts culturels inconnus, dont la finesse est difficile à saisir sans baigner dans leur sens depuis toujours.

Ces images, si elles traversent notre monde culturel, des romans de *fantasy* à la désignation des présidents de la République, et offrent une formidable réserve récréative, charrient aussi un tas de facettes pourries : je peux citer en vrac la supposée puissance masculine, l'essence douce et empathique de la féminité… Si j'aime la nature foutraque, presque sauvage et profondément signifiante des archétypes grecs, qui, sous couvert de fables confinant quelquefois à la comédie de boulevard, racontent la tragi-comédie de l'existence, je perçois leurs défauts et, parfois, une utilisation de la violence qui ne nous parle pas comme à nos ancêtres. On ne peut pas nier qu'elle sert sporadiquement un discours bien patriarcal et bien ethnocentré ; les images de Saturne, du Soleil, de Jupiter, pour ne citer qu'eux, étant très pratiques pour désigner un tas de figures contemporaines qui représentent, *in fine*, l'archétype envisagé dans sa première lecture.

La suite, vous l'écrivez

On fait ce que l'on peut avec ce que l'on a : mais rien ne nous empêche, rien ne *vous* empêche de tout envoyer bouler (c'est le chapitre sur Uranus, vous avez le droit). Il n'y a pas de règles, puisque rien dans le jeu analogique n'est essentiel ni nécessaire. Rien n'est interdit, car tout est poésie : rien n'est grave, puisque la poésie est un bonus qui fait du bien et non un guide de survie en société capitaliste. Vous n'allez pas vous attirer les foudres de Jupiter si vous choisissez de coller du sens sur vos images mentales, elles vous appartiennent, vous faites ce que vous voulez. Vous pouvez les enrichir avec votre culture, vos références, vos aspirations politiques, votre imaginaire, les rendre plus intéressantes, plus diverses, plus profondes, plus en écho avec le monde tel qu'il est aujourd'hui. Mon plus grand désir, sans aucune prétention, serait que ce livre vous incline à créer des choses plus libres, différentes, plus inspirées que ce que je vous raconte ici.

Je l'ai déjà dit, l'influence des planètes n'existe pas : l'astro-philo fait des liens poétiques, c'est tout. Il n'y a aucune vérité dans son discours, et il ne faut pas chercher de confirmation dans ce qu'elle vous raconte : il n'y a pas de signe caché, pas d'explication de la nature présupposée des choses. Bien sûr, comme tout discours imaginaire, elle vous parle, vous touche, et laisse parfois penser qu'elle s'adresse à vous personnellement. Ce sentiment est le même lorsque vous avez l'impression qu'un poème, un roman ou un tableau raconte votre vie : dans l'art, les émotions surgissent, universelles, et c'est là tout son intérêt.

URANUS EN SIGNES À TRAVERS

Bélier

YAYOI KUSAMA

Peintre, sculptrice
et écrivain, challengeuse
de la maladie mentale

Taureau

HILDEGARDE DE BINGEN

Nonne, médecin,
naturopathe, poète,
compositrice

Gémeaux

MARSHA P. JOHNSON

Activiste, amie, créatrice,
figure d'espoir

Cancer

MARIE CURIE

Chimiste, physicienne,
Prix Nobel

Lion

MAUD STEVENS WAGNER

Artiste de cirque, première
femme tatoueuse, allergique
à la norme

Vierge

HYPATIE

Philosophe, astronome,
mathématicienne,
symbole de la lutte contre
l'obscurantisme

LES FEMMES DE GÉNIE

Balance

Mme DE LA FAYETTE

Autrice à tout prix, même celui de la publication anonyme

Scorpion

SERENA WILLIAMS

Athlète brillante, championne, emblème de la détermination

Sagittaire

KIKI DE MONTPARNASSE

Artiste, modèle, électron libre

Capricorne

FRIDA KAHLO

Peintre, visionnaire, survivante

Verseau

HEDY LAMARR

Actrice, icône glamour, scientifique, inventrice du wifi

Poissons

EARTHA KITT

Actrice, chanteuse, activiste, libre penseuse

CHAPITRE IX

LAISSEZ-VOUS RÊVER

L'imagination est-elle notre dernier espoir ?

« Elle m'apprit que tout vit, tout a une âme, un souffle. Que tout doit être respecté. Que l'homme n'est pas un maître parcourant à cheval son royaume. »

Maryse Condé, *Moi, Tituba sorcière... noire de Salem*

J'ai mis beaucoup, beaucoup de temps à écrire ce chapitre, car l'archétype de Neptune est le plus insaisissable de tous. Nous sommes entouré·e·s par ce que nous avons imaginé : les objets, les avancées technologiques et scientifiques, les structures sociales, politiques et économiques proviennent d'un vide rempli par l'image mentale de ce qui n'existait pas encore. L'imagination n'est pas uniquement le domaine de la *fantasy* ou de la science-fiction : elle est le principal outil de l'humanité, un outil inaliénable d'émancipation, de lutte parfois. Cantonnée aux interstices, entre le travail et les obligations, la « rêvasserie » n'est pas vraiment encensée. Or, dans ces temps de suspension, improductifs, inutiles, ce que nous avons appris se déploie, se métamorphose, s'étend. Si dans le sommeil le rêve organise l'inconscient, lorsqu'il est éveillé, il aide les idées à prendre leur essor. Ces moments sont un luxe ultime : beaucoup de nos contemporain·e·s n'ont pas le temps pour le songe, écrasé·e·s par des réalités qui leur laissent uniquement le temps de survivre. Cet extrême privilège est aussi un devoir, celui d'investir cet espace pour s'autoriser à élaborer un autre avenir, à semer d'autres images, d'autres représentations du monde, à rêver, oui, rêver, car les rêves sont la matière même de la pensée qui se structure. Dans ce chapitre, vous comprendrez que la symbolique de Neptune raconte justement cette nécessité d'accepter la part d'irrationnel en nous. La notion des nœuds lunaires, pures créations imaginaires, permettra de prolonger la découverte de ce monde du rêve.

Neptune : son Amour universel, mon œil

Ne fais pas trop la maligne, Uranus !

Derrière l'électrique Uranus, Neptune se déploie avec majesté, comme un vaste océan au milieu de l'espace. Mais sous ses airs de grande bleue silencieuse, il y a un cœur de tempête qui gronde. Neptune symbolise la puissance dévastatrice du rêve, qui vient après la volonté de distanciation évoquée par Uranus : c'est le moment de la plongée consciente dans l'irrationnel.

Celui qui s'en fichait un peu

Pour bien comprendre la place de Neptune dans le système astrophilo, on peut commencer par lire le scénario de son épisode mythologique.

Poséidon est le frère de Zeus, son égal en puissance et en tours de passe-passe. Mais manque de bol, il n'a pas été mis à l'abri à la naissance par sa mère ni protégé de la paranoïa galopante de son père Cronos. De ce fait, après un tas de péripéties, c'est son petit frère qui le libère du joug paternel et qui, tout auréolé de gloire, a la condescendance de lui désigner sa place. Il sera donc le dieu des lacs, des sources, des mers et des océans... N'allez pas croire cependant que cela s'apparente au ministère de la Chasse et de la Pêche : c'est une sacrée responsabilité. Poséidon a la main sur la plus grande énergie de la nature, fluctuante, mystérieuse et dévastatrice : l'eau. C'est lui qui commande les ouragans, les tempêtes et les tremblements de terre : on le nomme d'ailleurs l'« ébranleur du sol ». Le foisonnement de la vie dans les mers et les océans, visible, est conjoint aux forces sombres des créatures monstrueuses et presque préhistoriques des fonds marins, invisibles, dont on ne connaît ni la forme ni l'organisation.

Ce que vous apprend le mythe

Le bazar est parfois nécessaire

Neptune-Poséidon fait trembler la Terre, c'est son grand truc. En secouant ses habitant·e·s sans trop de cérémonie, il mélange tout, pousse à confondre le haut et le bas, la droite et la gauche, le vrai et le faux, dans un capharnaüm qui fait perdre les repères. C'est qu'il aime l'incertitude et les zones nébuleuses : il est le gardien d'un monde caché dans lequel évoluent des créatures qui semblent tout droit sorties de l'imagination et dont le désordre est primordial. Il règne sur le liquide quasi amniotique qui a généré les premières cellules, et a vu sortir les premières créatures vivantes : l'océan est le berceau de ses créations. Dans ses différentes strates, un univers de beauté, de bizarreries et de secrets dépassant l'entendement se déploie à l'abri des regards : au sein de ses profondeurs résident des êtres qui ne verront jamais la lumière. C'est dans cette obscurité que sont engendrés les songes les plus fous et, ceux-ci, le foudre de Zeus ne peut les atteindre : lui qui veut tout contrôler et tout ordonner n'a pas de prise sur le royaume de son frère qui, s'il n'est pas le roi des dieux, est le plus prolifique de tous.

Utilisez le superpouvoir de Neptune

Fuyez

Je sais bien que ce n'est pas un conseil très à la mode : bien sûr, la combativité est une belle valeur et mène souvent à des prises de position ou à des actes salvateurs. Mais c'est aussi une injonction à faire face qui confine quelquefois à l'absurde. Hautement valorisée, célébrée à travers l'art, les figures historiques, les actes politiques, elle est portée aux nues. Et si le courage pouvait prendre plusieurs formes ? Parfois, il est bon de se contenter de tourner le dos aux choses et de ne plus investir de temps ou d'énergie dans les problèmes qu'elles génèrent ; parfois, la discussion est inutile, épuisante, toxique ; parfois, le combat est truqué, et affronter les situations met en danger, physique ou mental. La société encourage la « gagne » à toute force, sur tous les plans, mais à quel prix ? Vous êtes la·le seul·e à savoir où placer le curseur de ce qui vous est tolérable. Ne pas aller au-delà, c'est utiliser le symbolisme de cette planète mystérieuse, dont le sens, qui nous échappe toujours un peu, n'est pas une évidence : ne soyez pas en permanence là où l'on vous attend.

La grande leçon de Neptune

Le désenchantement a du bon

Chaque jour en vous réveillant, vous abandonnez l'inconnu de votre sommeil : vous acceptez de mettre le pied dans le monde, pour recommencer une journée dans le réel, vous confronter à des choses et à des personnes tangibles. Chaque jour est le théâtre d'un petit renoncement à vos spéculations. L'alternance de l'illusion et de la désillusion est au cœur du symbolisme de la planète : c'est un va-et-vient constant entre le plaisir de plonger dans ce qui n'est pas réel et le retour à la surface, qui peut parfois être violent et difficile. Neptune n'encourage pas à se bercer de tendres chimères : si elle vous enfonce la tête dans l'eau pour vous laisser entrevoir l'univers fantastique et nébuleux des rêves, elle vous en sort aussi pour vous obliger à respirer. Vous êtes fait·e non pour vivre dans son monde, mais pour y passer uniquement de temps en temps. Ce n'est qu'en acceptant le songe que vous devez vous résoudre à la réalité : il vous force à la voir avec encore plus de précision. Illusion et désillusion sont les deux faces d'une même pièce, la condition de l'équilibre : dans leur jeu de ping-pong, la désillusion joue un rôle de régulateur. À travers elle, vous grandissez, vous réajustez, vous vous décentrez : il faut apprivoiser le désenchantement et en faire un allié.

LA QUESTION À CENT BALLES

Neptune est-elle une planète baba cool ?

Le dieu de la mythologie, à travers son règne sur un monde inconnu, devient le président de l'imaginaire : Neptune est l'archétype de l'image-mouvement, des aspirations collectives et de la sacralisation du rêve. Son domaine est le flou, le mirage, la pensée qui s'ouvre à tout ce qui n'est pas encore écrit, sans craindre de se tromper ou de prouver quoi que ce soit.

En sortant des sentiers de la rationalité, le symbolisme de la planète se nimbe de tous les attributs de la fantaisie : illogisme, inspiration soudaine, insoumission à la règle. L'image d'un·e hippie en pèlerinage à Katmandou s'impose dans les esprits : assis·e sur la plage, ouvrant ses chakras à la brise, prêt·e à communiquer avec les éléments, et à se laisser porter par les événements. Mais ce n'est pas si simple. Il ne faut pas oublier que Neptune, plus que quiconque, peut déverser sa colère sur la Terre : tsunamis, tempêtes, ouragans, inondations... Il a le pouvoir de créer le chaos. Sa violence objective se double de sa violence symbolique : comme ce qui grouille dans le fond des mers et des océans, l'imagination peut produire des monstres, et d'elle peut naître le plus beau comme le plus laid. Mais dans le grand inconnu de ses profondeurs, il y a aussi un mélange absolu : l'imagination est un lieu de décentration, un observatoire inédit qui permet d'être partout à la fois, et de se mettre à toutes les places. La compassion, donc, vient bien avec la capacité de changer de lieu symbolique, de comprendre d'où parlent les autres.

Comment regarder Neptune dans votre thème (sans lâcher l'affaire) ?

Débranchez vos transmetteurs

Là où se trouve Neptune dans votre thème, il y a dissolution : c'est un lieu de désintégration et de reformation, d'ouverture totale à ce qui est bon ou pas, d'indifférence à la morale ou aux préjugés, de mélange et de partage. C'est l'endroit de tous les possibles, car rien n'est vrai, ni des rêves d'absolu ni du creuset des déceptions. Ici, tout se vaut : ce qui est en lien et en aspect avec Neptune se colore de cette nuance indéfinissable, devient plus flou, plus difficile à saisir, mais prend aussi une dimension plus profonde. La planète diffuse symboliquement sa propre mystique, relie par les images, joue un jeu de cache-cache avec la conscience pour l'obliger à s'objectiver.

Apprivoisez les différents stades de Neptune, ils ne mordent pas

La planète fait le tour du zodiaque en cent soixante-huit ans, ce qui, symboliquement, raconte des ères entières, avec leurs influences et leurs mystères, qui s'étendent et se déploient dans le temps, sans même que l'on en prenne conscience.

Au début de la vie

Neptune se dévoile dès l'éveil de la conscience, avec la distinction entre le réel et le monde du jeu. La frontière est un peu poreuse, la confusion peut survenir et symbolise la difficulté à ne pas se réfugier dans le songe.

Avec l'expérience
Neptune est bridée, mais raconte, de manière souterraine, un monde de spéculations, d'images et de poésie, qui reste enfermé dans l'esprit pragmatique et le personnage social construit à l'âge adulte.

La finalité de Neptune : vous permettre de vous échapper
L'équilibre serait de profiter de l'énergie bienfaitrice de l'onirisme sans perdre le contact avec la beauté de la réalité : créature difficile à apprivoiser, le symbolisme de Neptune est compliqué à circonscrire. Comme l'imagination, il fuit sans cesse de tous côtés. Réussir à l'apprécier, c'est essayer d'attraper un peu du sens qu'il cache pour le réinjecter dans la vie, en s'autorisant des plages entières de déconnexion.

Où est allée se nicher votre Neptune ?

Les fonctions de Neptune
Dans la vie courante : votre intuition.
Dans votre esprit : la recherche de la compassion.
Au-delà de vous-même : la volonté de trouver le sacré.

Neptune en maisons
La maison dans laquelle se trouve Neptune dans votre thème est le lieu symbolique dans lequel la planète exprime son énergie d'empathie et de rêve.

Neptune en aspects
Les planètes en aspects avec Neptune mettent symboliquement en exergue, à travers leur tension, leur facilitation ou leur connivence, la façon dont se déploie l'imagination.

Neptune en signes
Neptune en signes montre dans quelle sorte d'énergie s'exprime, symboliquement, la façon d'accepter l'irrationnel.

Neptune en signes
à travers la bande dessinée

C'est parfois dans le rêve que se révèle la réalité : il est construit à partir de ses manifestations et elle se montre sous un autre angle grâce à lui. Ils sont, à dire vrai, indissociables. Neptune, c'est le récit de ce lien ténu et difficile à expliquer. La bande dessinée, dans sa volonté de traduire l'imaginaire avec des outils tangibles, se déploie en deux dimensions, fait naître entre des pages de papier crissantes des visions fantasmatiques et poétiques bien particulières : tout est permis, mais tout est aussi enfermé dans des cases, limité par les bords d'un album. Neptune se raconte dans ce paradoxe.

Neptune en Bélier : *Dragon Ball* (Akira Toriyama)

« Il faut toujours croire son prochain. »

Inspiré du roi singe, personnage légendaire chinois qui symbolise la quête de la sagesse, Son Gokū est un être de la race des Saiyans, guerriers extraterrestres anthropomorphes et conquérants. Envoyé sur Terre avant la destruction de sa planète, il est recueilli par un humain et formé aux arts martiaux. Agressif et bagarreur, il change complètement de personnalité après un accident et se transforme en petit garçon naïf, enjoué et doué pour le combat. Lancé, avec son acolyte Bulma, dans une mission sans fin pour trouver des boules de cristal qui exaucent les vœux et dans des tournois d'arts martiaux à rallonge, il grandit, mais garde un cœur pur et une intuition à toute épreuve. « *Comment appréhender la désillusion à propos de ma puissance ?* » interroge le récit. C'est aussi la question de Neptune en Bélier, qui raconte le passage délicat entre l'exercice de la violence innée et l'apprentissage de la douceur. En alliant ces deux ressources, Son Gokū fait preuve d'un courage qui confine à l'aveuglement, d'une candeur idéaliste qui le pousse à ne jamais renoncer : comme lui, la planète symbolise ici la foi inébranlable dans le Bien, la tranquillité de faire ce qui est juste et la gentillesse d'un cœur resté pur.

Neptune en Taureau : *Le Combat ordinaire* (Manu Larcenet)

« C'est dans les mots ordinaires que se trouve la vérité. »

Marco arrive vers la trentaine sans bien savoir ce qu'il veut, et ce ne sont pas ses visites deux fois par semaine chez son psy qui l'aident : ce dont il est sûr, c'est qu'il est las de sa vie à la ville et de son métier de photographe de guerre. Alors il décide de s'installer à la campagne avec son chat. Là, il se lie d'amitié avec un petit vieux dont il finit par découvrir le passé complexe et il laisse entrer l'amour dans sa vie de célibataire, incarné par une vétérinaire nommée Émilie. Surtout, il réapprend à vivre avec la nature, et à vivre tout court. « *Comment appréhender la désillusion matérielle ?* » interroge le récit. C'est également la question de Neptune en Taureau, qui symbolise un certain détachement envers la norme sociale et la question de la possession : comme Marco qui se réhabitue à prioriser ce qui est important en entrant au contact de la nature et en développant des relations profondes avec ses semblables, la planète raconte l'envie de ne pas suivre une voie toute tracée, de se déposséder pour mieux reconstruire une vie riche de sens. En refusant de se laisser rattraper par la médiocrité, le héros et la planète symbolisent ici la volonté de trouver la sérénité dans les choses essentielles.

Neptune en Gémeaux : *Calvin et Hobbes* (Bill Watterson)

« À mon avis, on ne donne pas assez de crédits à la recherche scientifique pour trouver un remède contre les crétins. »

Calvin est un petit garçon à l'intelligence précoce, qui harcèle son père de questions et n'accepte pas ses réponses absurdes. Il n'aime ni l'école, ni sa voisine Susie, ni ses camarades. Asocial, obsédé par des sujets aussi divers que variés, il a une vie intérieure bien remplie. Son meilleur ami est Hobbes, un tigre en peluche, qui l'accompagne dans ses aventures réelles ou imaginaires, prenant une forme tangible lorsqu'il s'agit de discuter durant des heures ou de faire de grosses bêtises. « *Comment appréhender la désillusion intellectuelle ?* » interroge le récit. C'est également la question de Neptune en Gémeaux, qui symbolise un esprit vif essayant de capter de vastes influences et de les synthétiser. Il y a une propension à s'échapper, à laisser l'intelligence saisir le réel à travers les images et à dépasser les limites. Mais cela ne va pas sans un certain détachement. Comme Calvin, qui vit enfermé dans son monde et dans sa réalité, il faut parfois toucher la terre ferme, et l'atterrissage peut se révéler difficile, car « les autres » ne comprennent ni assez vite ni assez bien, et ne saisissent jamais ce qui est important.

Neptune en Cancer : *Nana* (Ai Yazawa)

« Même lorsque la lune semble décroissante... elle ne change jamais de forme. Ne l'oublie jamais. »

La narration de ce manga se concentre sur l'amitié entre deux jeunes femmes qui portent le même prénom : Nana. L'une, qui vient d'une famille aimante et remuante, a un cœur d'artichaut et une personnalité avenante et naïve. L'autre est orpheline, chanteuse et musicienne torturée de punk rock, à la personnalité et au look bien affirmés. En route pour vivre à Tokyo, ces deux provinciales entament leur vie d'adulte en poursuivant leur but : retrouver son petit ami pour l'une, percer dans la musique pour l'autre. À travers des épreuves qui les forceront à mûrir, elles vont nouer un lien d'amitié très fort et apprendre à s'accepter. « *Comment appréhender la désillusion émotionnelle ?* » interroge le récit. C'est également la question de Neptune en Cancer, qui symbolise la confusion que peuvent générer les sentiments mal maîtrisés et l'aveuglement qui les accompagne. Les deux Nana évoluent tant bien que mal dans la société, travaillent, cherchent leur place, tout en essayant de démêler le vrai du faux dans ce qu'elles ressentent. L'une doit se départir de ses idées toutes faites sur le romantisme absolu, l'autre doit abandonner la conviction qu'elle peut faire fi de l'amour : dans les deux cas, elles grandissent en acceptant de ne pas tout maîtriser.

Neptune en Lion : *Adventure Time : Marceline and the Scream Queens* (Meredith Gran)

« Je n'ai pas signé pour que TOUTE l'attention soit sur moi ! »

Marceline vit sur la planète Ooo, qui n'est autre que la Terre après une apocalypse due à la « guerre des champignons ». Moitié vampire, moitié démone non assoiffée de sang, la jeune femme a plus de mille ans et le statut de reine des vampires. Mais ce qui la botte, c'est la musique : elle a taillé une guitare basse dans une vieille hache familiale ! Elle monte un groupe de rock « paranormal », et décide de partir en tournée pour partager ses créations avec le monde. Cependant, son *ego* lui joue des tours. Elle perd confiance en elle après une mauvaise critique et doit surmonter sa peur de ne pas assurer. « *Comment appréhender la désillusion à propos de moi-même ?* » interroge le récit. C'est également la question de Neptune en Lion, qui symbolise le besoin de manifester sa personnalité dans toute sa complexité, à travers l'art ou l'amour. Comme Marceline, à l'attitude rebelle, la planète raconte ce qui se cache derrière la confiance en soi : une volonté de rayonnement et l'angoisse de ne pas l'atteindre. En luttant contre le trac, en se confrontant à la critique, Marceline va au cœur de ce qui la blesse, pour apprendre à se dépasser.

Neptune en Vierge : *Ghost World* (Daniel Clowes)

« Seuls les gens stupides sont heureux dans leur relation. »

Retraçant le parcours d'Enid et de son amie Rebecca à la fin du lycée, la narration se focalise sur le passage délicat de l'adolescence à l'âge adulte. Les deux jeunes filles naviguent à vue, l'été qui suit leur diplôme, entre petits boulots et rencontres improbables dans leur ville natale. Mais Enid n'est sûre de rien : ni de ce qu'elle veut faire, ni de sa passion pour l'art, ni de sa relation étrange avec Seymour, un quadragénaire introverti et fan de jazz, à la fois déprimant et attachant. « *Comment appréhender la désillusion à propos de mes aspirations ?* » interroge le récit. C'est également la question de Neptune en Vierge, qui symbolise la recherche de sa propre valeur. Malgré son attitude assurée et son goût pour le sarcasme, Enid ne fait que survoler sa vie. Elle, qui ne sait pas si elle doit essayer de devenir une artiste, tomber amoureuse ou se résoudre à trouver un job d'été, entame un travail de tri laborieux, qui l'éloigne de ce qu'elle croyait vouloir. À travers ces ajustements inévitables, la planète raconte le besoin de comprendre sa place dans le monde à une période charnière : elle pointe le fossé entre l'idée que l'on a de son destin et le principe de réalité.

Neptune en Balance : *Le bleu est une couleur chaude* (Jul' Maroh)

« Mais mon amour, tu m'as déjà sauvée. »

Emma et Clémentine s'aiment, se sont aimées, s'aimeront toujours. Mais évidemment, ce n'est pas si simple. L'une est assurée, brillante ; l'autre est timide et incertaine. Quand Clémentine a le coup de foudre pour Emma, elle est lycéenne et ne sait pas si elle est obligée d'aimer les garçons. Elle se pose des questions, à une époque où peu sont là pour lui répondre. Avec Clémentine, elle comprend qui elle est. Pour Clémentine, intime et politique sont liés. Emma, elle, doit lutter contre une famille intolérante. Leur amour se délite peu à peu, sans qu'elles puissent arrêter le processus. « *Comment appréhender les désillusions relationnelles ?* » interroge le récit. C'est également la question de Neptune en Balance, qui pose la complexité de la sphère personnelle, où rien n'est jamais définitif. Dans leur volonté d'absolu, les deux jeunes femmes s'oublient, même si elles s'aiment. Elles créent alors leurs propres barrières, par réflexe de survie. La planète questionne la nécessité de s'ouvrir totalement à l'autre, de se soigner à travers l'autre, de trouver sa place en fonction de l'autre : elle soulève la problématique de la frontière entre amour et sacrifice.

Neptune en Scorpion : *Lenore, The Cute Little Dead Girl* (Roman Dirge)

« Fais-moi un câlin ou je te détruis. »

Lenore est une petite fille morte qui erre dans sa grande maison gothique, sans comprendre qu'elle ne fait plus partie du monde des vivant·e·s. Son meilleur ami est un ancien vampire transformé en poupée de chiffon ; ses seuls liens sociaux, un voisin effrayant à tête de cerf et un ami collant nommé M. Gosh, qu'elle ne cesse d'assassiner. Ses distractions ? Une pléthore de petits animaux inoffensifs et interchangeables qu'elle oublie de laisser survivre. Lenore agit et réagit comme une fillette de dix ans, mais provoque des catastrophes dignes d'une créature infernale. « *Comment appréhender la désillusion à propos de la mort ?* » interroge le récit. C'est également la question de Neptune en Scorpion, qui raconte les interrogations existentielles autour de ce qui est caché, pressenti, non exploré. Comme Lenore qui expérimente avec candeur une vie paranormale sans le savoir, la planète symbolise ici les spéculations spontanées sur l'occulte, les inclinations naturelles vers le fantasme, les cauchemars, les pensées obscures, tout ce qui paraît métaphysique, avec le regard d'un·e enfant. C'est la réceptivité de l'esprit qui sort du champ de la rationalité sans aucun jugement.

Neptune en Sagittaire : *Persepolis* (Marjane Satrapi)

« J'ai réellement compris ce que voulait dire ma grand-mère : si je n'étais pas intègre à moi-même, je ne pourrais jamais m'int égrer. »

L'autrice raconte ici le périple de sa vie : sa naissance en Iran dans les années 1970, les changements dus à la révolution islamique dans les années 1980, son exil en Europe à l'adolescence, son retour dans sa ville natale, Téhéran, pour se reconnecter avec elle-même, puis son établissement en France à l'âge adulte. À travers son récit, elle trace le chemin d'une destinée individuelle se mêlant à l'Histoire. Elle incarne le cours des événements par le biais de ses interrogations d'enfant, de ses révoltes d'adolescente, de ses incertitudes de femme. Des choses les plus douces aux plus dures, son parcours est à la fois petit et immense. « *Comment appréhender la désillusion à propos de mes idéaux ?* » interroge le récit. C'est également la question de Neptune en Sagittaire, qui raconte la recherche d'un fil rouge dans l'existence, la poursuite d'une philosophie de vie, qui rendrait le passage sur terre cohérent. Comme Marjane, qui ne veut pas brader ses aspirations, la planète symbolise ici le besoin d'élévation qui nécessite beaucoup de voyages intérieurs, beaucoup de déracinements et beaucoup d'épreuves pour prendre toute sa mesure.

Neptune en Capricorne : *Amer Béton* (Taiyō Matsumoto)

« On n'a plus le temps d'être désespérés. »

Kuro et Shiro (Noir et Blanc) sont deux jeunes garçons livrés à eux-mêmes, qui règnent sur une ville étrange, entre parc à thème géant et mégapole crasseuse, baptisée « Trésor ». Surnommés « les Chats », ils traînent sur les toits et font régner la loi dans leur quartier, terrifiant les voyous et tous ceux qui ne veulent pas fonctionner selon leurs règles. Quand les yakusas décident de s'installer sur leur territoire et de s'y imposer, ils commencent par essayer de chasser ces petits prédateurs intrépides : une lutte sans merci débute alors. « *Comment appréhender la désillusion à propos de mes capacités ?* » interroge le récit. C'est également la question de Neptune en Capricorne, qui raconte le besoin total de s'investir pour une cause ou pour quelqu'un·e. Les deux enfants s'insurgent pour protéger leur espace : Kuro, taiseux et soucieux, a besoin de Shiro, et Shiro, lumineux et candide, a besoin de Kuro. Comme eux, la planète symbolise ici les combats intérieurs qui aident à s'investir dans le monde, la complémentarité qui résulte des contraires : c'est l'obscurité qui mène à la lumière, la plongée dans les incertitudes qui mène à la détermination, le travail sur soi qui mène à la sagesse.

Neptune en Verseau : *Yoko Tsuno* (Roger Leloup)

« Les formes qui différencient les êtres importent peu si leurs pensées s'unissent pour bâtir un univers. »

Aventurière, ingénieure en électronique, pilote d'engins volants, ceinture noire d'aïkido, Yoko est une jeune femme indépendante qui a quitté le Japon pour mener sa vie comme elle l'entend. Lorsqu'elle rencontre un journaliste scientifique et son cameraman, elle se lance dans un tas d'aventures et d'explorations incroyables. À travers ses voyages dans le temps, ses missions dans l'espace, ses péripéties pour résoudre des mystères terrestres, Yoko découvre le monde réel et imaginaire, toujours avec un esprit très cartésien. « *Comment appréhender les désillusions futures ?* » interroge le récit. C'est également la question de Neptune en Verseau, qui anticipe au point d'aller au-devant des interrogations. En chassant inlassablement les mystères, Yoko s'implique dans la question du progrès et n'a pas le temps pour les considérations intimes. Elle symbolise l'espoir du triomphe des causes collectives, qui prennent le pas sur la trivialité des causes personnelles : elle veut penser ce qui n'est pas encore advenu, afin de surpasser les doutes du présent.

Neptune en Poissons : *Sweet Tooth* (Jeff Lemire)

« C'est l'histoire d'un passage et d'une renaissance. Mais c'est aussi une histoire de rédemption et de sacrifice. »

Dans un monde où l'humanité a été presque décimée par une pandémie, Gus est un garçon hybride, mi-humain, mi-cerf, qui vit en autarcie dans la forêt, avec son père. À la mort de celui-ci, Gus est poursuivi par des chasseurs, puis récupéré par un vieux loup solitaire du nom de Jepperd, qui lui promet de le conduire dans un sanctuaire créé pour préserver la vie de ses semblables. Malheureusement, tout ne va pas se passer comme prévu : entre milice scientifique prête à tout pour sauver le genre humain, créatures hybrides aux abois, trahisons et violence, Gus, surnommé « Sweet Tooth », va se trouver confronté à ce qu'il y a de plus laid dans le monde, tout en conservant son empathie et sa générosité. « *Comment appréhender la désillusion à propos du Bien ?* » interroge le récit. C'est également la question de Neptune en Poissons, qui symbolise l'ouverture à tous les possibles, la porosité aux émotions, l'empathie à la limite de la suffocation. Comme Gus, qui ne dévie pas de sa trajectoire malgré la haine ambiante, la planète raconte le sacrifice personnel au profit du groupe, la cristallisation des aspirations collectives en une figure symbolique forte.

Les nœuds lunaires, des guides pour l'imaginaire

Les nœuds lunaires sont des points fictifs qui se trouvent à la croisée de l'orbite de la Lune et de la trajectoire du Soleil. Le point ascendant est appelé « nœud nord » et le point descendant, « nœud sud ». Nous allons les utiliser ici sur un plan purement narratif, pour parler de leur axe : du point sud au point nord, il y a un chemin symbolique. Le nœud sud représente le berceau des capacités, ce qui est naturel et trop aisé pour vraiment pousser à évoluer. Le nœud nord, lui, représente la possibilité d'intégrer de nouvelles façons d'être au monde pour enrichir le terreau déjà construit de la personnalité : c'est un lieu d'inconnu et de dépassement. Leur axe est toujours celui des contraires, en signes ou en maisons ; leur exploration, une promesse d'équilibre.

Les nœuds lunaires à travers les accessoires iconiques

Nœud nord en Bélier – nœud sud en Balance

Aller chercher le nunchaku de Bruce Lee

Ce que raconte le nœud sud en Balance, c'est la volonté de ne pas bousculer les normes, de ne pas créer de conflit. Tout est fait pour garder une belle harmonie autour de soi : par peur de blesser, par peur d'être désavoué·e ou abandonné·e. Cette capacité à sublimer les relations humaines est tout un art. Mais l'*ego* se dilue parfois dans ce cocktail de louables intentions, et rugit en sourdine. Le chemin qui mène de l'élégance de la Balance à la brutalité du Bélier, c'est celui de la prise de pouvoir. Le nœud nord en Bélier, c'est la fougue martiale du maître du Kung-fu reconverti en acteur-scénariste et philosophe : capable de tout balayer sur son passage pour atteindre son idéal, il joue de son arme avec l'aisance d'un chorégraphe. Ses personnages risquent leur peau et n'ont que faire du danger : aux prises avec des adversaires redoutables, ils ne se déballonnent jamais. Seules comptent leur volonté de puissance et la certitude de leur capacité à réussir.

Nœud nord en Taureau – nœud sud en Scorpion

Aller chercher le pot de miel de Winnie l'Ourson

Ce que raconte le nœud sud en Scorpion, c'est le refus du jeu de cache-cache avec la vérité : avec des antennes sensibles à toutes les variations émotionnelles, il prend ses aises dans une certaine proximité avec la difficulté et la clairvoyance sur les enjeux pas toujours très cool de la vie. Son terreau, c'est la sensibilité extrême, le refus de transiger, les bobos qui ne cicatrisent pas bien et les coups de pince à tout-va pour se défendre. Le chemin qui mène de la grotte du Scorpion à la maisonnette du Taureau, c'est celui de la simplicité. Le nœud nord en Taureau, c'est l'ours débonnaire Winnie, qui aime se prélasser sous son arbre avec des ami·e·s, parler de tout et de rien, profiter de la nature. Sa vision terre à terre et pragmatique de la vie est parfois d'une grande sagesse. Il démontre « qu'il en faut peu pour être heureux » (je sais, ça, c'est un autre ours). Cette leçon a encore plus de valeur quand on a déjà compris que, la vie, ce n'est pas forcément du gâteau : le goût du miel est plus délicieux, les petites choses, encore plus précieuses.

Nœud nord en Gémeaux – nœud sud en Sagittaire

Aller chercher le masque de... The Mask

Ce que raconte le nœud sud en Sagittaire, c'est une bonne dose d'investissement dans l'idée préconçue d'un éventuel destin : refus de mettre les deux pieds dans la boue, volonté de s'élever au-dessus de la masse, mépris de faux-semblants. Mais en ne transigeant jamais, on s'épuise. Le chemin qui mène du visage ouvert et sincère du Sagittaire à la protection loufoque des Gémeaux, c'est celui de l'audace. Le nœud nord en Gémeaux, c'est la transformation de Stanley, un employé de banque soucieux, à la vie banale, en une créature ultra-charismatique grâce à un masque enchanté. En apprenant à faire la grimace pour se faire comprendre sans entrer dans des discours à rallonge, en se protégeant grâce à une infinité d'expressions, l'intérêt du déguisement, qui n'est pas un vilain mensonge, prend tout son sens. Le masque lui donne l'assurance nécessaire pour atteindre ses buts.

Nœud nord en Cancer – nœud sud en Capricorne

Aller chercher les jouets de Toy Story

Ce que raconte le nœud sud en Capricorne, c'est le poids des responsabilités qui s'accumulent bien trop vite. Pression, obligations que personne n'impose, cette autodésignation conduit à la solitude des décisions difficiles. Ce challenge perpétuel confine parfois à l'absurde et à la déprime d'une vie d'adulte bien trop précoce ou bien trop cadenassée. Le chemin qui mène de la tour d'ivoire du Capricorne à la caisse de jouets du Cancer, c'est celui de l'insouciance. Le nœud nord en Cancer, c'est la chambre d'Andy, un petit garçon dont les jouets s'animent dès que les humain·e·s ne traînent plus dans les parages. Lorsque ceux-ci vivent leur vie, le monde continue de tourner. Retrouver ces jouets, c'est sortir de la toute-puissance imaginaire des adultes pour profiter d'une légèreté perdue et redevenir l'enfant qui se moquait des factures de gaz.

Nœud nord en Lion – nœud sud en Verseau

Aller chercher l'Excalibur de Merlin l'Enchanteur

Ce que raconte le nœud sud en Verseau, c'est l'hyper disposition pour le bien commun. Les modèles familiaux, sociaux, les grandes aspirations collectives ne sont pas une blague, faire preuve de modestie non plus. Cette formidable sagesse, savoir que l'on n'est qu'un petit rouage du monde, est rare et précieuse. Mais cela porte parfois à une sacrée frustration : celle de vouloir s'exprimer sans trahir ses principes. Le chemin qui mène de la belle communauté du Verseau à l'acte de bravoure du Lion, c'est celui de l'individuation. Le nœud nord en Lion, c'est le geste d'Arthur, dit « Moustique », le jeune écuyer naïf, surinvesti de sa mission auprès de son seigneur, qui va finir par dégager une épée enchantée d'un fourreau de pierre dans lequel elle était encastrée depuis des lustres. Sous le regard ébahi d'adultes bien plus forts que lui, le petit garçon décroche la gloire, sans même le vouloir : il devient le roi Arthur, couronné car il est le seul à allier la conscience de son insignifiance avec l'assurance de son courage.

Nœud nord en Vierge – nœud sud en Poissons

Aller chercher le cristal géant de Dark Crystal

Ce que raconte le nœud sud en Poissons, c'est la construction morcelée de la personnalité, la difficulté à bien comprendre ses limites morales, physiques, émotionnelles : c'est le foutoir existentiel. Se laisser porter, faire avec le cours des choses sans trop se poser de questions, c'est cool, mais c'est aussi une némésis quand il s'agit de savoir un peu où l'on va. Le chemin entre le bazar des Poissons et l'organisation de la Vierge, c'est celui de l'utilité. Le nœud nord en Vierge, c'est la quête de Jen, un jeune elfe qui a pour mission de restaurer l'éclat d'un cristal magique, source d'une énergie protectrice et nourricière pour les habitant·e·s de sa planète. Ce petit être timide et complètement pacifique va puiser en lui-même des ressources incroyables pour aider ses mentors et combattre le mal. En acceptant d'aller au secours de sa société, Jen, qui ne sait pas très bien qui il est, apprend ses limites et ses forces : il découvre, au service des autres, une de ses raisons d'être au monde.

Nœud nord en Balance – nœud sud en Bélier

Aller chercher la penderie de Clueless

Ce que raconte le nœud sud en Bélier, c'est une nette indifférence pour les conventions sociales : pas de bla-bla, pas de faux-semblants, pas de temps pour la subtilité psychologique. Ici, on est « brut de pomme », avec un petit côté sucré quand on est bien disposé·e. Tout est fait pour se frayer un chemin dans la vie, sans se laisser dicter sa conduite : c'est une démonstration de la volonté qui force le respect, mais qui peut aussi entraîner quelques bleus à l'âme et au corps. Le chemin qui mène du ring du Bélier aux mondanités de la Balance est celui de la pondération. Le nœud nord en Balance, c'est le rituel matinal de Cheryl, une adolescente fortunée de Beverly Hills, qui choisit sa tenue grâce à un ordinateur intégré à sa penderie, gigantesque, bien sûr. Le résultat ? Des ensembles parfaits selon la météo, son emploi du temps et son humeur. Chaque jour, « Cher » enfile son armure de chiffons pour la journée, prête à affronter la vie sociale et amoureuse qui l'attend. En se parant de quelques colifichets et en hochant la tête au lieu de foncer dans le tas, elle comprend que, parfois, mieux vaut ne pas attraper les mouches avec du vinaigre.

Nœud nord en Scorpion – nœud sud en Taureau

Aller chercher le déguisement de Max et les Maximonstres

Ce que raconte le nœud sud en Taureau, c'est l'enfant qui réclame toujours plus de rituels et de permanence : cocon de certitudes, habitudes et panique à chaque remous intérieur. Hermétique à l'implicite, aux non-dits, fermeture à la souffrance, négation de ce qui n'est pas visible. Le chemin qui mène du château fort du Taureau à la cachette du Scorpion, c'est celui de la mise en danger. Le nœud nord en Scorpion, c'est l'épopée de Max qui, puni dans sa chambre, peste et gronde dans son déguisement de monstre. Quand les murs de ce refuge se transforment en jungle luxuriante et qu'il embarque sur un bateau pour une île inconnue, il n'a pas peur : là-bas, il rencontre des créatures géantes et terrifiantes, avec qui il hurle dans la nuit. Max affronte ses monstres intérieurs, il les apprivoise, les maîtrise même. Il plonge dans les méandres de sa psyché pour y découvrir la forêt de peurs et de maléfices qui sont en lui. En revenant dans sa chambre de petit garçon, il accepte de se soumettre à la réalité et à ses normes, mais il est fort de son expérience émotionnelle.

Nœud nord en Sagittaire – nœud sud en Gémeaux

Aller chercher le plateau de jeu de Jumanji

Ce que raconte le nœud sud en Gémeaux, c'est le manque d'objectifs : la vie est un QCM géant dont on ne connaît pas les réponses. Choisir, c'est renoncer, et cela cristallise une peur existentielle de se tromper. Explorer tous les possibles enrichit la personnalité, mais laisse aussi un goût amer de superficialité et d'inachevé. Le chemin qui mène du bâton de sourcier des Gémeaux à la flèche du Sagittaire est celui de l'implication. Le nœud nord en Sagittaire, c'est l'expérience des enfants qui découvrent un vieux jeu de société poussiéreux et transforment un banal après-midi d'ennui en une épopée fantastique, dans laquelle les stratégies ludiques deviennent des enjeux réels. Avancer sur le plateau est obligatoire, suivre les règles du jeu, sans discussion : la direction est toute tracée et seule l'intelligence pourra les sortir de la panade. À travers cette épreuve, il y a l'apprentissage de la constance et du dévouement à ses buts : l'esprit vif et cabotin se nimbe désormais d'une détermination sans faille.

Nœud nord en Capricorne – nœud sud en Cancer

Aller chercher le Talkboy de Maman, j'ai raté l'avion !

Ce que raconte le nœud sud en Cancer, c'est le besoin de se protéger, en recherchant la douceur d'un entourage bienveillant et en réunissant toutes les conditions d'une vie sans accrocs. Ce qui est important, c'est de compenser les manques affectifs, de se bricoler une petite forteresse d'amour dans un monde bien trop violent. Mais le manque d'estime de soi guette : à force de rester dans sa zone de confort, on oublie que la peur n'évite pas le danger. Le chemin qui mène de la maison familiale du Cancer aux montagnes russes du Capricorne est celui de la maturité. Le nœud nord en Capricorne, c'est la débrouillardise de Kevin qui se retrouve tout seul dans la grande maison familiale au moment de Noël et doit la défendre contre deux malfrats sur le point de la cambrioler, avec pour unique arme un enregistreur qui l'aide à tromper ses agresseurs. Propulsé sans ménagement dans la vie d'adulte, il part à la conquête de son indépendance en étant confronté à toutes sortes de situations dangereuses. L'enfant indiscipliné et capricieux fait preuve d'une créativité sans bornes face à l'adversité.

Nœud nord en Verseau – nœud sud en Lion

Aller chercher la DeLorean volante de Retour vers le futur

Ce que raconte le nœud sud en Lion, c'est le besoin de briller sans bien savoir pourquoi. Attirer l'attention est un truc naturel, souvent forgé dans la peur de l'indifférence, qui est perçue comme le pire des affronts. Pour combler les vides, rien de mieux que le charisme, la démesure et la volonté d'excellence. Mais il arrive toujours un moment où, à force de bosser la forme, on oublie le fond. Le chemin qui mène du podium du Lion à la communauté du Verseau, c'est celui de l'abnégation. Le nœud nord en Verseau, c'est l'aventure de Marty, un ado fan de rock, et de Doc, un scientifique illuminé, à bord d'une machine à remonter le temps fabriquée à partir d'une voiture. En traversant les époques, ils œuvrent sans se faire remarquer pour empêcher le pire de se produire. Obligé de garder l'anonymat pour ne pas perturber le cours du temps, Marty, qui a des rêves de gloire et de star-système, apprend à agir pour le bien de tou·te·s, et à ne pas faire étalage de ses exploits une fois son périple terminé.

Nœud nord en Poissons – nœud sud en Vierge

Aller chercher le Cœur de l'océan de Titanic

Ce que raconte le nœud sud en Vierge, c'est la volonté de maîtrise. Pas de place pour la surprise, pas de goût pour ce qui est hors cadre : la peur de se laisser aller est motrice, la détermination à ne pas être submergé·e par les émotions, un leitmotiv. Le travail de tri est perpétuel : une attention particulière est portée à ce qui va être utile, quantifiable, exploitable. Le chemin qui mène du bureau de la Vierge à l'ashram du Poisson, c'est celui de l'abandon. Le nœud nord en Poissons, c'est la joie tranquille de Rose, seule survivante du paquebot *Titanic* et mémoire vive des émotions du passé. En allant chercher le plus célèbre et le plus inestimable des colliers du monde dans le fond de l'océan, les scientifiques qui font appel à la vieille dame ne se doutent pas que, ce qu'ils vont trouver, ce n'est pas la richesse d'une pierre précieuse, mais celle de l'amour véritable. Celui-ci a porté Rose au cours de sa longue vie et l'a ouverte à tout ce qu'elle n'aurait jamais pensé surmonter.

NEPTUNE EN SIGNES À TRAVERS

Bélier

Taureau

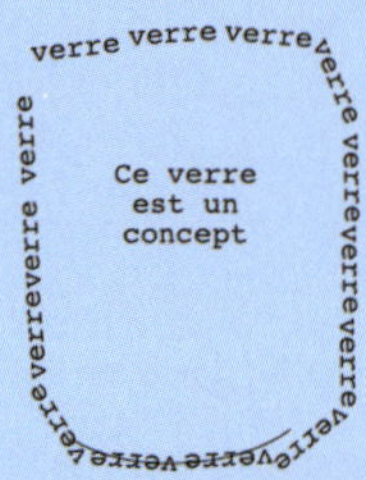

Gémeaux

Cancer

Lion

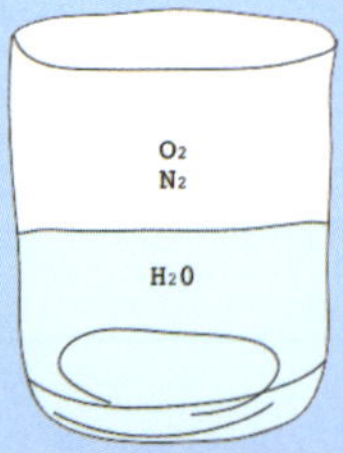

Vierge

LE SURRÉALISME

Balance

Scorpion

Sagittaire

Capricorne

Verseau

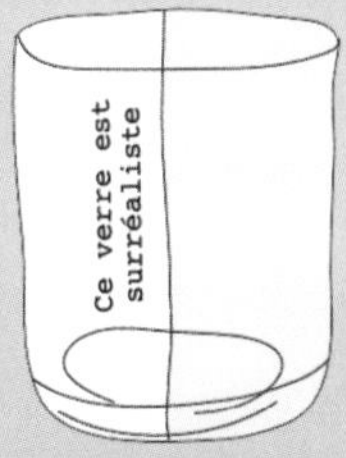

Poissons

CHAPITRE X

FABRIQUEZ VOTRE POTION MAGIQUE

Le bonheur est-il une chose bien désirable ?

« La fin est dans le commencement et cependant on continue. »

Samuel Beckett, *Fin de partie*

On pourrait croire que la quête finale du voyage astro-philo soit ce sacro-saint bonheur que l'on nous vend comme un absolu rédempteur. Taper les mots *bonheur* et *livre* dans n'importe quel moteur de recherche vous confronte rapidement à des centaines d'occurrences : mais la vraie question est de savoir ce qui se cache derrière ce premier terme. Le vocable lui-même, dérivé d'*augure*, désigne un présage positif, quelque chose de l'ordre du signe interprété qui raconte un avenir favorable : il existe donc en tant que concept, en dehors de toute réalité objective, prêt à vous soumettre à son irrationnelle exigence. Si j'ai tendance à penser que le bonheur n'existe pas – « merci d'être venu·e à ma conférence de trente secondes » – j'admets la réalité de cette appétence de l'absence de souffrance que recouvre le terme. Mais, désolée de jouer les corbeaux de service, si ce désir est sain, *la peur n'évite pas le danger*, comme dirait ma mère. Je ne vois pas comment nous pourrions avancer dans la vie sans perdre de la joie en route, ce qui ne nous empêche certes pas de rire très fort à des blagues très nulles. La souffrance survient, partout, tout le temps, et elle nous transforme, elle nous modèle. C'est un tabou dans une société qui veut l'étouffer, bien décidée à nous obliger à vivre une espèce d'utopie foireuse axée sur une béatitude impossible. Si le bonheur est un état, il ne dure que très peu de temps et ces moments suspendus sont ceux qui nous aident à supporter tout le reste : il n'est pas un but à atteindre, mais un accident. Dans ce dernier chapitre, vous apprendrez à connaître l'aura alchimique de Pluton, qui aide à façonner cette conscience lucide, et vous comprendrez le symbolisme de la Lune noire, qui raconte toute la complexité de ce processus.

Pluton : elle n'est pas là pour négocier

Métamorphose-toi, Neptune !

Dernière étape avant la plongée dans l'inconnu, Pluton observe ses comparses avec l'attendrissement des sages qui laissent les enfants se livrer à n'importe quoi. Neptune, qui la précède, est experte en matière de loufoquerie, mais cela n'impressionne pas la petite non-planète dont le boulot est autrement plus compliqué que de faire des cabrioles de travers : elle qui abrite une mer glacée et toxique en forme de cœur mobilise toute sa puissance pour raconter la fin du cycle précédant le renouveau.

Celui qui ne rigolait pas

Pour bien comprendre la place de Pluton dans le système astro-philo, on peut commencer par lire le scénario de son épisode mythologique.

Hadès, c'est un peu le boss final de la mythologie grecque. Il est d'autant plus redoutable qu'il s'est vu attribuer une tâche dont il ne voulait pas, celle de régner sur le monde souterrain et terrifiant des Enfers. Spolié par son petit frère, Zeus, qui s'octroie le monde lumineux des cieux et celui des hommes (pas folle, la guêpe), il doit accepter que ses autres frères et sœurs héritent des mers ou de l'agriculture quand on lui colle le « ministère » de la Mort, alors qu'absolument rien ne l'y prédestinait. Car le sous-sol du monde olympien n'est pas exactement un lieu de réjouissances : habité par les âmes des défunt·e·s, qui pullulent sur les rives du Styx, un fleuve poisseux, et par des créatures effroyables, on n'y coule pas exactement des jours heureux. C'est une lourde charge qui pèse sur les épaules du dieu, lequel inspire une telle crainte que personne n'ose le nommer ou l'honorer (cela vous fait penser à quelque chose ?) : son nom, bien à propos, signifie « l'invisible ». Résigné, il veille au bon fonctionnement du tri métaphysique qui pousse les esprits vers les trois voies possibles de l'au-delà : l'Asphodèle pour les ni bons ni mauvais, le Tartare pour les vrai·e·s méchant·e·s et les champs Élysées pour les âmes nobles. En revanche, il ne préside ni à la mort elle-même ni aux tortures que subissent les vilain·e·s. Décidé à exceller dans son domaine, même s'il ne l'a pas choisi, il finit par incarner la figure du roi des ombres avec beaucoup de panache.

Ce que vous apprend le mythe

Il faut bien que quelqu'un·e s'occupe de la mort

Ne prenez pas le terme au pied de la lettre : la mort est une réalité bien matérielle, mais aussi une métaphore très riche, qui parcourt en permanence votre inconscient. Mourir, c'est disparaître, cesser d'exister : c'est valable pour les corps comme pour les sentiments, les relations, les idées, les certitudes… Le boulot d'Hadès-Pluton est de vérifier que les trucs qui ne vous servent à rien dégagent dans les abîmes, que les horribles choses qui polluent votre vie soient anéanties dans le Tartare et que celles qui vous portent, vous élèvent, restent bien au chaud dans les champs Élysées. Il n'incarne pas la mort en elle-même (ça, c'est Thanatos), mais représente la façon de la régir : il prend en charge ce dont les autres déesses·dieux ne veulent pas entendre parler. Les traumatismes, les douleurs, les épreuves qui demeurent quand tout a disparu, quand il n'est plus possible de trouver des distractions terrestres pour s'empêcher d'y penser, c'est lui.

LA QUESTION À CENT BALLES

Pourquoi Pluton est-elle si méchante ?

Avant de répondre, on peut déjà noter que le mot *méchant* signifie d'abord « malchanceux » : si la planète n'est pas un archétype de faiblesse, elle draine quand même tout ce que nos sociétés associent à un sort funeste, comme si la galère n'était pas le dénominateur commun entre les êtres humains. Puisqu'elle représente l'épreuve et que vous avez atterri dans un monde où il vaut mieux dire que tout va bien pour paraître à la hauteur (de quoi, on se le demande), elle est nimbée d'une aura féroce et malfaisante. Mais Pluton ne fait que vous accueillir à la fin de votre voyage au sein du système solaire. Vous êtes lesté·e par le poids de l'expérience vécue à travers vos planètes : arrivé·e à la dernière étape, vous vous dépouillez des faux-semblants, des tours de passe-passe, des béquilles qui vous permettaient de faire illusion. Ce n'est pas Pluton qui vous met à nu, mais vous qui avez tombé le masque, car vous avez assez avancé pour comprendre que certaines choses ne seront plus jamais les mêmes, que tout est perpétuelle transformation, que chaque chute, chaque pas de travers, chaque bleu au corps ou à l'âme, vous a rendu·e différent·e. La planète vous fait simplement prendre conscience de cette mue permanente, de ces peaux que vous abandonnez constamment pour cicatriser et reprendre le risque d'avoir mal.

Utilisez le superpouvoir de Pluton

Transformez le caca en or

La prise de pouvoir est l'un des éléments centraux de la symbolique plutonienne : tout est affaire de découverte, puis de réglage de votre propre puissance. Comment aborder les questions que soulève la planète (mutations, secrets, pulsions), sans vous transformer en méchant·e de Walt Disney, prêt·e à toutes les fourberies pour venger son *ego* bafoué ? La régénération, opérée symboliquement, brûle le superflu pour accéder à l'essentiel ; néanmoins, dans le processus, vous voyez aussi apparaître ce qui n'est pas joli-joli en vous. Ça peut vous effrayer, vous pouvez décider de le nier, mais également de faire face et de comprendre vos mécanismes pourris, vos mensonges, vos raccourcis. Cette lucidité que vous avez acquise sur vous-même est aussi un rempart contre vos propres travers : comme tout le monde, vous trichez et n'êtes parfois pas très sympa (eh oui !). Cela ne fait pas de vous une affreuse personne. Ce qui n'est pas chouette, c'est d'utiliser ses super-pouvoirs pour s'en servir contre les autres.

La grande leçon de Pluton

Vous êtes un·e mutant·e

C'est une banalité : le corps et l'intelligence sont de la matière qui se régénère perpétuellement. Tout, dans l'existence humaine, est incessante évolution. Imaginez votre épiderme qui se reconstitue après une chute, lorsque vous vous êtes écorché le genou, le coude, la main… Visualisez la peau neuve qui se recréée d'elle-même sous la protection de la croûte de sang. C'est la métaphore de Pluton : les événements nécessitent une constante adaptation et cette adaptation vous change, vous marque, vous transforme. La planète arrive en fin de course, comme une ouverture sur l'inconnu ultime, le terme de l'existence. Mais vous détenez une sagesse innée, celle de la conscience que votre temps sur terre n'est pas illimité. C'est une certitude universelle, qui vous modèle, vous empêche parfois de dormir la nuit, vous pousse aussi à vous lancer dans les choses. Non, vous n'êtes pas immortel·le, mais vous avez en vous la capacité d'évoluer. Cette mutation, c'est votre façon de vivre mille vies, de conjurer la mort, de faire des détours pour ne pas suivre la ligne droite qui mène là où tout le monde ira, quoi qu'il arrive.

Comment regarder Pluton dans votre thème (sans flipper) ?

Épurez

Là où se trouve Pluton dans votre thème, vous pouvez faire le ménage : la planète symbolise le pouvoir que vous pouvez acquérir en touchant ce qui est profondément enfoui, en vous débarrassant de tout ce qui ne vous sert pas dans vos transformations. C'est un lieu de magnétisme, d'instinct, de renonciation, qui représente les forces de destruction que vous portez en vous. Mais le mot *destruction* a ici un sens créatif : il touche là son acception étymologique de « désentasser », car il s'agit bien de désencombrer votre espace intérieur, de larguer ce qui vous fait du mal, vous paralyse, vous contraint de la mauvaise manière, mobilise en vous les aspects les plus réactionnaires et négatifs pour faire émerger autre chose. Bien sûr, dans cet espace, il y a aussi de ce que vous ne maîtrisez pas, les aspects archétypaux de la planète qui font faire n'importe quoi : mensonges, trahisons, narcissisme, volonté de toute-puissance... une belle énumération, digne d'une *telenovela*, de ce dont vous pouvez faire preuve par flemme de faire mieux, par douleur, par instinct ou par réaction. Mais quand il y a prise de conscience, il y a déjà réparation : Pluton, c'est le premier pas vers le renouveau.

Apprivoisez les différents stades de Pluton, ils ne mordent pas

La planète fait le tour du zodiaque en deux cent cinquante-quatre ans, ce qui, symboliquement, raconte l'inconnu du passé et du futur, lointains, si lointains que les ancêtres deviennent des étrangers et les générations futures, un point d'interrogation. Son évolution ressemble à une ère, qui symbolise les bouleversements historiques profonds, et toute la violence qu'ils impliquent.

Au début de la vie

Pluton, qui émerge, est dans la réaction et, tel·le un·e apprenti·e sorcier·ère, apprend à jongler avec ses pouvoirs : c'est le moment où l'on réalise qu'elle peut biaiser, provoquer des réactions, faire en sorte que les choses aillent dans son sens, sans vraiment avoir la conscience morale nécessaire à la bonne gestion de ces dons.

Avec l'expérience

En grandissant, Pluton apprend symboliquement à faire coïncider sa puissance avec la vie de tous les jours : elle agit en sous-main pour opérer le changement.

La finalité de Pluton : prendre le pouvoir sur vous

Le gros boulot symbolique de Pluton est de vous permettre de comprendre ce sur quoi vous ne voulez pas ou plus transiger, ce qui constitue vos limites et vos essentiels.

Où est allée se nicher votre Pluton ?

Les fonctions de Pluton

Dans la vie courante : la passion.
Dans votre esprit : la recherche de l'authenticité.
Au-delà de vous-même : la volonté de renaissance.

Pluton en maisons

La maison dans laquelle se trouve Pluton dans votre thème est le lieu symbolique dans lequel la planète exprime les processus de transformations.

Pluton en aspects

Les planètes en aspects avec Pluton mettent symboliquement en exergue, à travers leur tension, leur facilitation ou leur connivence, la façon dont s'articule la puissance.

Pluton en signes

Pluton en signes montre dans quelle sorte d'énergie s'expriment, symboliquement, les émotions fortes, la sexualité et la volonté de pouvoir sur soi.

Pluton en signes

à travers les personnages pas super aimables

Pluton exprime une énergie de conquête de soi. Elle est complexe, ni gentille ni méchante : elle représente le principe de métamorphose à l'œuvre dans toute personnalité. La qualité d'écriture de certains personnages de fiction est souvent liée à la capacité de décrire cette ambivalence fondamentale de la nature humaine, qui peut être aussi sombre que lumineuse.

Pluton en Bélier : Alonzo Harris (*Training Day*)

« King Kong, c'est de la merde à côté de moi ! »

Jeune recrue de la police de Los Angeles, Jake Hoyt est placé, pour une journée d'évaluation, sous la tutelle d'Alonzo Harris, un flic expérimenté et charismatique qui officie aux narcotiques... Fasciné par la personnalité dominante, borderline et cabotine de son aîné, il se laisse entraîner dans ses combines, persuadé que celui-ci passe par l'illégalité pour le bien de tou·te·s. Mais quand il se rend compte qu'Alonzo n'est qu'un policier ripou, c'est la déconvenue. Le sergent-chef est un pur produit de son *ego*, enivré par son propre pouvoir, sa violence, sa capacité de manipulation. La noirceur de son personnage est telle qu'elle entraîne tout le monde avec lui. En cela, il incarne parfaitement une Pluton en Bélier qui ne maîtrise pas son instinct de toute-puissance ni son magnétisme. Alonzo doit littéralement se brûler les ailes, mourir, pour mesurer l'impact et les conséquences de ses actions. Ayant consumé son feu de la manière la plus explosive qui soit, il est confronté à la puissance des autres. En allant jusqu'au bout, cette Pluton représente la puissance inégalée de la volonté.

Pluton en Taureau : Phil Connors (*Un jour sans fin*)

« Que feriez-vous si vous étiez coincé au même endroit et que chaque jour était exactement le même, et que rien de ce que vous faisiez n'avait d'importance ? »

Journaliste résigné et cynique, Phil ne se passionne plus tellement pour son métier ni pour la vie en général. Comme chaque année, il va couvrir un événement traditionnel, le Jour de la marmotte, dans une petite ville de Pennsylvanie. Complètement blasé, notre héros s'apprête à remplir sa mission en dépensant le moins d'énergie possible pour repartir *illico presto*. Mais c'est compter sans une puissance inconnue qui le force à revivre ce 2 février encore et encore, sans savoir pourquoi. Ce n'est qu'en changeant d'attitude qu'il se trouvera délivré de cette routine infernale. En cela, il incarne parfaitement une Pluton en Taureau coincée dans la matérialité, qui symbolise les mutations nécessaires quand les habitudes sont trop ancrées et si paralysantes qu'elles en deviennent mortifères. Comme Phil, qui doit renoncer au confort de sa façon de penser et de fonctionner avec les autres, et trouver en lui la ressource pour dévier de sa trajectoire, cette Pluton représente la puissance inégalée des acquis que l'on croyait perdus à jamais.

Pluton en Gémeaux : Red (*Us*)

« Il était une fois une fille. Et la fille avait une ombre. Elles étaient liées, attachées l'une à l'autre. »

Adelaide est une petite fille qui se perd dans une fête foraine le jour de son anniversaire : elle disparaît quelques minutes dans un palais du rire et se retrouve nez à nez avec son double. Devenue adulte, elle retourne près du même endroit, pour y passer l'été avec son mari et ses deux enfants. Une nuit, la famille est prise en otage par ses sosies, bien décidés à les décimer. Adelaide fait la rencontre de Red, son double, qui lui reproche de lui avoir volé sa vie. Red pose la question fondamentale des Gémeaux : « Suis-je moi-même ? » En cela, elle incarne parfaitement une Pluton dans ce signe, qui cherche à mettre la vérité en lumière, mais ne trouve pas les mots pour le faire. Red passe par la violence pour raconter son histoire : elle ne connaît pas le monde, les relations sociales, mais elle détient la vérité, au contraire d'Adelaide, pleinement adaptée et loquace, qui vit une vie de mensonges. La lutte entre Red, qui veut semer le chaos, et Adelaide, qui veut contenir la vérité, raconte les deux faces de Pluton en Gémeaux, qui essaie de concilier une aisance intellectuelle brute et son expression policée. Dans leur confrontation, il y a une possibilité : si Red et Adelaide fusionnent, elles sont cette Pluton qui représente la puissance inégalée de la compréhension instinctive.

Pluton en Cancer : June Osborne (*La Servante écarlate*)

« Je n'ai pas besoin d'oranges. J'ai besoin de hurler. J'ai besoin d'attraper la mitrailleuse la plus proche. »

June mène une vie super normale, jusqu'à ce qu'une secte prenne le pouvoir aux États-Unis. Obsédé par les problèmes de natalité causés par la pollution, ce régime totalitaire asservit la population, créant des castes, dont celle des Servantes, composée de femmes fertiles réduites au rang de reproductrices. Propulsée dans le foyer d'un dirigeant politique et de sa femme, June, séparée de son mari et de sa fille, est rebaptisée Defred. Elle doit subir le fait que son corps et sa volonté ne lui appartiennent plus. Profondément révoltée, elle se rebelle contre l'État, que l'on nomme désormais Gilead, bien décidée à reconquérir sa liberté. En cela, elle incarne parfaitement une Pluton en Cancer, qui cherche la sécurité affective et travaille sur l'instabilité émotionnelle : June doit traverser des épreuves qui touchent au corps et à la famille, et ces deux foyers inaliénables sont bafoués. Ce sont ces racines physiques et mentales qui l'aident à se battre et à opérer une transformation spectaculaire : de trentenaire lambda, elle devient une écorchée vive, prête à tout pour préserver ses enfants et l'idée de l'amour véritable. Cette Pluton représente la puissance inégalée d'un être qui défend son idéal de vie.

Pluton en Lion : Regina George (*Mean Girls*)

« Pourquoi est-ce que je t'obsède autant ? »

Adorable chieuse, perfide figure populaire d'un lycée comme il y en a des centaines de milliers aux États-Unis, Regina règne en maîtresse sur ce microcosme à l'équilibre fragile que constitue le monde des adolescent·e·s. Méchante par principe, manipulatrice, voire perverse, cette championne des conversations à quatre par téléphone filaire est déstabilisée par l'arrivée d'une élève potentiellement capable de lui voler son trône. Déterminée à ne pas laisser le sort balayer des années de travail pour s'élever dans la hiérarchie scolaire, la jolie blonde se décide à lancer une opération d'envergure contre sa rivale. Ses efforts finiront par se retourner contre elle et sa déconvenue finale, un bus la percutant à pleine vitesse, la forcera à se reposer quelque temps (mais pas à se taire.) En cela, elle incarne parfaitement une Pluton en Lion, qui recherche obsessionnellement la maîtrise et le pouvoir : prête à tout pour l'obtenir, elle se dépasse, franchit parfois les limites et ne fait pas dans le détail (c'est-à-dire ce que ressentent les autres). Même si elle n'est pas très morale, son inflexibilité force l'admiration. L'ingéniosité déployée pour arriver à ses fins aussi. Quand la vie la contraint à prendre conscience que l'*ego* ne peut pas faire fi de la réalité et de ses conséquences, cette Pluton représente la puissance inégalée de la volonté qui s'affirme.

Pluton en Vierge : Amy Dunne (*Gone Girl*)

« Je connais des femmes dont le personnage est entièrement le résultat d'une médiocrité tiède. Leurs vies sont une suite de petites défaites : le petit ami ingrat, les cinq kilos en trop, le patron méprisant, la sœur calculatrice, le mari volage. »

Personnage complexe et ambivalent, Amy est une trentenaire new-yorkaise qui écrit des tests pour les magazines féminins et vit confortablement grâce à ses richissimes parents. Entichée de Nick, un écrivain-journaliste provincial aux adorables fossettes, elle décide de mettre sa personnalité de type A en veilleuse pour jouer à la fille cool et naviguer dans un mariage qui la rend de plus en plus exigeante. Car dans la relation, il y a forcément la déception, et ça, Amy ne l'accepte pas : elle se met une pression folle pour tout réussir. Lorsqu'elle réalise qu'après avoir sacrifié une partie de sa vie pour aller vivre à la campagne son mari la trompe avec une femme plus jeune qu'elle, elle décide de feindre sa propre mort pour le punir et met en place une machination, réglée au millimètre près, qui le désigne comme coupable. En cela, elle incarne parfaitement une Pluton en Vierge qui n'accepte pas le côté foutraque de la vie et ne tolère pas la faiblesse. Amy est une femme profondément lucide et pragmatique, qui ne se fait aucune illusion sur le couple et ses écueils. Mais elle est capable de repousser les limites de la morale pour prouver qu'elle a raison : elle tyrannise tout le monde, elle y compris. Mais évidemment, Amy ne peut pas vraiment et, même si elle arrive à ses fins, elle continue de terroriser son entourage. Quand elle est forcée de se remettre en question, cette Pluton représente la puissance inégalée de l'intelligence.

Pluton en Balance : Miranda Priestly (*Le Diable s'habille en Prada*)

« Les détails de votre incompétence ne m'intéressent pas. »

Miranda, clone littéraire et cinématographique d'une certaine Anna Wintour, dirige le plus prestigieux magazine de mode au monde d'une main de fer (pas du tout passée dans un gant de velours) : autoritaire, sûre d'elle, pointilleuse, elle n'accepte ni la médiocrité ni la paresse (selon ses critères). Capable de travailler sans relâche, elle exige que son univers réel soit exactement conforme à celui qu'elle a imaginé. Son sens de la justice est tout personnel, son indifférence pour les relations superflues l'est autant. Miranda n'a pas le temps d'être sympa ni de chouchouter les autres pour qu'elles·ils se sentent mieux dans leur peau. Instillant une ambiance au bureau que l'on peut qualifier de profondément toxique (« Allô ? L'inspection du travail ? »), elle pousse tou·te·s ses employé·e·s dans leurs retranchements, leur faisant remettre en cause leur volonté de s'investir dans un job pour lequel elles·ils ont tout donné (ce qui est sain et bien normal). En cela, elle incarne parfaitement la démesure d'une Pluton en Balance, qui interroge les relations et leur mode de fonctionnement : jusqu'où est-elle prête à aller pour imposer son idéal d'adéquation, sa volonté de se faire passer avant tout ? Car c'est ce qu'elle provoque chez ses semblables qui la raconte le mieux : cette Pluton, quand elle apprend à tenir compte des autres, représente la puissance inégalée de l'individualité.

Pluton en Scorpion : Severus Rogue (*Harry Potter*)

« À jamais. »

Figure romantique par excellence, magnétique, sombre, le professeur, qui déteste tout le monde sauf celle qu'il aime, est coincé entre sa nature misanthrope et son âme chevaleresque.

Sa vie entière est dédiée à protéger le fils de son amour perdu, quitte à avancer masqué, quitte à passer pour un traitre, quitte à mourir. En cela, il incarne parfaitement une Pluton en Scorpion qui peut se perdre dans l'autodestruction et les méandres de ses secrets : bien décidée à ne rien lâcher, elle se révèle dans le service d'une cause plus grande qu'elle. Severus Rogue n'est pas maître de son destin, son destin semble l'avoir choisi et il l'accepte avec humilité. Il n'est ni gentil ni méchant, mais complexe, comme les recettes des potions qu'il prépare. Lorsqu'il accepte de mourir pour rejoindre sa bien-aimée, lorsqu'il se sacrifie, il raconte cette Pluton qui, en renonçant à sa propre puissance, représente la force inégalée du lâcher-prise.

Pluton en Sagittaire : Mme de Merteuil (*Les Liaisons dangereuses*)

« Si, au milieu de ces révolutions fréquentes, ma réputation s'est pourtant conservée pure, n'avez-vous pas dû en conclure que, née pour venger mon sexe et maîtriser le vôtre, j'avais su me créer des moyens inconnus jusqu'à moi ? »

Veuve joyeuse, la marquise de Merteuil a l'immense privilège de mener sa vie à peu près comme elle l'entend, dans un XVIIIe siècle misogyne. Intrigante, elle occupe ses journées à la bagatelle et à l'art épistolaire : lorsque son amant se détourne d'elle, elle fomente un complot habile contre lui, avec l'aide de son plus vieil ami, Valmont, un vicomte narcissique et libertin. Ce n'est pas la déception amoureuse qui la motive, mais la volonté de puissance : les deux personnages utilisent leur extraordinaire intelligence pour bousculer l'ordre social établi et moquer la bienséance feinte de leurs contemporain·e·s. Dans sa frénésie de liberté, la marquise se perd et perd le vicomte : leur soif de faire fi des contraintes les abîme et les compromet d'une façon irréversible. Figure féministe, « la Merteuil » est un personnage extraordinairement complexe pour son temps. En cela, elle incarne magistralement les illusions tenaces d'une Pluton en Sagittaire, qui met tout en œuvre pour se forger la place qui lui convient dans la société. Déterminée jusqu'à l'inconscience, la marquise se met en danger, et ne se soucie pas le moins du monde des dommages collatéraux que ses petits jeux engendrent. Lorsque cette Pluton prend conscience de sa capacité de réalisation, elle met sa démesure en sourdine.

Pluton en Capricorne : Michael Corleone (*Le Parrain*)

« Ne déteste jamais tes ennemis. Cela affecte ton jugement. »

Dernier fils de l'un des plus grands parrains foulant le sol des États-Unis, qui voudrait le protéger du monde violent de la Cosa nostra, Michael n'est pas destiné à suivre les traces paternelles ; mais le jeune appelé de la Seconde Guerre mondiale rentre au pays dans un contexte de mutinerie contre sa famille, qui le pousse à agir pour sauver son père. Dès lors, il met le doigt dans l'engrenage terrible du pouvoir, et ne réussira jamais à s'en dépêtrer : sa personnalité raisonnable, son sang-froid, ses capacités intellectuelles hors du commun en font un *don* atypique, à la fois délicat, poli, intense et implacable. Succédant à son père, il apprend les rouages du commandement et les sacrifices incommensurables qu'il implique : sa vie n'est qu'une succession de décisions impossibles et de trahisons dont on ne se remet pas. En cela, il incarne parfaitement une Pluton en Capricorne, qui met absolument tout de côté pour atteindre un sommet dont elle oublie en route s'il lui tient vraiment à cœur. Tout entier dévoué à sa tâche, Michael est en pilotage automatique : il est à disposition pour effectuer sa besogne, quitte à perdre sa famille, ses amis, sa santé mentale. Cette abnégation, poussée à l'extrême, réduit sa joie comme peau de chagrin. Mais dans cette quête, il y a une vérité intrinsèque qui ne demande qu'à être envisagée : lorsque cette Pluton comprend qu'elle a besoin de mettre ses obsessions au service de sa propre volonté, elle représente la puissance inégalée de la détermination.

Pluton en Verseau : Lisbeth Salander (*Millénium*)

« Je trouve pathétique que l'on attribue toujours des circonstances atténuantes aux salopards. »

Lisbeth est une *nerd*, une hackeuse gothique et enquêtrice privée de génie, qui n'a jamais réussi à s'adapter socialement. Et pour cause : emprisonnée dès l'enfance dans un hôpital psychiatrique, elle est mise sous tutelle dès sa sortie, car elle subit une cabale compliquée, organisée par des hommes sans morale. Jeune femme solitaire, perturbée mais lucide, elle ne cherche ni à plaire ni à contenter les autres : son expérience éprouvante de la vie la pousse à une méfiance extrême, qui ne l'empêche pas d'aider un journaliste à démêler les nœuds d'un tas d'affaires très complexes. Profondément sensible aux injustices, aux violences de genre et à l'impunité des puissant·e·s, elle met tout en œuvre pour punir les salauds et les menteurs qui agissent au plus haut niveau de l'État ou dans le secret de leur vie personnelle. En cela, elle incarne parfaitement une Pluton en Verseau qui pousse l'indépendance dans ses extrémités et offre une vision de l'existence complètement différente de ce que le commun des mortels est en mesure d'envisager. Atypique, Lisbeth l'est, mais elle pense que c'est elle qui se comporte de la manière la plus adéquate : sa tendance à mépriser la norme, elle la vit comme du simple bon sens. Lorsque cette Pluton réalise qu'elle peut trouver un écho chez ses semblables, elle incarne la puissance inégalée de l'émancipation.

Pluton en Poissons : Dani (*Midsommar*)

« Elle s'est abandonnée à une joie que seuls connaissent les fous. »

Frappée par le deuil de ses parents et de sa sœur, Dani est invitée par un camarade suédois à fêter le solstice d'été dans sa communauté. Accompagnée de son petit ami et de quelques copains·copines, elle entame le séjour comme une sorte de retraite baba cool, dans un campement presque suspendu dans le temps, dans lequel les gens se trimbalent en tunique blanche avec des couronnes de fleurs sur la tête. Inondé de soleil et de lumière, le lieu n'en est pas moins le théâtre d'agissements des plus sombres : tout le monde ici sourit, mais cache une machination redoutable. La tension s'installe et des événements, aussi soudains qu'inattendus, introduisent l'horreur dans le cours paisible des choses. Le groupe d'amis se déchire face à l'adversité, et Dani est plongée dans un tourbillon hallucinatoire engendré par la violence de rites païens qu'elle ne connaît pas. Célébrée par la secte, elle devient la reine de Mai malgré elle, vectrice d'une image cosmogonique et puissante de féminité, de communion avec la nature. Tout ce trip pourrait être bien réel ou n'être qu'une plongée dans le psychisme de Dani : quoi qu'il en soit, elle entame une renaissance. En cela, elle incarne parfaitement une Pluton en

Poissons, vouée au détachement et au monde des illusions : c'est dans l'inconscient et les émotions qu'elle puise ses forces. Capable de s'égarer dans les méandres de ses interrogations existentielles, elle perd la réalité de vue. Lorsque cette Pluton apprend à utiliser cette intuition psychique, cette prescience naturelle, elle représente la puissance inégalée du rêve.

La Lune noire, cette prêtresse gothique

Une Lune compliquée

Ce qu'il faut savoir, c'est que la Lune noire est un point fictif dans le ciel : elle représente la zone géométrique vacante laissée par la Lune elle-même. Sa métaphore est celle du creux, de l'espace qui cristallise ce qui est complètement invisible. Ce vide est un vortex, un trou qui peut aspirer la personnalité dans son inconnu : c'est le lieu des peurs profondes et non formulées.

Ce n'est pas pour rien qu'elle porte le nom de Lilith, une divinité séculaire dont les premières apparitions se font dans un récit aussi ancien que *L'Épopée de Gilgamesh* : elle devient Lilitu, déesse sensuelle chez les Mésopotamiens, puis est reléguée, comme son pote Pazuzu, à une figure maléfique chez les Hébreux. Dans la tradition kabbalistique, Lilith serait la femme créée en même temps qu'Adam, et non sortie de sa côte, comme Ève. Une égale, donc, qui ne veut pas d'enfants, pas de mari (je résume), et se fait éjecter par Dieu du paradis, évidemment, car elle ne se soumet pas.

Comment regarder la Lune noire dans votre thème ?

Lilith est une femme libre, mais cette liberté lui vaut le rejet et la souffrance : elle qui ne veut rien céder se réfugie dans l'ombre, pour exister sans rendre de comptes. Son lieu est celui des blessures qui se transforment en peurs instinctives et inconscientes, là où l'on ne sait même pas que quelque chose est tapi dans le noir et demande de l'attention. Lorsque ces peurs sont démantelées, Lilith, plus forte car on l'a reconnue et considérée, reprend son pouvoir : elle indique l'endroit où l'on ne transige pas, là où il n'y aura aucune abdication. L'endroit de la Lune noire dans le thème est donc à regarder avec précaution, sans se projeter dans le pire : c'est seulement un indicateur de ce qui peut être pris en compte.

La Lune noire en signes à travers les films d'horreur

Les films d'« horreur » racontent ce dont personne n'a très envie d'entendre parler : nos peurs, nos lieux sombres, nos pulsions indicibles. Les personnages qui peuplent ces récits sont de merveilleuses métaphores de tout ce que nous essayons d'enfouir en nous : en cela, ils sont des représentations cathartiques et nécessaires.

Lune noire en Bélier : King Kong (*King Kong*)

La peur primaire : la soumission

King Kong, c'est la part de la nature qui a été bafouée, piétinée, niée, et qui se réveille dans une colère incommensurable. C'est la bête qui montre à la volonté humaine qu'elle n'est pas toute-puissante : c'est l'essence même de la rage intérieure face au monde. C'est lui qui se manifeste quand on veut essayer de soumettre la personnalité, de l'obliger à filer doux, sans tenir compte de son être profond ; celui qui n'accepte pas la subordination à des règles iniques et met un bazar monstre quand on l'y force.

Quand Lilith reprend son pouvoir : on ne plie pas, on maîtrise sa force ou l'on est capable de l'utiliser à bon escient. Elle ne négocie plus sa spontanéité.

Lune noire en Taureau : Guizmo (*Gremlins*)

La peur primaire : la transformation

Le mogwaï, petite créature adorable et poilue, se transforme en horrible monstre déraisonnable et vindicatif, qui détruit tout sur son passage, quand on le nourrit après minuit. Tiraillé entre son envie de *chiller* dans un nid douillet, entouré de plaids en dégustant un chocolat chaud, et son impossibilité à se maîtriser, le mogwaï est dépassé par ses propres contradictions. Il est cette part de la personnalité qui a peur de perdre sa sécurité et toutes les choses qu'elle aime et possède : cette mutation le terrifie, car elle l'oblige à sortir de sa zone de confort et à perpétrer des actes qu'il réprouve.

Quand Lilith reprend son pouvoir, c'est la force tranquille qui connaît sa puissance, mais ne l'utilise pas. Elle ne négocie plus sa stabilité.

Lune noire en Gémeaux : Beetlejuice (*Beetlejuice*)

La peur primaire : ne pas être écouté·e

Beetlejuice est un fantôme qui officie en tant que « bioexorciste » dans l'après-vie : on peut l'invoquer en répétant trois fois son nom. Lorsqu'il débarque, c'est avec une idée précise en tête, et rien ne semble pouvoir l'empêcher d'arriver à ses fins. Au passage, il dit des gros mots, éructe et envoie tout le monde se faire frire. Si l'on n'est pas forcément sensible à son humour, on ne peut pas nier son enthousiasme. Il est la petite voix dans la tête, qui parle fort dans la vie, n'écoute personne, veut absolument embobiner les autres, mais finit par les soûler.

Quand Lilith reprend son pouvoir : c'est le bagou qui peut vendre n'importe quoi à n'importe qui. Elle ne négocie plus sa liberté d'expression.

Lune noire en Cancer : la reine des xénomorphes (*Aliens, le retour*)

La peur primaire : la perte

Un équipage embarqué à bord d'un cargo spatial est confronté à une colonie de monstres extraterrestres qui déciment le genre humain. Ils cherchent à trouver des « hôtes » à leur reine, afin qu'elle puisse y pondre ses œufs. Le créateur de l'*alien*, Hans Ruedi Giger, a imaginé un être androgyne évoquant un monstre marin, hyper adaptable, capable de tout pour survivre et à la recherche perpétuelle d'un nid. La reine défend son territoire et les siens avec acharnement. Elle représente l'angoisse instinctive face à la menace contre ce que l'on aime et la peur de se retrouver seul·e.

Quand Lilith reprend son pouvoir : c'est un exosquelette à l'image de celui de la reine des xénomorphes, incassable. Elle ne négocie plus son amour engagé.

Lune noire en Lion : Dracula (*Dracula*)

La peur primaire : exister en sourdine

Megadrama queen, avec un sens aigu du style, Vlad est un ancien seigneur qui a vécu une vie de gloire, sanguinaire d'accord, mais admirée. Devenu un vampire immortel, cabotin et légèrement autoritaire, il s'ennuie ferme dans son château, et cherche à tout prix

à créer des connexions avec des gens valables. Or, son besoin de contrôle est proportionnel à sa garde-robe : c'est dans la séduction qu'il fait semblant de s'épanouir ; néanmoins, le fond de sa problématique reste une très grande solitude. Il représente la tension entre la volonté de briller et celle de demeurer dans l'ombre, la peur de s'exposer, imbriquée avec l'envie de se manifester.
Quand Lilith reprend son pouvoir : elle apprend à se contenter d'elle-même. Elle ne négocie plus son besoin de dire qui elle est.

Lune noire en Vierge : Regan (*L'Exorciste*)

La peur primaire : perdre le contrôle
Regan est une petite fille lambda, qui a la malchance d'être possédée par le démon Pazuzu (ce qui fiche vraiment la trouille à sa mère quand celle-ci se rend compte que sa fille n'a pas une simple grippe) et se met à vraiment partir en vrille. La dichotomie entre sa jeunesse, son innocence et ses instincts démoniaques exprime une scission terrifiante. Regan est traversée par ce qui est laid dans le monde, et cela l'habite et la dépasse. Elle représente la peur de faire le mal, de le laisser déborder, qui mène à une intransigeance absolue : l'expulser complètement de soi.
Quand Lilith reprend son pouvoir : elle comprend que le mal est une facette de l'humanité et non une essence. Elle ne négocie plus son droit à l'imperfection.

Lune noire en Balance : Candyman (*Candyman*)

La peur primaire : ne pas être aimé·e
Motivé par son amour de la beauté (il est peintre) et sa volonté de se réaliser personnellement, le personnage principal est le fils d'un ancien esclave. Mandaté pour effectuer le portrait d'une jeune fille blanche, il est lynché par une foule raciste lorsque le père de celle-ci découvre leur amour. La profonde souffrance qui traverse sa vie est celle de tout un peuple : sa tragédie est universelle. Il sublime sa vengeance en cherchant une résolution dans le monde réel, auquel il n'a accès qu'à travers les vivants. Il devient une légende urbaine dans la ville de La Nouvelle-Orléans et apparaît quand on l'invoque cinq fois, décimant à tout-va avec son crochet. Il représente la dif-

ficulté à demeurer en paix lorsque l'on ne trouve pas la justice dans l'amour.
Quand Lilith reprend son pouvoir : elle puise en elle-même la ressource de s'aimer. Elle ne négocie plus le soin qu'elle se prodigue.

Lune noire en Scorpion : Ça (*Ça*)
La peur primaire : se laisser manipuler
De retour dans leur petite ville, théâtre de leurs souffrances enfantines, un groupe d'ami·e·s est poursuivi par le démon du passé, qui prend la forme d'un clown. Pur symbole de la résurgence des tourments, Ça, qui n'est qu'un concept, vit dans les égouts. Sa volonté est de faire plonger les personnages dans ce qui est sombre et enfoui en eux, dans le cloaque de leur mental. Il condense leurs peurs et les retourne contre elles·eux : sa force est sa connaissance de tout ce qui est caché. Il représente la puissance de l'inconscient, la crainte de le confronter pour faire face à la mémoire de la souffrance.
Quand Lilith reprend son pouvoir : elle ne se voile plus la face et connaît toutes ses zones d'ombre. Elle ne négocie plus le pouvoir sur elle-même.

Lune noire en Sagittaire : Oh Dae-su (*Old Boy*)
La peur primaire : ne pas trouver le sens
Séquestré durant quinze ans dans une pièce, sans savoir par qui ni pourquoi, le héros combat la folie en s'entraînant physiquement et en réfléchissant obsessionnellement à sa situation. Relâché sans autre forme de procès, l'homme part en quête de vérité, prêt à toutes les violences pour l'obtenir. Mais lorsqu'elle lui est enfin révélée, il ne trouve pas la paix pour autant : il n'est radicalement plus le même, il a perdu de vue son ancien *lui*. Oh Dae-su représente la quête de sens dans le cours parfois (souvent) absurde de la vie, la volonté de découvrir une explication rationnelle aux événements et aux changements intérieurs qui s'opèrent dans la personnalité.
Quand Lilith reprend son pouvoir : elle s'affranchit de l'espérance d'un schéma sensé, d'un destin absolu. Elle ne négocie plus son besoin de joie.

Lune noire en Capricorne : Terminator (*Terminator I* et *II*)

La peur primaire : ne pas comprendre ses émotions

Envoyé d'un futur gouverné par les robots pour exterminer les graines de la rébellion humaine, le T-800 est un cyborg ultra-perfectionné à l'apparence normale : il symbolise la main aveugle de la Loi qui s'abat sur les dissidents. À mesure que le personnage évolue, le robot se découvre un ersatz de cœur et une volonté farouche de lutter contre les figures d'autorité. Il devient presque humain, sa conscience s'éveille : il est l'expression de la transition entre rationalité et émotion, volonté d'accomplir une tâche coûte que coûte et acharnement contre la loi du plus fort. Il représente la rigidité de l'âme qui ne trouve pas de réconfort.

Quand Lilith reprend son pouvoir : elle ne cherche plus la conformité à tout prix. Elle ne négocie plus son besoin d'absolu.

Lune noire en Verseau : Seth Brundle/Brundlefly (*La Mouche*)

La peur primaire : être trop différent·e

Un scientifique sympa, mais excentrique, trafique une machine de téléportation. Pour prouver qu'elle fonctionne (et qu'il a raison), il l'essaie. Cependant, cela tourne mal : il finit par lentement se transformer en mouche, sans pouvoir endiguer le processus. Cette mutation parle de sa personnalité profonde : intellectuellement obsessionnel, il a le sentiment d'être étranger au monde, et de posséder quelque chose d'intrinsèquement à part. Sa lente métamorphose interroge sa propre humanité et, peu à peu, le fait sortir de ce groupe pour devenir autre chose : un mutant. Il représente la volonté désespérée d'exprimer sa particularité tout en voulant vivre parmi ses semblables.

Quand Lilith reprend son pouvoir : elle concilie le génie et la sociabilité. Elle ne négocie plus son originalité.

Lune noire en Poissons : le requin (*Les Dents de la mer*)

La peur primaire : se laisser empoisonner la vie

Un requin terrorise les vacanciers d'une petite ville balnéaire, en s'approchant dangereusement de la côte pour croquer tout ce qui bouge. Cible désignée d'une bande dirigée par un vieux loup de mer qui veut en découdre avec ce roi des océans, il se défend jusqu'au bout pour survivre à leurs assauts. Habitué durant des millénaires à sillonner les mers sans que jamais personne vienne y mettre les pieds, le requin s'agace un peu quand on y déverse des litres de diesel, dérangeant ainsi la faune et la flore. Il n'est pas fan non plus des kilos de crème solaire répandus par les joyeux touristes à la plage : il est le monstre invincible, quasi préhistorique, que personne n'attendait là. Il représente la bête cachée dans l'océan intérieur, qu'il n'est pas très malin de venir réveiller.

Quand Lilith reprend son pouvoir : elle s'affranchit de sa volonté de se sacrifier pour défendre son idéal. Elle ne négocie plus son besoin d'espace.

PLUTON EN SIGNES À TRAVERS

Bélier

LAKSHMÎ BÂÎ

Guerrière, résistante

« Je n'abandonnerai jamais mon royaume ! »

Taureau

CAMILLE CLAUDEL

Sculptrice

« Il y a toujours quelque chose d'absent qui me tourmente. »

Correspondance, Camille Claudel, Bruno Gaudichon

Gémeaux

ANAÏS NIN

Autrice

« L'érotisme est l'une des bases de la connaissance de soi, aussi indispensable que la poésie. »

Être une femme

Cancer

ELIZABETH TAYLOR

Actrice, activiste

« Je suis une survivante – un exemple vivant de ce que les gens peuvent traverser et y survivre. »

Lion

MUHAMMAD ALI

Poète, athlète, boxeur

« Tout au long de ma vie, j'ai été testé. Ma volonté a été testée, mon courage a été testé, ma force a été testée. »

The Soul of a Butterfly

Vierge

RU PAUL

Activiste, artiste

« Nous sommes tou·te·s nu·e·s lorsque nous naissons, le reste n'est que déguisement. »

Lettin it All Hang Out: An Autobiography

LES FIGURES PUISSANTES

Balance

BRITNEY SPEARS

Chanteuse, artiste

«Je ne mens pas. Je veux seulement qu'on me rende ma vie. Cela fait 13 ans. Et ça suffit.»

Déclaration / audience pour lever sa mise sous tutelle

Scorpion

MARGUERITE DE VALOIS

Autrice

«Plus le venin est caché, plus il est dangereux.»

Mémoires

Sagittaire

MALALA YOUSAFZAI

Activiste, autrice

«Seulement, je suis quelqu'un d'optimiste et, quand je vois des problèmes, je pense toujours à des solutions.»

Moi, Malala

Capricorne

SOPHIE GERMAIN

Philosophe, mathématicienne

«Ce n'est ni le plus ni le moins, ce n'est pas la privation même, c'est la comparaison qui nous afflige : on n'est pauvres qu'à côté des riches.»

Œuvres philosophiques de Sophie Germain

Verseau

ÉLISABETH I

Reine, femme politique

«Je suis affligée et n'ose pas montrer mon mécontentement – J'aime et pourtant suis forcée de faire semblant de haïr.»

Her Life in Letters Elizabeth I, Felix Pryor

Poissons

HARRIET TUBMAN

Survivante, activiste, résistante

«(...) il y avait l'une des deux choses auxquelles j'avais droit, la liberté ou la mort ; si je ne pouvais pas en avoir l'une, j'aurais l'autre.»

Harriet Tubman : The Road to Freedom, Catherine Clinton

CHAPITRE XI

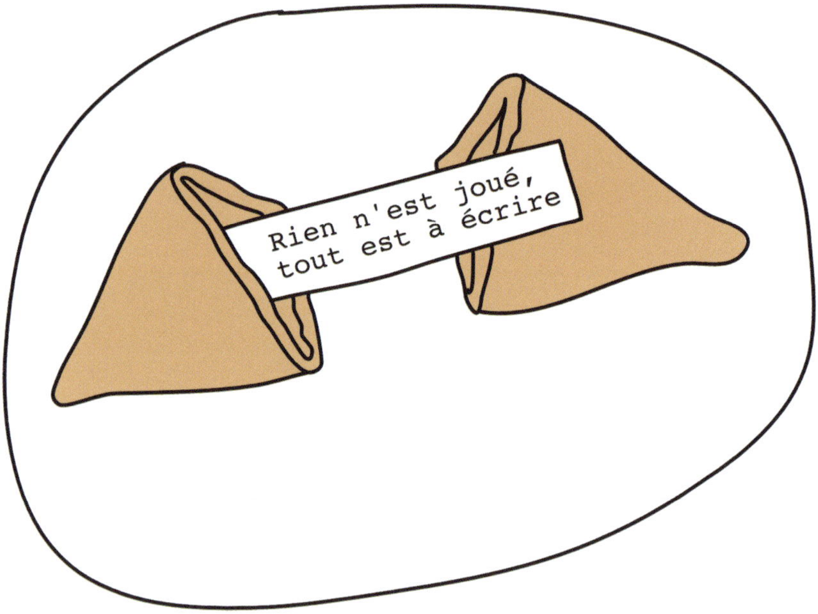

ÉCRIVEZ VOTRE JEU DE RÔLE

« Elle riait comme quelqu'un qui avait sérieusement réfléchi à la vie et qui avait compris la blague. »

Neil Gaiman, *Neverwhere*

Il est temps pour vous de vous lancer dans la rédaction de votre propre histoire. Car oui, vous êtes le personnage principal de votre récit, et vous avez tous les outils en main pour en ébaucher quelques caractéristiques et définir des arcs narratifs plus ou moins spectaculaires. En chemin, vous pouvez faire face à deux trois ennemi·e·s, déjouer une paire d'embûches et apprendre quelques tours de passe-passe pour apprécier votre temps sur Terre. N'oubliez pas de vérifier vos points de compétences et de vous munir de vos plus belles armes. C'est parti.

Choisissez votre personnage principal

La planète maîtresse de votre signe solaire

Allez à l'introduction pour découvrir la·le superhéros·superhéroïne de votre histoire !

Bélier ▶ Mars : **Hellboy**	Balance ▶ Vénus : **Echo**
Taureau ▶ Vénus : **Echo**	Scorpion ▶ Pluton : **Dark Phoenix**
Gémeaux ▶ Mercure : **Oracle**	Sagittaire ▶ Jupiter : **Iron Man**
Cancer ▶ Lune : **Moon Girl**	Capricorne ▶ Saturne : **N'Jadaka**
Lion ▶ Soleil : **Wonder Woman**	Verseau ▶ Uranus : **Dr Manhattan**
Vierge ▶ Mercure : **Oracle**	Poissons ▶ Neptune : **Fathom**

Choisissez votre scénario

Votre signe solaire

Allez au chapitre I pour découvrir votre scénario !

Soleil en Bélier : ***The Walking Dead***	Soleil en Balance : ***Sex and the City***
Soleil en Taureau : ***Gilmore Girls***	Soleil en Scorpion : ***Game of Thrones***
Soleil en Gémeaux : ***The Wire***	Soleil en Sagittaire : ***The Leftovers***
Soleil en Cancer : ***Orange Is the New Black***	Soleil en Capricorne : ***Breaking Bad***
Soleil en Lion : ***Insecure***	Soleil en Verseau : ***Halt and Catch Fire***
Soleil en Vierge : ***The Office (US)***	Soleil en Poissons : ***Sense8***

Notez les caractéristiques de la planète maîtresse de votre signe solaire

Établissez les points d'appui de votre personnage principal

Soleil : puissance du charisme, capacité à s'affirmer, pouvoir de l'*ego*.
Mercure : puissance de l'intelligence, pouvoir de la compréhension, volonté de communication.
Vénus : pouvoir de l'amour, puissance de la créativité, volonté de réalisation, capacité d'harmonie.
La **Lune :** capacité de régénération, puissance des émotions, volonté d'équilibre, adéquation avec l'intime.
Mars : capacité d'initiative et d'action, pouvoir de la sexualité, puissance des émotions fortes, obsession de la quête.
Jupiter : puissance de la pensée, capacités sociales, pouvoir de la chance, adéquation à la loi.
Saturne : puissance des ambitions, volonté, dépassement de soi, pouvoir de la limitation.
Uranus : puissance de la liberté, importance de la vision, pouvoir de changement, volonté de désobéissance.
Neptune : puissance de l'imagination, pouvoir de l'empathie, capacité d'ouverture.
Pluton : volonté de prise de pouvoir, puissance de l'obsession, capacité de métamorphose.

Élaborez la fiche de votre personnage principal pour mieux jouer

Les compétences de votre signe solaire

Les représentations des signes indiquent leurs capacités

Les animaux : la force brute
Bélier, la vigueur ; Taureau, la détermination ; Cancer, la protection ; Lion, la puissance ; Scorpion, le secret ; Poissons, l'empathie.

Les figures humaines : l'intelligence
Gémeaux, l'exploration ; Vierge, le labeur ; Verseau, l'innovation.

Les créatures mythologiques : la magie
Sagittaire, l'élévation de l'esprit ; Capricorne, la conquête de la sagesse.

L'objet : l'ancrage dans le réel
Balance, la sociabilité.

Les éléments des signes indiquent leurs caractéristiques

Feu : passion, initiative, courage – Bélier (feu explosif), Lion (feu flamboyant), Sagittaire (feu résistant).
Terre : constance, stabilité, détermination – Taureau (terre grasse et fertile), Vierge (terre cultivée), Capricorne (terre aride).
Air : adaptabilité, intelligence, communication – Gémeaux (air agité), Balance (air doux), Verseau (air condensé).
Eau : sensibilité, imagination, mémoire – Cancer (eaux mouvantes), Scorpion (eaux profondes), Poissons (eaux immenses).

Les saisons des signes indiquent leurs questionnements

Les signes du printemps (Bélier, Taureau, Gémeaux) ouvrent l'ère du moi.

Les signes de l'été (Cancer, Lion, Vierge) installent la personnalité.

Les signes de l'automne (Balance, Scorpion, Sagittaire) annoncent le moment de la relation à l'autre.

Les signes de l'hiver (Capricorne, Verseau, Poissons) racontent l'ouverture de la conscience personnelle aux questions collectives et métaphysiques.

Les modes des signes solaires indiquent leur fonctionnement

Le **mode cardinal** correspond aux signes qui commencent chaque saison et impulsent l'énergie qui traverse la période. Ce sont des signes pleins d'initiative et d'enthousiasme : Bélier (printemps), Cancer (été), Balance (automne), Capricorne (hiver).

Le **mode fixe** correspond aux signes qui s'installent au milieu de chaque saison et en exaltent toutes les caractéristiques. Ce sont des signes pugnaces, au caractère affirmé : Taureau (printemps), Lion (été), Scorpion (autonome), Verseau (hiver).

Le **mode mutable** qui correspond aux signes qui terminent chaque saison et en ont intégré tous les bienfaits. Ce sont des signes adaptables et malins : Gémeaux (printemps), Vierge (été), Sagittaire (automne), Poissons (hiver).

Apprivoisez le mode d'expression de votre personnage

Votre Mercure

Allez au chapitre II pour découvrir sa façon d'utiliser et d'exprimer son intelligence !

Mercure en Bélier : **Alice et la Reine blanche**
Mercure en Taureau : **Alice et le jardin des fleurs vivantes**
Mercure en Gémeaux : **Alice et Bonnet blanc & Blanc Bonnet**
Mercure en Cancer : **Alice et la Similitortue**
Mercure en Lion : **Alice et la Reine de cœur**
Mercure en Vierge : **Alice et le Lapin blanc**
Mercure en Balance : **Alice et la Reine rouge**
Mercure en Scorpion : **Alice et le Chat du Cheshire**
Mercure en Sagittaire : **Alice et le Cavalier blanc**
Mercure en Capricorne : **Alice et Humpty Dumpty**
Mercure en Verseau : **Alice et le Chapelier toqué**
Mercure en Poissons : **Alice et la Chenille**

Notez les points forts et les points faibles de votre personnage

Les maîtrises

Regardez dans votre thème pour repérer dans quels signes se trouvent les planètes et analysez leur puissance.

Le Soleil

Harmonie en Lion : l'énergie assurée du Lion permet au Soleil d'exprimer toute la palette de son charisme.
Difficulté en Balance : l'énergie conciliante de la Balance frustre l'*ego* du Soleil.
Faiblesse en Verseau : l'énergie collective du Verseau déstabilise le Soleil, qui a besoin de prendre toute la place.
Pleine puissance en Bélier : l'énergie spontanée du Bélier favorise la puissance d'affirmation du Soleil.

La Lune

Harmonie en Cancer : l'énergie protectrice du Cancer permet à la Lune d'exprimer toute la palette de ses émotions.
Difficulté en Scorpion : l'énergie méfiante du Scorpion frustre le besoin de tendresse de la Lune.
Faiblesse en Capricorne : l'énergie rationnelle du Capricorne déstabilise la Lune, qui a besoin de laisser filtrer ses sentiments.
Pleine puissance en Taureau : l'énergie épicurienne du Taureau favorise la puissance nourricière de la Lune.

Mercure

Harmonie en Gémeaux et en Vierge : l'énergie curieuse des Gémeaux et l'énergie studieuse de la Vierge permettent à Mercure d'exprimer toute la palette de son intelligence.
Difficulté en Poissons : l'énergie brouillonne des Poissons frustre le besoin de catégoriser de Mercure.

Faiblesse en Sagittaire et en Poissons : l'énergie enthousiaste du Sagittaire et l'énergie désordonnée des Poissons déstabilisent Mercure, qui cherche la précision.
Pleine puissance en Vierge et en Verseau : l'énergie tatillonne de la Vierge et l'énergie intellectuelle du Verseau favorisent la puissance de rationalité de Mercure.

Vénus
Harmonie en Taureau et en Balance : l'énergie sensuelle du Taureau et l'énergie d'esthète de la Balance permettent à Vénus d'exprimer toute la palette de sa créativité.
Difficulté en Vierge : l'énergie détachée de la Vierge frustre le besoin d'affection de Vénus.
Faiblesse en Bélier et en Scorpion : l'énergie conquérante du Bélier et l'énergie conflictuelle du Scorpion déstabilisent Vénus, qui a besoin de sérénité.
Pleine puissance en Poissons : l'énergie empathique des Poissons favorise la puissance d'amour de Vénus.

Mars
Harmonie en Bélier et en Scorpion : l'énergie combative du Bélier et l'énergie lucide du Scorpion permettent à Mars d'exprimer toute la palette de sa volonté.
Difficulté en Cancer : l'énergie prudente du Cancer frustre le besoin d'aventure de Mars.
Faiblesse en Taureau et en Balance : l'énergie stable du Taureau et l'énergie pondérée de la Balance déstabilisent Mars, qui a besoin de turbulence.
Pleine puissance en Capricorne : l'énergie déterminée du Capricorne favorise la puissance d'accomplissement de Mars.

Jupiter
Harmonie en Sagittaire et en Poissons : l'énergie joviale du Sagittaire et l'énergie amicale des Poissons permettent à Jupiter d'exprimer toute la palette de sa sociabilité.
Difficulté en Capricorne : l'énergie solitaire du Capricorne frustre le besoin d'intégration de Jupiter.

Faiblesse en Gémeaux et en Vierge : l'énergie éparpillée des Gémeaux et l'énergie vérificatrice de la Vierge déstabilisent Jupiter, qui a besoin de grands idéaux.
Pleine puissance en Lion : l'énergie assurée du Lion favorise la puissance d'inspiration de Jupiter.

Saturne
Harmonie en Capricorne : l'énergie acharnée du Capricorne permet à Saturne d'exprimer toute la palette de sa force.
Difficulté en Bélier : l'énergie éparpillée du Bélier frustre le besoin de concrétisation de Saturne.
Faiblesse en Cancer : l'énergie délicate du Cancer déstabilise Saturne, qui a besoin d'endurance.
Pleine puissance en Balance : l'énergie réfléchie de la Balance favorise la puissance d'achèvement de Saturne.

Uranus
Harmonie en Verseau : l'énergie rebelle du Verseau permet à Uranus d'exprimer toute la palette de son originalité.
Difficulté en Taureau : l'énergie casanière du Taureau, frustre le besoin d'innovation d'Uranus.
Faiblesse en Lion : l'énergie individualiste du Lion déstabilise Uranus, qui a besoin de décentration.
Pleine puissance en Scorpion : l'énergie volontaire du Scorpion favorise la puissance de changement d'Uranus.

Neptune
Harmonie en Poissons : l'énergie mystique des Poissons permet à Neptune d'exprimer toute la palette de ses extrapolations.
Difficulté en Lion : l'énergie lucide du Lion frustre la volonté d'incertitude de Neptune.
Faiblesse en Vierge : l'énergie sceptique de la Vierge déstabilise Neptune, qui a besoin de fabuler.
Pleine puissance en Sagittaire : l'énergie grandiloquente du Sagittaire favorise la puissance de rêve de Neptune.

Pluton
Harmonie en Scorpion : l'énergie complexe du Scorpion permet à Pluton d'exprimer toute la palette de son pouvoir.
Difficulté en Capricorne : l'énergie terre à terre du Capricorne frustre la volonté d'exploration psychique de Pluton.
Faiblesse en Taureau : l'énergie débonnaire du Taureau déstabilise Pluton, qui a besoin de confrontation.
Pleine puissance en Cancer : l'énergie intime du Cancer favorise la puissance de métamorphose de Pluton.

Envisagez l'absolu de votre personnage

Votre Vénus

Allez au chapitre III pour découvrir sa façon d'exprimer sa créativité !

Vénus en Bélier : **expérimenter la sincérité**
Vénus en Taureau : **faire refleurir l'amour**
Vénus en Gémeaux : **explorer l'amitié**
Vénus en Cancer : **trouver votre idéal**
Vénus en Lion : **lutter pour ce qui vaut le coup**
Vénus en Vierge : **vous défaire de vos passions**
Vénus en Balance : **comprendre votre désir**
Vénus en Scorpion : **éviter la superficialité**
Vénus en Sagittaire : **déborder d'espoir**
Vénus en Capricorne : **connaître vos limites**
Vénus en Verseau : **tout réinventer**
Vénus en Poissons : **élargir vos perspectives**

Comprenez les possibilités de votre personnage

Les aspects

Observez votre thème pour découvrir quelles sont les relations entre vos planètes et affiner la psychologie de votre personnage.

Mercure – Soleil : relation entre pensée et personnalité/entre essence et relativisme.
Mercure – Vénus : relation entre communication et charisme/entre affects et curiosité.
Mercure – Lune : relation entre intellect et émotions/entre expression et sensations.
Mercure – Mars : relation entre initiative et compréhension/entre communication et spontanéité.
Mercure – Jupiter : relation entre expérience et idéalisme/entre projets et exploration.
Mercure – Saturne : relation entre jeu et rigueur/entre logique et éparpillement.
Mercure – Uranus : relation entre idées et originalité/entre rébellion et rationalité.
Mercure – Neptune : relation entre imagination et intelligence/entre empathie et compréhension.
Mercure – Pluton : relation entre pensée et intuition/entre pessimisme et décontraction.

Vénus – Soleil : relation entre amour et vérité/entre certitudes et affects.
Vénus – Lune : relation entre sens esthétique et intimité/entre émotions et esthétisme.
Vénus – Mars : relation entre passion et action/entre dynamisme et créativité.
Vénus – Jupiter : relation entre production et expansion/entre responsabilité et passion.

Vénus – Saturne : relation entre désir et limites/entre résilience et amour.
Vénus – Uranus : relation entre affects et détachement/entre valeurs et indiscipline.
Vénus – Neptune : relation entre inclinations et confusion/entre inspiration et beauté.
Vénus – Pluton : relation entre attachement et sexualité/entre secret et sentiments.

Lune – Soleil : relation entre intimité et *ego*/entre structure et relâchement.
Lune – Mars : relation entre émotion et impulsion/entre songe et incarnation.
Lune – Jupiter : relation entre intimité et vie sociale/entre idéalisme et bien-être.
Lune – Saturne : relation entre ressenti et mesure/entre solitude et émotions.
Lune – Uranus : relation entre sécurité et utopie/entre bouleversement et sensibilité.
Lune – Neptune : relation entre réceptivité et empathie/entre illusion et abandon.
Lune – Pluton : relation entre besoins et crise/entre manipulation et inconscient.

Mars – Soleil : relation entre action et affirmation/entre autorité et réactivité.
Mars – Jupiter : relation entre objectifs et engagement/entre sociabilité et initiative.
Mars – Saturne : relation entre action et ténacité/entre accomplissement et résolution.
Mars – Uranus : relation entre réalisme et intransigeance/entre vision et intensité.
Mars – Neptune : relation entre combativité et indécision/entre âme et corps.
Mars – Pluton : relation entre force et abandon/entre régénération et mouvement.

Jupiter – Soleil : relation entre justesse et assurance/entre générosité et sociabilité.
Jupiter – Saturne : relation entre idéalisme et limite/entre réserve et joie.
Jupiter – Uranus : relation entre loi et désobéissance/entre radicalisme et consensus.
Jupiter – Neptune : relation entre réussite et ascèse/entre marginalité et conformisme.
Jupiter – Pluton : relation entre ambition et lucidité/entre cynisme et réussite.

Saturne – Soleil : relation entre discipline et démesure/entre spontanéité et sagesse.
Saturne – Uranus : relation entre volonté et détachement/entre originalité et prudence.
Saturne – Neptune : relation entre labeur et laisser-aller/entre clairvoyance et pragmatisme.
Saturne – Pluton : relation entre détermination et secret/entre rationalité et mystère.

Uranus – Soleil : relation entre changement et fixité/entre générosité et indifférence.
Uranus – Neptune : relation entre certitude et trouble/entre sensation et intellect.
Uranus – Pluton : relation entre individualité et pouvoir/entre métamorphose et rébellion.

Neptune – Soleil : relation entre subtilité et évidence/entre affirmation et doute.
Neptune – Pluton : relation entre imagination et métaphysique/entre dépouillement et mystique.

Pluton – Soleil : relation entre profondeur et simplicité/entre évidence et complexité.

Observez les émotions qui motivent votre personnage

Votre Lune

Allez au chapitre IV pour découvrir son background *!*

Lune en Bélier : l'***apomakrysménophobie***
Lune en Taureau : le ***chrysalisme***
Lune en Gémeaux : le ***flashover***
Lune en Cancer : la ***rigor samsa***
Lune en Lion : le ***Mauerbauertraurigkeit***
Lune en Vierge : la ***mimeomie***
Lune en Balance : l'***anthrodynie***
Lune en Scorpion : l'***exulansie***
Lune en Sagittaire : la ***kairosclérose***
Lune en Capricorne : le ***zielschmerz***
Lune en Verseau : ***milieuer***
Lune en Poissons : la ***kenopsie***

Aidez votre personnage à avancer

Vos maisons

Allez au chapitre IV pour découvrir ce que doit faire votre personnage dans ses lieux importants : les maisons où il y a beaucoup de planètes dans votre thème ; la maison de la planète maîtresse de votre ascendant ; les maisons de votre Soleil, de votre Lune, de Mercure, de Vénus ; les maisons des planètes en aspects avec la Lune, le Soleil, Mercure, Vénus.

En maison I : **comprendre la carte de Willy le Borgne**
En maison II : **farfouiller dans le sac de Mary Poppins**
En maison III : **explorer dans n'importe quel moteur de recherche**
En maison IV : **se prélasser dans un trou de hobbit**
En maison V : **créer dans le salon de Mozart**
En maison VI : **s'améliorer à l'institut Xavier**
En maison VII : **sociabiliser à Central Perk**
En maison VIII : **s'égarer dans la ville de Twin Peaks**
En maison IX : **rêver dans la tour des Anges**
En maison X : **lutter dans le temple du Graal**
En maison XI : **s'épanouir sur Pandora**
En maison XII : **méditer dans la maison des Maitland**

Étoffez le parcours de votre personnage

Vos maisons

Les planètes « habitent » dans certaines maisons de votre thème : elles racontent les différents chemins de votre personnage, ses péripéties, ses aspirations, ses quêtes, ses dénouements.
Allez au chapitre IV pour comprendre comment fonctionnent les aspects entre ces planètes, leur « mode de communication » : cela affinera encore plus votre narration.

	Maison I	**Maison II**	**Maison III**	**Maison IV**	**Maison V**	**Maison VI**
	Construire sa personnalité	**Cultiver ses dons**	**Exploiter ses expériences**	**Trouver ses ressources**	**Élaborer ses œuvres**	**Améliorer ses capacités**
Soleil	sa vérité	dans sa nature	à travers les prises de conscience	l'assurance	créer de la cohésion	chercher son essence
Lune	son ressenti	dans son âme	à travers ses émotions	la sensibilité	créer de la sécurité	chercher son équilibre
Mercure	ce qui l'entoure	dans son intelligence	à travers ce qui l'entoure	la curiosité	créer des références	chercher son savoir
Vénus	ses aspirations	dans son amour	à travers ses relations	la créativité	créer des liens	chercher l'amour
Mars	sa spontanéité	dans son énergie	à travers les événements	la franchise	créer des chemins	chercher sa puissance
Jupiter	ses idéaux	dans ses idées	à travers ses réalisations	l'espoir	créer des structures	chercher sa place
Saturne	ses limites	dans la solitude	à travers les difficultés	la résilience	créer des lois	chercher sa détermination
Uranus	ses rébellions	dans sa différence	à travers l'inattendu	l'originalité	créer du chaos	chercher ses idées propres
Neptune	ses rêves	dans son imagination	à travers l'empathie	l'ouverture	créer de la magie	chercher son échappatoire
Pluton	ses peurs	dans son pouvoir	à travers les épreuves	la lucidité	créer du renouveau	chercher ses secrets

	Maison VII	Maison VIII	Maison IX	Maison X	Maison XI	Maison XII
	Établir ses relations	***Se confronter à ses crises***	***Envisager le sens de sa vie***	***Viser des accomplissements***	***Accepter ses idéaux***	***Surmonter ses épreuves***
Soleil	la relation à soi-même	les crises de l'*ego*	éclairer	découvrir sa façon de briller	le don de ses atouts	perdre le sens de soi
Lune	la relation à ses besoins	les crises de l'âme	s'épanouir	réussir à être en adéquation avec le moi	le don de son affection	perdre son équilibre
Mercure	la relation à la réalité	les crises de communication	découvrir	réussir à exprimer son intelligence	le don de son expérience	perdre sa parole
Vénus	la relation aux autres	les crises sentimentales	aimer	réussir à produire de la Beauté	le don de ses œuvres	perdre sa passion
Mars	la relation à l'action	les crises émotionnelles	avancer	réussir à donner du sens à sa quête	le don de son énergie	perdre son courage
Jupiter	la relation à la société	les crises d'ambition	profiter	réussir à viser juste	le don de ses privilèges	perdre sa joie
Saturne	la relation à l'autorité	les crises de solitude	se dépasser	réussir à s'élever	le don de sa sagesse	perdre sa constance
Uranus	la relation au changement	les crises de certitudes	bousculer	réussir à faire valoir son originalité	le don de ses idées	perdre son audace
Neptune	la relation à la désillusion	les crises mystiques	apaiser	réussir à concilier	le don de soi	perdre sa bienveillance
Pluton	la relation à la souffrance	les crises métaphysiques	se métamorphoser	réussir à conquérir sa puissance	le don de son pouvoir	perdre sa puissance

La quête de votre personnage

Votre Mars

Allez au chapitre V pour découvrir ce qui motive les actions de votre personnage !

Mars en Bélier : puiser dans sa force brute (***Princesse Mononoké***).
Mars en Taureau : comprendre ce qui est précieux (***Arrietty***).
Mars en Gémeaux : la volonté de progrès (***Le Château dans le ciel***).
Mars en Cancer : grandir (***Le Royaume des chats***).
Mars en Lion : affirmer sa personnalité (***Le Château ambulant***).
Mars en Vierge : la guérison (***Mon voisin Totoro***).
Mars en Balance : trouver sa voie (***Le Voyage de Chihiro***).
Mars en Scorpion : révéler les choses cachées (***Souvenirs de Marnie***).
Mars en Sagittaire : conquérir l'indépendance (***Kiki la petite sorcière***).
Mars en Capricorne : l'acceptation (***Le Tombeau des lucioles***).
Mars en Verseau : conquérir la liberté (***Nausicaä de la vallée du vent***).
Mars en Poissons : libérer l'amour (***Ponyo sur la falaise***).

Faites avancer votre personnage

Votre ascendant

Allez au chapitre V pour découvrir le mode de jeu de votre personnage.

Ascendant Bélier : une impulsivité agressive (***Red Dead Redemption***).
Ascendant Taureau : une immobilité fructueuse (***Animal Crossing***).
Ascendant Gémeaux : une exploration épuisante (***The Last of Us Part II***).
Ascendant Cancer : une détermination émotionnelle (***Celeste***).
Ascendant Lion : une responsabilité écrasante (***Assassin's Creed Valhalla***).

Ascendant Vierge : une humble précision (***Luna, The Shadow Dust***).
Ascendant Balance : une interrogation sans fin (***Life Is Strange***).
Ascendant Scorpion : une lucidité cynique (***Afterparty***).
Ascendant Sagittaire : un courage inconscient (***Tomb Raider***).
Ascendant Capricorne : une impassibilité productive (***The Legend of Zelda, Ocarina of Time***).
Ascendant Verseau : une indépendance déstabilisante (***Horizon Zero Dawn***).
Ascendant Poissons : des possibilité infinies (***Final Fantasy VII***).

Les atouts secrets de votre personnage

La·le maître·sse de votre ascendant

Allez au chapitre V pour découvrir ce que votre personnage cache dans sa manche.

En maison I : **le Bateleur**	En maison VII : **le Chariot**
En maison II : **la Papesse**	En maison VIII : **la Justice**
En maison III : **l'Impératrice**	En maison IX : **l'Hermite**
En maison IV : **l'Empereur**	En maison X : **la Roue de fortune**
En maison V : **le Pape**	En maison XI : **la Force**
En maison VI : **l'Amoureux**	En maison XII : **le Pendu**

Les atouts de votre jeu

Votre Jupiter

Allez au chapitre VI pour découvrir l'un de vos personnages secondaires et comment exploiter ses qualités pour accomplir des exploits !

Jupiter en Bélier : la franchise d'**Han Solo**.
Jupiter en Taureau : la constance du **Dude**.
Jupiter en Gémeaux : le bagou d'**Elle Woods**.
Jupiter en Cancer : la tendresse de **Russell**.
Jupiter en Lion : la flamboyance de **Deloris Van Cartier/sœur Clarence**.
Jupiter en Vierge : la pédagogie de **Falkor**.
Jupiter en Balance : la sociabilité de **Fievel Souriskewitz**.
Jupiter en Scorpion : la loyauté d'**Inigo Montoya**.
Jupiter en Sagittaire : l'optimisme de **Joie**.
Jupiter en Capricorne : la gentillesse de **Chris Chambers**.
Jupiter en Verseau : la sagesse malicieuse de **Gandalf**.
Jupiter en Poissons : l'humilité de **Yoda**.

Explorez les questionnements de votre personnage

Les axes

Allez au chapitre VI pour découvrir dans quelle philosophie s'incarne le mieux votre personnage.

Bélier : **existentialisme**	Balance : **structuralisme**
Taureau : **matérialisme**	Scorpion : **déconstructionnisme**
Gémeaux : **phénoménologie**	Sagittaire : **idéalisme**
Cancer : **romantisme**	Capricorne : **rationalisme**
Lion : **individualisme**	Verseau : **mouvement libertaire**
Vierge : **humanisme**	Poissons : **nihilisme**

Les difficultés de votre jeu

Votre Saturne

Allez au chapitre VII pour découvrir l'un·e de vos personnages secondaires et comment exploiter ses défauts pour dépasser les épreuves !

Saturne en Bélier : la colère de **Buffy Summers**
Saturne en Taureau : le mauvais caractère de **Ron Swanson**
Saturne en Gémeaux : la curiosité de **Kalinda Sharma**
Saturne en Cancer : la susceptibilité de **Tony Soprano**
Saturne en Lion : la démesure de **Cookie Lyon**
Saturne en Vierge : l'obsessivité de **Dwight Schrute**
Saturne en Balance : l'indécision de **Fleabag**
Saturne en Scorpion : la méfiance d'**Arabella**
Saturne en Sagittaire : l'inconscience d'**Omar Little**
Saturne en Capricorne : l'intransigeance de **Miranda Hobbes**
Saturne en Verseau : le cynisme d'**Huey Freeman**
Saturne en Poissons : la complexité d'**Annalise Keating**

Les limites de la quête de votre personnage

Vos planètes rétrogrades

Allez au chapitre VII pour découvrir ce que doit conquérir votre personnage pour avancer.

Mercure rétrograde : conquérir **sa parole**.
Vénus rétrograde : conquérir **son harmonie**.
Mars rétrograde : conquérir **sa volonté**.
Jupiter rétrograde : conquérir **sa réussite**.
Saturne rétrograde : conquérir **ses limites**.
Uranus rétrograde : conquérir **sa liberté**.
Neptune rétrograde : conquérir **sa compassion**.
Pluton rétrograde : conquérir **ses angoisses**.

Le scénario alternatif de votre jeu

Votre Uranus

Allez au chapitre VIII pour découvrir comment renouveler votre narration !

Uranus en Bélier : ***La Planète des singes***
Uranus en Taureau : ***Les Dépossédés***
Uranus en Gémeaux : ***Kallocaïne***
Uranus en Cancer : ***Les Fils de l'homme***
Uranus en Lion : ***L'Incivilité des fantômes***
Uranus en Vierge : ***Auprès de moi toujours***
Uranus en Balance : ***La Cinquième Saison***
Uranus en Scorpion : ***L'Aveuglement***
Uranus en Sagittaire : ***Hunger Games***
Uranus en Capricorne : ***Les androïdes rêvent-ils de moutons électriques ?***
Uranus en Verseau : ***V for Vendetta***
Uranus en Poissons : ***La Parabole du semeur***

Trouvez les échappatoires dans votre jeu

Votre Neptune

Allez au chapitre IX pour découvrir comment aider votre personnage à surmonter les désillusions !

Neptune en Bélier : ***Dragon Ball***
Neptune en Taureau : ***Le Combat ordinaire***
Neptune en Gémeaux : ***Calvin et Hobbes***
Neptune en Cancer : ***Nana***
Neptune en Lion : ***Adventure Time : Marceline and the Scream Queens***
Neptune en Vierge : ***Ghost World***
Neptune en Balance : ***Le bleu est une couleur chaude***
Neptune en Scorpion : ***Lenore, The Cute Little Dead Girl***
Neptune en Sagittaire : ***Persepolis***
Neptune en Capricorne : ***Amer Béton***
Neptune en Verseau : ***Yoko Tsuno***
Neptune en Poissons : ***Sweet Tooth***

Attrapez votre outil pour aller vers l'inconnu

Allez au chapitre IX pour découvrir ce que vous pouvez utiliser pour changer la vie de votre personnage.

Nœud nord en Bélier : le nunchaku de ***Bruce Lee*** pour prendre des risques.
Nœud nord en Taureau : le pot de miel de ***Winnie l'Ourson*** pour profiter de la vie.
Nœud nord en Gémeaux : le masque de ***The Mask*** pour faire preuve d'audace.
Nœud nord en Cancer : les jouets de ***Toy Story*** pour retrouver l'insouciance.
Nœud nord en Lion : l'Excalibur de ***Merlin l'Enchanteur*** pour s'individuer.
Nœud nord en Vierge : le cristal géant de ***Dark Crystal*** pour trouver son utilité.
Nœud nord en Balance : la penderie de ***Clueless*** pour faire preuve de pondération.
Nœud nord en Scorpion : le déguisement de ***Max et les Maximonstres*** pour se mettre en danger.
Nœud nord en Sagittaire : le plateau de jeu de ***Jumanji*** pour réussir à s'impliquer.
Nœud nord en Capricorne : le *Talkboy* de ***Maman, j'ai raté l'avion !*** pour mûrir.
Nœud nord en Verseau : la DeLorean volante de ***Retour vers le futur*** pour faire preuve d'abnégation.
Nœud nord en Poissons : le cœur de l'océan de ***Titanic*** pour faire preuve d'abandon.

Acceptez la part d'ombre de votre personnage

Votre Pluton

Allez au chapitre X pour découvrir votre boss final·e et comment exploiter votre lutte avec elle·lui pour transformer votre personnage !

Pluton en Bélier : **Alonzo Harris**
Pluton en Taureau : **Phil Connors**
Pluton en Gémeaux : **Red**
Pluton en Cancer : **June Osborne**
Pluton en Lion : **Regina George**
Pluton en Vierge : **Amy Dunne**
Pluton en Balance : **Miranda Priestly**
Pluton en Scorpion : **Severus Rogue**
Pluton en Sagittaire : **Mme de Merteuil**
Pluton en Capricorne : **Michael Corleone**
Pluton en Verseau : **Lisbeth Salander**
Pluton en Poissons : **Dani**

Sublimez les peurs de votre personnage

Votre Lune noire

Allez au chapitre X pour découvrir quel monstre se cache dans votre jeu et reprenez le pouvoir sur lui !

Lune noire en Bélier : ***King Kong*** et la peur de la soumission.
Lune noire en Taureau : les ***Gremlins*** et la peur de la transformation.
Lune noire en Gémeaux : ***Beetlejuice*** et la peur de ne pas être écoutée·e.
Lune noire en Cancer : ***Alien*** et la peur de la perte.
Lune noire en Lion : ***Dracula*** et la peur d'exister en sourdine.
Lune noire en Vierge : ***L'Exorciste*** et la peur de perdre le contrôle.
Lune noire en Balance : ***Candyman*** et la peur de ne pas être aimé·e.
Lune noire en Scorpion : ***Ça*** et la peur de se laisser manipuler.
Lune noire en Sagittaire : ***Old Boy*** et la peur de ne pas trouver le sens.
Lune noire en Capricorne : ***Terminator*** et la peur de ne pas comprendre ses émotions.
Lune noire en Verseau : ***La Mouche*** et la peur d'être trop différent·e.
Lune noire en Poissons : ***Les Dents de la mer*** et la peur de se laisser empoisonner la vie.

LES SIGNES À TRAVERS

Mars

en Bélier

LAGERTHA LOTHBROK
VIKINGS

« Nous nous reverrons. Et nous nous battrons, nous boirons et nous nous aimerons. »

Vénus

en Taureau

ERIC EFFIONG
SEX EDUCATION

« Les gens qui détestent les comédies musicales n'ont pas d'âme. »

Mercure

en Gémeaux

AUGUSTUS HILL
OZ

« La vérité est une chose puissante. Elle peut réparer les torts comme aggraver les choses. »

Lune

en Cancer

OLIVIA BENSON
NEW-YORK UNITÉ SPÉCIALE

« La guérison commence lorsque l'on témoigne. Je te vois. Je te crois. »

Soleil

en Lion

KHADIJAH JAMES
LIVING SINGLE

« C'est un lit queen-size. Cela signifie qu'il n'y a de la place que pour une reine. »

Mercure

en Vierge

DANA SCULLY
X-FILES

« Je suis de la vieille école, Mulder. Pré-Google. »

LEUR PLANÈTE MAÎTRESSE

Vénus

en Balance

NOLA DARLING
NOLA DARLING N'EN FAIT QU'À SA TÊTE

«Je ne suis pas anormale, je ne suis pas une sex-addict et ce qui est sûr, c'est que je ne suis la propriété de personne.»

Pluton

en Scorpion

VICTOR NEWMAN
LES FEUX DE L'AMOUR

«Je suis Victor Newman, et je fais exactement ce que je veux, cela a toujours été le cas, et cela le sera toujours.»

Jupiter

en Sagittaire

SAWYER
LOST

«Alors je vais recommencer à lire mon livre, et je vais réfléchir, parce que c'est comme ça que j'ai sauvé vos fesses aujourd'hui. Laissez-moi faire ce que je fais.»

Saturne

en Capricorne

JOHN LUTHER
LUTHER

«Je ne suis pas cynique. C'est un peu le problème de ma vie.»

Uranus

en Verseau

JONAS KAHNWALD
DARK

«Hier, aujourd'hui et demain ne sont pas consécutifs, ils sont connectés dans un cycle sans fin. Tout est connecté.»

Neptune

en Poissons

DEWEY
MALCOLM

«Je crois que tout ce qu'on peut faire, c'est vivre en étant le plus gentil possible.»

« Mais qu'est-ce qu'on va devenir ? »
« Je sais pas et je m'en fous. »

Postface

« Vous vous trompez. Vous n'avez pas à me suivre. Vous n'avez à suivre personne ! Vous devez penser par vous-mêmes. Vous êtes des individus uniques ! »

Brian, *Monty Python, La Vie de Brian*

Vous pouvez reprendre une activité normale

Voilà, cette parenthèse est terminée. J'espère que vous avez souri de temps en temps, que vous avez appris deux ou trois trucs, que vous vous êtes posé des questions, que vous avez été en désaccord avec moi, parce que j'aime bien les désaccords.
En d'autres temps, je n'aurais certainement pas écrit cette postface, mais je ressens cette urgence que nous vivons tou·te·s, une urgence à dire. J'espère que nous aurons encore le luxe d'écrire des livres, sur des sujets aussi étranges que celui que je viens d'aborder.
D'écrire des livres tout court.

Prenez soin de vous, les p'tit·e·s potes.
Vraiment.

Sources

Bibliographie

ACKER (Agnès), *Astronomie, Astrophysique*, Dunod, 2019.

BIGÉ (Luc), *La Lune noire, un vertige d'absolu*, Les Éditions de Janus, 2004.

—, *Les Douze Maisons astrologiques*, Les Éditions de Janus, 2005.

—, *Le Chœur des planètes, Le Système solaire symbolique*, Les Éditions de Janus, 2014.

BLUM (Charlotte), *Séries, Une addiction planétaire*, La Martinière, 2011.

BOXER (Alexander), *A Scheme of Heaven*, Profile Books, 2020.

BREY (Iris), *Le Regard féminin, Une révolution à l'écran*, Éditions de l'Olivier, 2020.

CABANAS (Edgar), ILLOUZ (Eva), *Happycratie, Comment l'industrie du bonheur a pris le contrôle de nos vies*, Premier Parallèle, 2018.

CHEVALIER (Jean), GHEERBRANT (Alain), *Dictionnaire des symboles*, Robert Laffont, 2019.

CHOLLET (Mona), *La Tyrannie de la réalité*, Gallimard, 2006.

CLARKE (Arthur C.), *Lettre de Paul Heskett, Somerset, England, Astronomy Now*, Volume 11, Numéro 4, Avril 1997.

COLLECTIF, *Histoire de la philosophie*, sous la direction d'Yvon Belaval, Gallimard, 1999.

CUVILLIER (Armand), *Cours de philosophie*, LGF, 1986.

DIOGÈNE LAËRCE, *Vies et doctrines des philosophes illustres*, Le Livre de Poche, 1999.

ELIADE (Mircea), *Aspects du mythe*, Gallimard, 1988.

FAVILLI (Elena), CAVALLO (Francesca), *Histoires du soir pour filles rebelles*, Les Arènes, 2017 (tome I), 2018 (tome II).

GAT (Annabel), *The Astrology of Love and Sex*, Chronicle Books, 2019.

GESTAS (Catherine), BARBAULT (Martine), *La Mémoire ancestrale en astrologie*, Éditions du Rocher, 2006.

GOLDSCHNEIDER (Gary), *The Astrology of You and Me*, Quirk Books, 2018.

Gorse (Julie), *Décryptez votre thème astral*, Hachette, 2019.
Greene (Liz), *Saturne, Un regard nouveau sur un vieux démon*, Dervy, 1998.
Hamilton (Edith), *La Mythologie, Ses dieux, ses héros, ses légendes*, Marabout, 2019.
Hésiode, *La Théogonie, Les Travaux et les Jours et autres poèmes*, Le Livre de Poche, 1999.
Ignotofsky (Rachel), *Women in Science : 50 Fearless Pioneers Who Changed the World*, Ten Speed Press, 2016.
Jankélévitch (Vladimir), *La Musique et l'Ineffable*, Seuil, coll. « Points », 2015.
Jodorowsky (Alexandro), Costa (Marianne), *La Voie du tarot*, Albin Michel, 2004.
Jung (Carl Gustav), Kerényi (Károly), *Introduction à l'essence de la mythologie*, Payot, 2016.
Kebe (Fatoumata), *La Lune est un roman*, Slatkine & Cie, 2019.
Lyès (Shana), *Astrolove*, Harlequin, 2021.
Marteau (Paul), *Le Tarot de Marseille*, Flammarion, 1992.
Mulvey (Laura), « Visual Pleasure and Narrative Cinema », *Screen*, 1975, 16(3), 6-18.
Ropars (Jean-Michel), *Le dieu Hermès et l'union des contraires*, GAIA - Revue interdisciplinaire sur la Grèce ancienne, 2016.
Saint-Martin (Louis), *Sagesse de l'astrologie traditionnelle, Essai sur la nature et les fondements de l'astrologie*, L'Harmattan, 2018.
Sélène (Marie), *L'Astrologie miroir*, Marabout, 2020.
Sichère (Bernard), *Aristote au soleil de l'être*, CNRS Éditions, 2018.
Sparkly Kat (Alice), *Astrology and Storytelling*, 2017.
—, *Money Magic, Etymologies of Saturn and the Moon*, 2019.
—, *Post-Colonial Astrology*, North Atlantic Books, 2021.
Texier (Jean), *Synastrie, Le Secret des bonnes ententes astrales*, Éditions du Rocher, 1996.

Références

Livres

Beckett (Samuel), *Fin de partie*, Les Éditions de Minuit, 1957.
Boulle (Pierre), *La Planète des singes*, Julliard, 1963.

Boye (Karin), *Kallocaïne* (1940), Les Moutons électriques, 2018.
Butler (Octavia E.), *La Parabole du semeur* (1993), J'ai lu, 1995.
Carroll (Lewis), *Alice au pays des merveilles* (1865), Macmillan and Co, 1869.
—, *De l'autre côté du miroir* (1872), Les Œuvres représentatives, 1930.
Collins (Suzanne), *Hunger Games* (trilogie 2008-2010), PKJ, 2009-2011.
Condé (Maryse), *Moi, Tituba sorcière... noire de Salem*, Mercure de France, 1986.
Defranoux (Laëtitia), *Vénus et vous*, Éditions du Rocher, 2006.
Deleuze (Gilles), Guattari (Félix), *Qu'est-ce que la philosophie ?*, Les Éditions de Minuit, 1991.
Dick (Philip K.), *Les androïdes rêvent-ils de moutons électriques ?* (1968), Champ Libre, 1976.
Eco (Umberto), *Le Pendule de Foucault*, Grasset, 1990.
Flynn (Gillian), *Les Apparences* (*Gone Girl*), Sonatine, 2012.
Hatchuel (Sarah), Thiellement (Pacôme), *« The Leftovers », le troisième côté du miroir*, Playlist Society, 2019.
Ishiguro (Kazuo), *Auprès de moi toujours* (2005), Éditions des Deux Terres, 2006.
James (P. D.), *Les Fils de l'homme* (1992), Fayard, 2006.
Jemisin (N. K.), *La Cinquième Saison* (2015), J'ai lu, 2017.
Koenig (John), *The Dictionary of Obscure Sorrows* (*Dictionnaire des chagrins obscurs*), www.dictionaryofobscuresorrows.com.
Laclos (Pierre Choderlos de), *Les Liaisons dangereuses* (1782), Bibliothèque des curieux, 1913 (www.gutenberg.org/files/52006/52006-h/52006-h.htm).
Larsson (Stieg), *Millénium*, tomes I à III, Actes Sud, 2006-2007.
Le Guin (Ursula K.), *Les Dépossédés* (1974), Robert Laffont, 1975.
Merle (Robert), *En nos vertes années*, Plon, 1979.
Piobb (Pierre), *Vénus, Déesse magique de la chair*, Alliance magique, 2015.
Pullman (Philip), *À la croisée des mondes, La Tour des Anges*, tome II, Gallimard, 2007.
Rowling (J.K.), *Harry Potter et et les reliques de la mort,* 2008.
Saramago (José), *L'Aveuglement* (1995), Seuil, 1997.

SOLOMON (Rivers), *L'Incivilité des fantômes*, Aux forges de Vulcain, 2019.
SPINOZA (Baruch), *Éthique* (1677), édition bilingue, Seuil, coll. « Points », 2014.
TOURNAY (Raymond), SHAFFER (Aaron), *L'Épopée de Gilgamesh*, Les Éditions du Cerf, 1994.
YOURCENAR (Marguerite), *Mémoires d'Hadrien*, Plon, 1951.

Conférence

COSTA (Marianne), *Promenade dans le tarot, À la découverte des arcanes majeurs*, En Avance, 2017.

Films

Aliens, le retour, James CAMERON, 1986.
Amadeus, Milos FORMAN, 1984.
Avatar, James CAMERON, 2009.
Beetlejuice, Tim BURTON, 1988.
Before Sunrise, Richard LINKLATER, 1995.
Ça (téléfilm), Tommy Lee WALLACE, 1990.
Candyman, Bernard ROSE, 1992.
Clueless, Amy HECKERLING, 1995.
Dark Crystal, Jim HENSON et Frank OZ, 1982.
Dracula, Francis Ford COPPOLA, 1992.
Gremlins, Joe DANTE, 1984.
Hedwig and the Angry Inch, John Cameron MITCHELL, 2001.
Indiana Jones et la dernière croisade, Steven SPIELBERG, 1989.
Jumanji, Joe JOHNSTON, 1995, d'après le roman pour enfants de Chris Van Allsburg.
King Kong, Merian C. COOPER et Ernest B. SCHOEDSACK, 1933.
La fureur du dragon, Bruce LEE, 1972.
L'Exorciste, William FRIEDKIN, 1973.
L'Histoire sans fin, Wolfgang PETERSEN, 1984.
La Mouche, David CRONENBERG, 1986.
La Revanche d'une blonde, Robert LUKETIC, 2001.
Le diable s'habille en Prada, David FRANKEL, 2006.
Le Parrain, Francis Ford COPPOLA, 1972.

Le Seigneur des anneaux, Peter Jackson, 2001-2003, d'après l'œuvre de J. R. R. Tolkien.
Les Dents de la mer, Steven Spielberg, 1975.
Les Goonies, Richard Donner, 1985.
Maman, j'ai raté l'avion !, Chris Columbus, 1990.
Mary Poppins, Robert Stevenson, 1964, d'après l'œuvre de Pamela L. Travers.
Max et les Maximonstres, Spike Jonze, 2009, d'après l'œuvre de Maurice Sendak.
Mean Girls, Mark Waters, 2004.
Midsommar, Ari Aster, 2019.
Monty Python, La Vie de Brian, Terry Jones, 1979.
Moonlight, Barry Jenkins, 2016.
Old Boy, Park Chan-wook, 2003.
Pariah, Dee Rees, 2011.
Poetic Justice, John Singleton, 1993.
Portrait de la jeune fille en feu, Céline Sciamma, 2019.
Princess Bride, Rob Reiner, 1987.
Retour vers le futur, Robert Zemeckis, 1985.
Sister Act, Emile Ardolino, 1992.
Stand by Me, Rob Reiner, 1986.
Star Wars, George Lucas, 1977.
Terminator, James Cameron, 1984 (I) et 1991 (II).
The Big Lebowski, Joel et Ethan Coen, 1998.
The Mask, Chuck Russell, 1994.
Thelma et Louise, Ridley Scott, 1991.
Titanic, James Cameron, 1997.
Training Day, Antoine Fuqua, 2001.
True Romance, Tony Scott, 1993.
Un jour sans fin, Harold Ramis, 1993.
Us, Jordan Peele, 2019.
X-Men, Bryan Singer, 2000.

Films d'animation

Arrietty, Le Petit Monde des Chapardeurs, Hiromasa Yonebayashi, 2010.
Fievel et le Nouveau Monde, Don Bluth, 1986.

Kiki la petite sorcière, Hayao Miyazaki, 1989.
Là-Haut, Pete Docter et Bob Peterson, 2009.
Le Château ambulant, Hayao Miyazaki, 2004.
Le Château dans le ciel, Hayao Miyazaki, 1986.
Le Royaume des chats, Hiroyuki Morita, 2002.
Le Tombeau des lucioles, Isao Takahata, 1988.
Le Voyage de Chihiro, Hayao Miyazaki, 2001.
Les Aventures de Winnie l'Ourson, John Lounsbery, Wolfgang Reitherman (Disney), 1977, d'après les personnages d'Alan Alexander Milne.
Merlin l'Enchanteur, Wolfgang Reitherman (Disney), 1963.
Mon voisin Totoro, Hayao Miyazaki, 1988.
Nausicaä de la vallée du vent, Hayao Miyazaki, 1984.
Ponyo sur la falaise, Hayao Miyazaki, 2008.
Princesse Mononoké, Hayao Miyazaki, 1997.
Souvenirs de Marnie, Hiromasa Yonebayashi, 2014.
Toy Story, John Lasseter, 1995.
Vice-Versa, Pete Docter et Ronnie Del Carmen, 2015.

Séries

Breaking Bad, Vince Gilligan, AMC, 2008-2013.
Buffy contre les vampires, Joss Whedon, The WB/UPN, 1997-2003.
Empire, Lee Daniels et Danny Strong, Fox, 2015-2020.
Fleabag, Phoebe Waller-Bridge, BBC Three, 2016-2019.
Friends, Marta Kauffman et David Crane, NBC, 1994-2004.
Game of Thrones, David Benioff et D. B. Weiss, HBO, 2011-2019, d'après les romans de George R. R. Martin.
Gilmore Girls, Amy Sherman-Palladino,Warner, 2000-2007.
Halt and Catch Fire, Christopher Cantwell et Christopher C. Rogers, AMC, 2014-2017.
How to Get Away with Murder, Peter Nowalk et Shonda Rhimes, ABC, 2014-2020.
I May Destroy You, Michaela Coel, BBC One/HBO, 2020.
Insecure, Larry Wilmore et Issa Rae, HBO, 2016-présent.
La Servante écarlate, Bruce Miller, Hulu, 2017.
Les Soprano, David Chase, HBO, 1999-2007.

Orange Is the New Black, Jenji Kohan, Netflix, 2013-2019.
Parks and Recreation, Greg Daniels et Michael Schur, NBC, 2009-2015.
Sense8, Lana et Lilly Wachowski et Joseph Michael Straczynski, Netflix, 2015-2018.
Sex and the City, Darren Star, HBO, 1998-2004.
The Boondocks, Aaron McGruder, série d'animation, Adult Swim, 2005-2014.
The Good Wife, Robert et Michelle King, CBS, 2009-2016.
The Leftovers, Damon Lindelof et Tom Perrotta, HBO, 2014-2017.
The Office (US), Ricky Gervais, Stephen Merchant et Greg Daniels, NBC, 2005-2013.
The Walking Dead, Frank Darabont et Robert Kirkman, AMC, 2010-2022.
The Wire, David Simon et Ed Burns, HBO, 2002-2008.
Twin Peaks, Mark Frost et David Lynch, ABC/Showtime, 1990-1991/2017.

Jeux vidéo

Afterparty, Night School Studio, 2019.
Animal Crossing, Nintendo, 2001.
Assassin's Creed Valhalla, Ubisoft Montréal, 2020.
Celeste, Matt Makes Games, 2018.
Final Fantasy VII, Square Enix, 1997.
Horizon Zero Dawn, Guerrilla Games, 2017.
Life Is Strange, Dontnod Entertainment, 2015.
Luna, The Shadow Dust, Lantern Studio, 2020.
Red Dead Redemption, Rockstar San Diego, 2010.
The Last of Us Part II, Naughty Dog, 2020.
The Legend of Zelda, Ocarina of Time, Nintendo, 1998.
Tomb Raider, Core Design/Crystal Dynamics, 1996.

Bandes dessinées

Clowes (Daniel), *Ghost World* (1997), Cornelius, 2016.
Larcenet (Manu), *Le Combat ordinaire, Intégrale*, Dargaud, 2014.
Leloup (Roger), *Yoko Tsuno*, Dupuis, 1979-2019.
Maroh (Jul'), *Le bleu est une couleur chaude*, Glénat, 2013.

Matsumoto (Taiyō), *Amer Béton* (1993-1994), Tonkam, 2007.
Moore (Alan), Lloyd (David), *V for Vendetta*, Quality Comics/Warrior, 1982-1990.
Satrapi (Marjane), *Persepolis*, L'Association, 2000-2003.
Strömquist (Liv), *Les Sentiments du prince Charles*, Rackham, coll. « Le Signe noir », 2016.
Watterson (Bill), *Calvin et Hobbes* (1985-1995), intégrale, Hors Collection, 2006-2008.

Comics

Dirge (Roman), *Lenore, The Cute Little Dead Girl* (1999-2005), Semic, 2006-2007.
Finger (Bill), Kane (Bob), *Batman*, DC Comics, 1940-2011.
Gran (Meredith), *Adventure Time : Marceline and the Scream Queens*, Boom Entertainment, 2012.
Lee (Stan), Everett (Bill), *Daredevil*, Marvel Comics, création en 1964.
Lee (Stan), Kirby (Jack), *The Avengers*, Marvel Comics, création en 1963.
—, *X-Men*, Marvel Comics, création en 1963.
—, *Fantastic Four* (Black Panther), Marvel Comics, création en 1966.
Lemire (Jeff), *Sweet Tooth* (2009-2013), Urban Comics, 2021.
Mignola (Mike), *Hellboy*, Delcourt, depuis 1994.
Montclare (Brandon), Reeder (Amy), Bustos (Natacha), *Moon Girl*, Marvel Comics, création en 2015.
Moore (Alan), Gibbons (Dave), *Watchmen*, DC Comics, 1986-1987.
Moulton (Charles), Peter (Harry G.), *Wonder Woman*, DC Comics, 1941-1947.
Turner (Michael), *Fathom*, création en 1998, Delcourt, depuis 2005.

Mangas

Toriyama (Akira), *Dragon Ball* (1984-1995), édition originale, Glénat, 2010-2013.
Yazawa (Ai), *Nana* (2000-2009), Akata/Delcourt, 2003-2009.

Remerciements

Ce livre, créé en semi-autarcie, entre café froid et tee-shirts XL, câlinage de chat et veillée jusqu'à 4 heures du matin, n'aurait pas été possible sans les gens que j'aime et qui m'aident à survivre dans ce monde tout pourri.

Merci :

À ma fille Carmen, car elle existe ; à B. B., pour son amour et son soutien sans faille.

À ma mère, lumière de ma vie et fidèle relectrice ; à ma sœur Noëlla, amie et partenaire idéale de travail ; à mon père Olivier, de m'avoir appris à faire et à être exactement ce que je veux ; à mon frère Antoine, d'être mon frère et mon ami.

À Sylviane et Régis, d'être si cool.

À mes sœurs de cœur Karima, Anna, Marie, Mélanie, Justine, Layla, Linda, Pauline, Hanane, Lidwine, Jessie, d'être des phares de rigolade et de tendresse dans le brouillard.

À mes sœurs de boulot Hyacinthe et Coco, avec qui le travail est une fête.

À ma sœur Maraboutée, Marie Sélène, avec qui j'y vois toujours plus clair.

À Olivia et Anne-Claire, de la *team* Marabout, de me faire confiance.

À Ariane Geffard, de croire en moi.

Aux lecteurs et lectrices du compte Instagram @astrotruc, qui forment une communauté tellement chouette, et aux gens formidables que j'ai rencontrés grâce à lui.

hachette s'engage pour l'environnement en réduisant l'empreinte carbone de ses livres. Celle de cet exemplaire est de :
1 kg 300 éq. CO_2
Rendez-vous sur www.hachette-durable.fr

PAPIER À BASE DE FIBRES CERTIFIÉES

Achevé d'imprimer par Grafo en Espagne
Pour le compte des Éditions Marabout (Hachette Livre)
58, rue Jean-Bleuzen, 92178 Vanves Cedex
Dépôt légal : octobre 2021
ISBN : 978-2-501-15831-2
4371561/01